创新且高效

历史课堂教学实践研究

丁贤勇　王才友　主编

中国社会科学出版社

图书在版编目(CIP)数据

创新且高效：历史课堂教学实践研究／丁贤勇，王才友主编．—北京：中国社会科学出版社，2020.4

ISBN 978-7-5203-3783-0

Ⅰ.①创… Ⅱ.①丁…②王… Ⅲ.①中学历史课—课堂教学—教学研究
Ⅳ.①G633.512

中国版本图书馆 CIP 数据核字(2018)第 279078 号

出 版 人	赵剑英	
责任编辑	宫京蕾	
责任校对	秦 婵	
责任印制	李寡寡	

出 版	中国社会科学出版社	
社 址	北京鼓楼西大街甲 158 号	
邮 编	100720	
网 址	http://www.csspw.cn	
发 行 部	010-84083685	
门 市 部	010-84029450	
经 销	新华书店及其他书店	

印刷装订	北京君升印刷有限公司
版 次	2020 年 4 月第 1 版
印 次	2020 年 4 月第 1 次印刷

开 本	710×1000 1/16
印 张	20
插 页	2
字 数	308 千字
定 价	90.00 元

凡购买中国社会科学出版社图书，如有质量问题请与本社营销中心联系调换
电话：010-84083683

目　录

教学设计篇

高效课堂篇

课程探究篇

教学方法篇

复习备考篇

情感教育篇

史观教学篇

培养学生篇

教学设计篇

在预设课堂教学中的史观渗透

——以《古代中国的经济政策》预设中的史观教学为例

赵一兵

当今历史课堂教学中关于如何提升教学效率的方法非常多，笔者以为提高历史课堂教学效率的关键不仅要以课本为基础，更要以史观为学习、教学的指导思想进行课堂教学预设。

因为，历史教学本身是一种教育，它必然也是培育人（学生）的道德和能力的途径之一，而历史的史观教学就是实现历史教学中教育（道德）与能力的最佳结合。而这一切就需要在课前进行有效预设时进行必要的渗透。

一　史观的概念和内容

史观，其实就是历史观，就是人们认识、分析历史的思维、方法和结论，在这里最重要的就是历史的学科思维，即观察与分析历史的思维。因为，历史思维的培养可以影响人们的人生观，所以树立正确的历史观才是体现历史课堂教学教育功能的关键。

史观主要种类及内容见下表：（以下史观内容均根据百度百科相关内容整理而成）

史观	内容
文明史观	人类社会发展史，从本质上说就是人类文明演进的历史。从横向看，人类文明史的内涵包括物质文明、政治文明和精神文明；从纵向看，人类文明经历了渔猎采集时代、农业文明时代、工业文明时代。
整体史观	人类历史发展趋势是从分散走向整体，建立在生产力发展基础上的世界各地区交往，已成为推动人类社会从分散走向整体的决定因素。

续表

史观	内容
现代化史观	是指人类社会从传统农业社会向现代工业社会转变的过程。这一转变以工业化为推动力，引起整个社会在经济、政治、思想文化、社会生活等各个领域发生深刻的相应变化。
社会史观	和历史上的经济、政治和文化问题一样，社会问题也是史学的研究对象。研究历史，不仅要"眼光向上"，关注"大人物"和"大事件"，还要"眼光向下"，关注"小人物"，关注与平民百姓、芸芸众生息息相关的"小事"。
生态史观	历史流变中人与自然、社会系统与自然系统的关系，是史学研究的一个重要领域。总结人类处理与自然关系的历史经验和教训，促进人与自然和谐相处与协调发展是生态史研究的主旨。
唯物史观	认为历史的主体是现实的人，他们的性质和活动受制于所处的物质生活条件；物质生活的生产方式决定社会生活、政治生活、精神生活的一般过程；社会存在决定社会意识，社会意识又能动地反作用于社会存在；生产力和生产关系之间的矛盾、上层建筑和经济基础的矛盾，是推动一切社会发展的基本矛盾，在阶级社会中表现为阶级矛盾和阶级斗争；人民群众是历史的创造者。

从以上史观的概念和内容可见目前有六种史观，这也是最近高考历史试卷时常有所体现的，特别是2013年浙江省高考试卷涉及更为典型。所以无论从教育（道德培育）角度来看，还是从应试角度来看，课堂教学中的史观运用均为必要的，这又需要在课前预设中有所体现。

二　课前预设中的史观概念前置假设

课堂教学的关键是课前备课，备课中要特别注重预设，要预设课本资源的开发、课堂中教育教学细节的设置、学生反应情况种种。而这一切，都需要教师在备课时进行史观预设。在预设中，笔者以为要注意以下几个要素：

（一）对课本资源的史观渗透

这是史观教学的第一步，在这一步中，首先要对课本充分了解，如在进行必修二《古代中国的经济政策》的课前史观预设前，就要充分了解到该课的所有历史资源。其外观可知：该课分四目，即《重农抑商》《工商业的管理》《"海禁"政策》《资本主义萌芽的缓慢发展》；资料卡片三张，分别是《吕氏春秋》的重农、重商的比较和黄遵宪的海禁评价诗及苏州资本主义萌芽情况介绍；知识链接一处，为秦律介绍；学习思考一处，为《汉书》对重农抑商政策的目的和实际效益的评价；史学争鸣一处，为资本主义萌芽介绍；课后问题材料一处，为"清海禁令"；历史实物照片一幅，为《给商照验》。

从这些显而易见的外观可知，从社会史观角度可以解读《吕氏春秋》及重农抑商政策的目的和效果（统治者的视角）；从整体史观角度可以解读《吕氏春秋》的农业与商业对思想、社会的不同影响（也涉及唯物史观）及黄遵宪的海禁评价（东西方比较）；从文明史观角度可以解读黄遵宪的海禁评价及苏州资本主义萌芽情况（农业文明与工业文明）（也涉及现代化史观）；从唯物史观角度可以解读许多材料对当时政策和经济的作用。唯有生态史观在课本中体现不多，可以设置材料来补充或可忽略。

（二）对课本材料和问题预设的史观渗透

对课本的解读后，接下来就是要寻找历史材料来证明课本中的结论性的知识点，在寻找这些材料时，也需要有一定的史观指导。

首先，要充分运用好课本中的史料，如《吕氏春秋》相关材料的分析就足以说明重农抑商的目的及其效果的差异，再如在分析明代海禁原因时，只要仔细阅读相关子目的内容，就可以发现在课本文本内容中就描写得很具体，只要分析课本内容即可清晰解释了；

其次，再去寻找资料或史料来证实相关的结论性的历史知识，如在进行必修二《古代中国的经济政策》的课前寻找史料时，就要注意到清代加强海禁的原因就只有顺治时海禁令一则，缺乏后来乾隆时期强化的原因，这就需要补充史料。当时笔者比对史料和史观，觉得众多材料中，最能运用史观教学和课本知识结合的是两组材料，即：

材料一　远在清代开国之初，洪承畴就对顺治帝说："夷人贪而无亲，求而不厌，假令姑允通商海口，则数十年后又议通商中

夏（中原内地）矣；假令姑允通商中夏，则数十年后又议论通商朝市（京城一带）矣。"——《中国手工业商业发展史》

材料二　天朝物产丰盈，无所不有，原不藉外夷货物以通有无。特因天朝所产茶叶、瓷器、丝巾为西洋各国必需之物，是以加恩体恤，在澳门开设洋行，俾（以使）日用有资，并沾余润。——梁廷楠《粤海关志》卷23

这两组材料可以解释东西方认识的差异，也可以从今天角度看其可笑之处，分析到海禁政策对当时的阻碍和愚昧作用，并根据这个角度进行设问，即：问题一，结合26页清顺治的"海禁令"概括清政府实行海禁的历史原因，并分析这些原因与中国古代传统经济和传统经济政策的关系，以此来落实课本知识及唯物史观。接着设计问题二，结合24页黄遵宪的诗来分析指出海禁政策"错"在哪里，同时在分析"错"在哪里时，也觉得课本资源不足，这里完全可以东西方比较，故再补充材料：

材料一　弗兰克《白银资本》："外国人，包括欧洲人，为了与中国人做生意，不得不向中国人支付白银……'中国贸易'造成的经济和金融后果是，中国凭借着在丝绸、瓷器等方面无与匹敌的制造业和出口，与任何国家进行贸易都是顺差。"
材料二　乾隆五十八年（1793年），由马戛尔尼勋爵率领的英国使团，驾驶着先进的炮舰访华："把我们最新的发明如蒸汽机、棉纺机、梳理机、织布机，介绍给中国人，准会让这个好奇而又灵巧的民族高兴的。"

通过这两则材料就可以极其直观地看到中国实行的海禁和重农抑商政策如何错过送上门的机遇，这样既可以以此来引导文明史观和整体史观的落实，也可以让学生对把握机遇意义的认识再提升一步。

再次，要注意课本主线和多角度分析中寻找史观教学的契机。如在进行必修二《古代中国的经济政策》的课前整体预设时，就应注意本课的主线是重农抑商、海禁及两者对资本主义萌芽的影响，可以解读为中国资本主义萌芽发展缓慢的经济政策分析，甚至还可以从更高的角度解读为什么中国不能主动地进入近代化世界。在这个解读中，可以将其分拆为三个角度，即从王朝统治者、当时平民、近现代人士的角度解读，这样既可以充分运用课本的所有资源，也可以从社会史观的角度来分析历史及启示，进而可以涉及生态史观的运用。这些预设形成真正可用的预案后，接下来就是直接在课堂教学中运用，但还有一个重要的史观渗透就是在课堂教学中的随机开发。

（三）在启示中的史观渗透

新课程教学是极其重视过程的开发和情感价值观的提升，而历史教学中的史观渗透也具备这一功能，如在进行必修二《古代中国的经济政策》的课前整体预设时，笔者已经设计了从王朝统治者、当时平民、近现代人士的角度来解读，而且在每一角度解读后均设计一个启示：王朝统治者眼中的经济政策的启示：制订政策目的和利益分配决定最终的命运；古代平民眼中的经济政策的启示：经济政策对象的积极性决定政策的寿命；近现代人眼里的古代经济政策的启示：开放、与时俱进、寻找最新生产力发展的方向是经济活力可持续的保障。

而这些启示本身就是唯物史观的辩证及经济对上层建筑作用的体现，同时也可以和今天比较，以实现古今对比。笔者为此补充一些关键人士的名言材料，最终得出一个总的启发：国家政策是社会经济发展的重要保障。

三 对课堂教学中具体运用时的史观渗透

当课堂教学围绕预设方案进行展开时，教师还要注意到预设与实际教学往往是有很大的差异的，因为学生个体和班级个体都有差异，这些都是在课堂教学预设时要考虑的，但往往就是这些地方常常出现意外，所以这里就需要教师养成在具体问题中的随机处理的智慧，这就需要一种规范的预案。笔者以为用史观分析是最佳，先回顾历史史实，再进行评价和分析，切勿断然作出结论。

如在有一次教学中，在分析到近现代人士的评价时，有学生问道：黄遵宪反对海禁，为什么清王朝不杀他的头？出现这个问题时，就可以让学生再看一遍黄遵宪的诗，特别点出"国初"，然后再补充黄遵宪的生平：黄遵宪（1848 年 4 月 27 日—1905 年 3 月 28 日），晚清诗人，外交家、政治家、教育家。光绪二年举人，历驻日参赞、旧金山总领事、驻英参赞、新加坡总领事，戊戌变法期间署湖南按察使，助巡抚陈宝箴推行新政。再进行分析可知：虽然当时由于重农抑商和海禁是中国以极端保守和封闭的面貌走向近代化的世界，但进入近代的清王朝也进行改革和变化了，这些变化在经济上的表现会在下节课分析。但经过社会变化了的近代人再来看海禁和重农抑商，就可以找到这些政策的不足之处。并依此可以解释为什么清初的人认识不到这些错误之处。这既可以体现出唯物史观的实事求是的原则，也可以体现出整体的近现代史观等等。

四　小结：预设与实际差距的解决探索：史观引导教学

在进行教学中，往往有预设和实际教学的差距，往往是预设能体现教师的自身水平，而解决实际问题则更多地要依赖教师的智慧。在解决实际问题时需要用史观来指导教师的智慧，往往通过史观的分析能够解决一定的突发事件，而且运用史观进行历史史实的分析能使历史史实更客观地展示在同学们面前，更能调动其探究和学习的积极性。但教师也要注意：历史史实是客观存在的，历史的评价也要客观公正，史观只是看到和分析历史的角度，要多重史观结合在一起才能使历史更客观、更现实！但千万不能造成学生的一个误解：以为历史可以随意改变。这是不符合唯物史观的实事求是原则的。所以课前预设时一定要对多重史观的渗透与运用多多分析，并在充分开发课本资源的基础上恰到好处地补充一定的课外史料。

参考文献

[1] 陈向明：《教师如何作质的研究》，北京教育科学出版社 2001 年版。

[2] 陈向明编：《在参与中学习与行动——参与式方法培训指南》（上、下册），北京教育科学出版社 2003 年版。

[3] 教育部基础教育司：《新课程与学生评价改革——普通高中新课程教师研修手册》，高等教育出版社 2004 年版。

[4] 陕西师范大学杂志社出版：《中学历史教学参考》2012 年、2013 年全部已出期刊。

[5] 宋虎平主编：《基础教育新概念丛书——行动研究》，北京教育科学出版社 2003 年版。

[6] 闫承利编著：《素质教育课程优化全书》（《素质教育课堂优化策略》《素质教育课堂优化模式》《素质教育课堂优化艺术》），北京教育科学出版社 2000 年版。

[7] 袁振国：《教育新理念》，北京教育科学出版社 2002 年版。

[8] 张玲：《新世纪教师教育丛书：心理健康研究与指导》，北京教育科学出版社 2001 年版。

[9] 赵中建选编：《全球教育发展的研究热点》，北京教育科学出版社 2003 年版。

[10] 郅庭瑾：《教会学生思维》，北京教育科学出版社 2001 年版。

[11] 钟启泉主编：《新课程师资培训精要》，北京大学出版社 2003 年版。

[12] 朱慕菊：《走进新课程——与课程实施者对话》，北京师范大学出版社 2002 年版。

（作者赵一兵，杭州高级中学教师，浙江杭州）

预设，使历史教学更有效
——将"导学案"引入历史教学的策略研究

高海丽

有效课堂的标准不是看教师教了多少，而是看学生在课堂上学会了和会学了多少。应用"导学案"的课堂教学，能够帮助学生自己去探索发现问题、自己去概括提炼概念、自己去寻找摸索规律，使学生达到情绪高昂、智力振奋的状态。为此，笔者在充分了解学情、课程标准、教材内容的基础上，根据教材特点和教学要求以及学生已有的知识水平、能力水平、学法特点、心理特征等，考虑设计学生学什么、如何学的学案，并在设计最优化的学生活动的同时，设计最优化的教师"导"的活动，以增强学生"学"、教师"教"的指向性，确保教学的知识含量与学生学、教师教的效率。

一 "导学案"设计的理论基础

（一）认知结构理论

布鲁纳认为：学习的过程是认知结构不断重建、更新、完善的过程。学生不是被动的知识接受者，而是积极的信息加工者。教师的角色在于塑造可让学生学习的情境，而不是提供预先准备齐全的知识。布鲁纳认为要帮助和形成学生智慧与认知的发展，教学应遵循"动机原则、结构原则、序列原则、强化原则"。"导学案"教学模式的设计能充分应用学生已有的知识结构和经验，让学生积极、主动、自由地参与学习，探索与创新，并在此过程中发现知识的意义，这样其身心才能处于最佳状态，思维得以激活。

（二）建构主义理论

"导学案"教学模式主要借鉴了建构主义中的支架式教学模式。"支架式教学强调在教师指导的情况下，学生的发现活动；教师指导的成分将逐渐减少，最终要使学生达到独立发现的地位，将监控学习和探索的责任由教师向学生转移"。设计"导学案"时，应遵循维果斯基提出的"最近发展区"思想，向学生提供挑战性认知任务和支架，创设情境，给学生造成积极的认知冲突，引导学生进行合作学习、探究学习，更好地掌握、建构、内化所学的知识技能，从而有助于进行更高水平的认知活动，使教与学都获得最大效益。

（三）新课程理念

新课程改革带来了教学设计观的改革。它要求改变以教师灌输为中心、以被动接受学习为主的教学方式和学习方式，倡导主动、探究、合作的学习方式。强调把学习时间、资源留给学生，教师要给学生创设生动的学习情景，引导学生通过多样的学习活动，主动地学习、探究、讨论、交流，让学生体验学习过程，理解知识的产生、发展和运用，不断获得新知，得到全面的发展。"导学案"的设计恰恰提倡的是多种学习和教学方式相结合的形式，设计以促进学生有意义的学习为前提，让学生学会学习。

二 "导学案"的设计与应用尝试

（一）功能定位：区别于教案和学案

"教案"，是教师根据课程标准和教材的要求，结合学生的实际情况设计的教学方案。"学案"是教师在备课准备教案的同时，根据本节课教学知识的特点、教学目的、学生的认知水平和科学认知规律、能力水平，设计编写的纲要式的学习方案，是学生学习的导学材料。

"导学案"是"教案、学案一体化"的简称，在导学案的设计应用中应突出学生的主体性，"以学定教"，确定学习内容、学生活动及相应的教师活动，更好地实现教法与学法的统一。在导学案中有本节课教学的内容、学生学习应达到的目标，有针对学情设计的学生活动及教师活动，有学生的课外活动内容。课前教师把事先精心编制好的导学案分发给学生，使学生的课前预习有纲可循；课堂上课本、导学案、课件相结合，师生之间讲、议、练、评相结合，优化课堂教学结构，提高课堂效率，发展和提升学生能力；课后，学生既可以利用导学案进行有效的复习，又可以按老师的要求，有目的、有计划地完成导学案上的练习题，有效地提高教学和学习效果。

（二）生成过程：预设与检测的实施

课前一周，以备课组为单位讨论导学案的内容。为了集体备课不流于形式，可以采取"四定"：定时间、定地点、定内容、定中心发言人。然后严格遵守集体备课的操作程序和基本流程：个人初备，集体研讨，修正导学案，课后交流、反思。

个人初备要做到脑中有纲、腹中有书、目中有人、心中有法、胸中有案。在集体研讨活动中，主备教师要提供给本组教师统一的导学案，然后由主备教师说课。说课要涵盖教学设计的每一个环节。在集体备课中，中心发言人说课，老师们共同探讨、相互补充，使得导学案内容更加充实、完善。经过备课组研讨过的导学案是否可行还有待于考证，因此，有必要进行跟踪听课进行检验，以便得到总结、提高。

（三）应用流程：主体与主导的推进

"导学案"在学习新课之前印发给学生作课前参考、预习使用。这样可以引导学生自主学习，变被动学习为主动学习。学生对每节课的学习有了知情权、有了框架、有了目标，最重要的是有了学习的思想准备，从而使学生始终保持一种对学习的积极主动状态。教师也可以通过批阅预习案，更好地了解学生的认知状况，有效地预设课堂教学中的"导"，有针对性地进行课堂教学。对批阅时发现的学生呈现出的解决问题的构想，应给予积极的评价，从而使学生品尝成功感，激起他们更强烈的求知欲。

在课堂操作过程中，可以采取小组学习的策略。由任课老师和班主任共同协商，根据学生个性差异，将全班分成三大组、九小组（前后座六人一组），并且形成组长负责制。这样有助于学生在课堂上合作探究活动，也便于教师指导辅助。

导学案的设计中不可缺少"课后记"，对教师而言，"课后记"可以及时记录教学过程中的优与劣，尤其是教学设计中的不足，以便于后续教学中引起足够的重视，并确保设计的导学案越来越适合学生的发展。同时，"课后记"可记录教学过程中学生们的思维亮点、教师处理的心得体会等，使导学案的设计不断处于"动态生成"中。教师在最初可以指导学生进行"课后记"的使用，不断帮助学生树立反思意识，使他们能够在反思中进步，逐渐学会自主学习，从而达到不依靠导学案这个支架也能高效学习的效果。

三　"导学案"的实效分析

（一）体现了教学的"预设"与"生成"

课前的"导学案"设计，教师的预设越周密，考虑越详尽，则课堂教学实际流程的可行性就越强。但师生之间的思维及其方式是存在一定差异的，教师再周密详尽的教学预设也不可能完全替代学生的思维过程。

教师要善于捕捉、放大教学过程中动态生成的瞬间，并有效地加以利用。通过学生预习案的批阅，可以及时地整理学生们在预习过程迸发出的思维火花，围绕学生展现的新问题及时商讨更好的解决办法，并于课前将其整理到授课用的课件中。课堂上及时提出问题，构成"脑力振荡"氛围，既有针对性地解决了学生的问题，又深化学生的思维。"预设"，是为了"生成"的有效！

（二）培养了学生的学习自主性

使用"导学案"的课堂，学生是主体，让学生独立思考和书面表达，暴露出问题，然后教师有针对性地辅导。

在"导学案"中通过材料、问题、图表呈现等多种形式辅助学生进行自主学习，很好地促使学生自觉地通过阅读教材，结合已有的知识来学习新知识。

（三）激发了学生的探究意识

探究学习是新课改所提倡的一种积极的学习方式。探究源于发现问题和提出问题，在导学案的设计中以问题解决为线索设计探究活动，使学生在探究活动中解决问题、建构知识，获取学习方法，提升能力。

（四）促进了学生的合作交流

比如说，在上必修二《近代民族资本主义经济的曲折发展》时，上课前把班级分成四个小组，通过图书馆、因特网分别查找荣氏企业在 1902—1911、1912—1922、1922—1927、1927—1949 四个阶段的发展历程的相关资料，由各小组设计一场景，通过小组成员扮演记者访问荣氏兄弟来展开交流。

让每个学生都参与进来，交流讨论、合作探究、展示质疑，从而起到"兵教兵、兵练兵、兵强兵"的作用，达到学生整体学习质量得以提高的目的。

（五）促进了学生认知结构的构建

问题的设计引起学生强烈的认知冲突，通过对问题的分析、解决，实现对新知识的整理与同化，实现新旧知识的结构化，完善学生的知识结构。对于知识应用的强化、问题解决能力的训练，也将有利于学生认知结构的构建。

（六） 实现了评价多样化

"课堂学习评价包括教师对学生的评价、学生对自己的评价、学生对教师的评价和学生之间的评价等，这些评价要准确、及时"。

课堂上通过一些"合作探究"环节让学生小组之间进行讨论、交流与点评。针对课堂上"导学案"中的巩固训练，可以在边上为自己打分，并为自己提出学习调整策略等。

四　存在的问题

（一） 教师方面

1. 教师是教学的主导而非主体，教师定位准确与否，直接关系到导学案使用的实际效果。课堂教学中，教师要立足于"主导"地位思考设计导学案，既不能下发导学案后万事大吉，"放群羊"，撒手不管；也不能越俎代庖，当"保姆"，事事包办代替，而应切实担负起"导演""教练"及"主持人"的责任。

2. 教师要灵活使用导学案，如果就按设计好的导学案组织教学，课上按图索骥，照本宣科，既不切实际，也与新课程精神相违背。以导学案主宰课堂，势必会束缚千差万别的学生思维，限制了学生创新性的迸发，同时，也束缚了教师的手脚，难以创新性实施教学。

3. 教师个人的知识水平、业务能力有限，对导学案的"预设"和"生成"可能不到位。需要教师拿出大量的时间和精力来精心设计每课的导学案，导学案的设计要形式多样、难易适中、层次分明、例题典型；要问题化、多样化、兴趣化，要具有很强的指导与引导功能。

（二） 学生方面

学生对自身学习应担负的责任感不强，不清楚学知识重要还是学会学习更重要。在课堂上没有真正"学"起来。

当然，不同的学生，基础不一样，接受知识的能力不一样，导学案的设计中是否应有层次的设计？针对不同层次的教育对象，确立不同的教学目标，设置不同的教学内容，采取不同的教学策略？课堂教学永远是动态的，教学的研究也是永无止境的。

参考文献

［1］教育部：《普通高中各学科课程标准》，人民教育出版社2009年版。

［2］孔祥群：《"教学案一体化"设计初探》，《教育导报》2004年第11期。

［3］施良方：《课堂教学的原理、策略与研究》，华东师大出版社2004年5月版。

［4］赵加琛、张成菊：《"学案教学"的理论与实践》，《教育探索》2002年第2期。

［5］周小山：《教师教学究竟靠什么——谈新课程的教学观》，北京大学出版社2002年6月版。

（作者高海丽，萧山二中教师，浙江杭州）

"活动—体验兴趣—高效"的预设

——历史课堂教学有效活动的探索

洪伟民

历史课堂教学高效性的探索，成为当今许多历史老师探究的目标。如何实现高效呢？关键是要打开学生的心门，让他们有兴趣去学习，去享受，去体验，在兴趣、享受、体验中掌握知识，培养能力，真正实现高效。

在生活中，经常可以看到这样的现象：游客们去观光农场采摘的水果比自己去市场买的同类水果要贵许多，究其原因，农场主回答是："新鲜"。但有人不解：我付出了劳动，采摘的水果为什么贵呢？其实，这里还有一层精神内涵，就是游客在参与采摘过程中得到了采摘的快乐，这里就有体验、享受、兴趣的精神附加值。

其实，新课程下的教师就应该成为果园的农场主一样，要成为受游客欢迎的水果（实用性强的知识体系）的栽培者（收集者）和采摘（方法）的引导规范者。

那么，如何成为栽培者（收集者）和引导规范者呢？

一 做一个优秀栽培者的原则

教学是一种服务，服务就要有一种吸引服务对象的魅力，正如农场中要吸引游客来采摘水果，就要种植一些游客感兴趣的、有助于身心健康的果树才行。

教育也是如此，要用大量的素材来吸引学生，同时这些素材必须也是能起到真正良好的教育意义的。丰富的素材让历史课堂教学具备了开发兴趣、享受、体验等活动的前提条件。

接着，就是教师对素材进行服务学生和教材的整合。如何精选资料，并对材料进行合理设问、分析？这就要坚持两大选择原则，即：

（一）吸引性原则

只有吸引才能培育出学生对某段历史的兴趣，学生最感兴趣的往往是对有悬念的或与生活有关联的内容。如，在进行《美国1787年宪法》的教学前预设导入情境时，笔者选择了现代的资料来引发学生的兴趣，如下：

> 材料一　2012年10月，飓风"桑迪"猛烈来袭，纽约市市长迈克尔·布隆伯格28日宣布，已经有着108年历史的纽约地铁系统于28日晚19时开始关闭，37万居民从可能被洪水淹没的低洼地区撤离。随后，纽约的城市公共汽车系统、轮渡、商店、公园、商业机构、隧道、桥梁等依次关闭。29日开始，纽约1700所大中小学校停课，110万名学生留在家中躲避暴风雨。纽约联合国大楼总部29日暂时停止了所有国际会议。

> 但在当地时间30日晚上，纽约市长布隆伯格却在召开的记者会上婉拒了总统奥巴马赶赴纽约视察飓风"桑迪"灾情的要求。"我今天和总统谈论了关于他到纽约视察灾情的事。我对他说，我们非常乐意他来纽约，但是我们手头有很多事情要做。"布隆伯格告诉记者，"（奥巴马）视察新泽西的灾情就足够了。"

> 材料二　2008年5月，四川汶川发生8级地震后，胡锦涛主席要求军队和武警部队迅速组织出动，协助地方抗震救灾，保证灾区人民生命安全。解放军在13日当天就把11420名官兵空运到成都附近，创下解放军军史和中国航空史上单日出动飞机最多、飞行架次最多、投送兵力最多的航空输送行动纪录。

> ——以上材料均根据人民网相关新闻资料编辑而成

再设问：奥巴马赶赴纽约视察要得到纽约市长同意，中国领导人需要吗？如果奥巴马要调动军队进入纽约，能像中国这么顺利吗？为什么中美有这样的差异？从中导入中美两国的中央与地方的制度是不同的。

这里就涉及对素材的选择策略，我们要坚持一开始就进行吸引性原则是关键，只有这样学生的兴趣才能调动起来，才会顺理成章地进行进一步的探索活动。

（二）规范性原则

教学是体现教育功能的，教育中首先是对人类道德教育的传承和普及，所以在课堂教学中的道德规范教育是相当重要的。

如，在进行《美国 1787 年宪法》的教学前预设最终的情感教育时，就要把利益的尊重和法制的规范放在核心分析上。笔者就是在课堂中直接点出：1787 年美国联邦宪法的核心就是课本的子目小标题："制约权力、平衡利益"，然后让学生阅读课本相关内容并设问：当时宪法在制定中涉及了哪些利益？美国制宪会议是如何来平衡这些利益的？

通过学生的阅读，可以概括出一系列内容，如中央各部门的利益、中央与地方利益、大小州利益、不同经济政治体制的利益，然后再结合课本自然得出 1787 年宪法的主要内容。

这似乎就完成了课本的教学任务，其实不然，因为教学毕竟是教育的关键部分，所以这部分的教学尚未体现出历史的教育功能，所以还应继续设问：美国的平衡手段体现了什么原则？这对我们今天有什么启示？在这里不仅仅是制约与平衡的问题，还应点出对别人利益的尊重和体谅等，特别是妥协的体制或原则的意义十分重大。这个启示才是 1787 年美国联邦宪法教学的真正教育功能之一。

由于历史素材中经常有正反两面的不同素材，笔者以为教师要从正面的角度即正能量的角度来选择素材，这样才能起到真正的教育功能，并可以调节师生对社会的观察的心态。

只有坚持了这两大原则，才能真正选择好历史的素材，这样才能进行采摘（方法）引导的规范。

二　采摘（方法）引导的规范策略

在课堂教学中，要活动就极易导致课堂教学的松散和混乱，更容易导致时序的不可控性，所以课堂讨论的规范性是很关键的，在规范性中需要进行一定的策略性预设，即：

（一）课前预设规范的策略：根据班情学情设计课堂教学活动

课堂教学的预设是课堂教学成功的前提，也是教师教育教学成功的关键。课前的预设不仅仅在于素材的选择，更在于对课堂中设问及学生答题情况的想象，特别是后者的处理是关键，所以课前预设课堂教学也必须有一定的规范，如：一堂课需实现哪些核心的立意及概念的解释；选取的素材能否体现教学中心；设计哪些问题；学生可能怎样答题；时间够不够；哪些能调动学生的兴奋点；哪些会出现僵冷局面等等，都需要课前教师的预设和精心准备，这才是教师备课的关键。

这一切都需要规范，特别是教师应对每一堂课的核心做一个简要评价，以实现核心立意。同时，在预设时还必须考虑到班级的实际情况，如男女生的比例、学生活跃程度和预习准备情况等等。

（二）课中规范的智慧：根据课堂情况迅速设计、规范和中止活动

课堂教学针对的是一个个有独立思维、活生生的人，人的思维是极其活跃的，尤其是学生，经常会有突发奇想，所以课堂也是教师发挥智慧、艺术性创造的地点。如何运用好学生的"偶然"灵感也是规范的必要，要用一种规范的智慧来运用好灵感。充分开发好灵感是一堂课充满艺术性的关键和重要原因。

如，在进行《美国1787年宪法》的教学中，笔者在设计《从"邦联"到"联邦"》这一子目教学时，曾在课前预设一问，即：该子目的美国政府成立及成立后的措施体现了1787年美国联邦宪法的

哪些特点？当时预设是想到只要学生围绕"平衡利益""制约权力"来回答就可以了。但有一次上课的班级较为平静，学生就只是围绕课本子目中的措施念了一下，无法围绕1787年联邦宪法中内容来展开，这就形成了预设与实际教学的差距了。

当时笔者的处理是：先让学生讲完措施，再改变预设内容，进行新的分析、引导，即设问：为什么美国华盛顿政府的措施只涉及国会、司法、金融、税收等？也就是只体现中央（全国性）的措施，而不体现中央与地方的措施呢？为什么要总统和国会一起颁布？从这里引导到三权分立、联邦制及制约权力，最终到平衡利益上。

三　反思："活动—体验兴趣—高效" 实现的关键在于预设的成效

笔者通过几年的教学实践感到：以活动为载体来体验兴趣，最终达成高效教学目标的历史课堂教学要取得成功，其关键就在于预设，在于精选材料，在于教师对课堂情境的假设，但这个预设的风险就是在于预设和实际的差距，特别是在活动中，学生思维活跃程度、学生思维的偏差、时间的有效把握和课堂进度的把握等等，这都是在预设中要充分考虑的。但具体到每一堂课，也不是老师都能成功合理地预设的，这其中存在着许多不可知的风险因素。既有教师专业素养、课堂驾驭水平、语言表达能力等方面的因素，又有学生知识储备能力、课前准备程度等方面的问题。这正是需要我们历史教师不仅要深入地充分了解学生，而且要学识渊博，充分备课，要继续不断探索预设与现实教学差距的技术和艺术处理手段。

（作者洪伟民，淳安中学教师，浙江杭州）

未成曲调先有情

——历史课堂教学"另类"导课新探

王新建

正如俗话所说的："良好的开头是成功的一半"。中学历史课堂教学更是如此，好的导课，作为教学的开头，也具有这种功效作用。那么，怎样巧设一堂新课的导入呢？我在教学中采用了下列几种做法：

一　设置悬念式导课

创设情境，设置悬念导课，就是要给学生造成一种强烈的想知道的欲望。把学生注意力一下集中到课堂教学内容上，这是导课的首要作用。导课可以通过两条途径来吸引学生的注意力：一是通过无意注意最终导入有意注意；二是直接唤起学生的有意注意。教学的重要意义在于调动学生参与课堂导入意识，达到所期望的教学效果，导入是实现学生参与的重要一环。如我的一堂高一历史课《孙中山的三民主义》导课：

师：同学们，不知道大家有没有听说，最近娱乐圈发生了一件事，有一个女粉丝（杨丽娟）苦苦追求某位明星，害得他父亲跳海自杀身亡，知道这个明星是谁吗？

生1：我知道，是周杰伦。（惹得其他同学都哈哈大笑）

生2：噢，是刘德华吧？（终于有学生说出了某明星的大名，看来学生还是没有白关注娱乐界。说明有些学生除了学习，平时也会关注些大事新闻的）

师：（在多媒体上打入刘德华的照片）华仔这身是什么打

扮啊？

　　生：中山装。

　　师：是吗？这是"基因突变"的中山装。

　　生：哈哈大笑

　　师：那中山装是谁做的啊？

　　生：孙中山。（学生不明就里，立马进入我设计的陷阱）

　　师：错了吧，是裁缝做的，设计由孙中山设计的。

　　生：愕然之后大笑（有些学生先是惊讶之后大笑，知道自己被耍了）

　　师：那有谁知道中山装的设计理念吗？

　　生：摇摇头。

　　师：我们看中山装（照片显示），它正面的五粒纽扣代表五权分立：行政、立法、司法、考试、监察。四个口袋象征着礼、义、廉、耻。那它袖口上有几粒纽扣呢？

　　生1：2粒。（5粒和8粒都有人说）

　　生2：3粒。

　　师：好，成交。这3粒纽扣正代表着民族、民权和民生三大主义。今天就让我们一起走进20世纪初期的中国，共同领略和体会孙中山的三民主义。

　　经过课间活动，学生的思维处在亢奋状态。如何在上课一开始就紧紧抓住学生的注意力，是提高45分钟课堂教学效率的重要环节。本节课我从就近发生在娱乐圈的学生比较熟悉的话题入手，巧妙设置"悬念"，立马就吸引了学生注意，激发了学生学习的兴趣和探求知识的欲望，整堂课的教学效果得到显著提高。

二　创设气氛式导课

　　在课堂上创设气氛导课，引发学生的学习动机，激发学生的求知欲望。学习动机是直接推动学生学习的"助推器"，可以激励和指引学生产生学习的愿望。兴趣是认识某种事物或进行某种活动的心理倾向和动力，能直接引发学习热情。导课要得到良好效果，必须要适应学生的心理特点，选择与本节内容相关的导入材料，并需要创设一定的气氛来激发学生的兴致。如我的一堂高一历史课《新中国初期的外交》导课：

　　课堂序曲：上课铃声刚响，学生在教室里闹哄哄的，为了调节下气氛，我用了下面的办法让学生感知，从而把心自然而然收归到历史课堂上。我黑着脸气呼呼的样子走进教室，学生感觉很奇怪，而且我立马叫了一个平时比较调皮的学生站起来。

　　师：李某某，站起来。（我的脸上显示非常气愤的样子）

　　生：很茫然，不知所措地站了起来，头硬生生往下低。（其他学生立刻停止了讲话，教室里气氛很紧张，一片肃杀）

　　师：看大家在上课铃响之际还在海阔天空，把我一人撂在一边好意思吗？呵呵。我也是喜欢侃大山的哦。李某某，能问你几个私人问题吗？（和声细语并面带微笑地对他说）

　　生：噢，深深地长吁一口气（学生有种如释重负的感觉，一股轻松劲涌上心头，好像刚刚坐了过山车似的）

　　师：今天老师和大家谈谈关于"交往"的话题。李某某，你有朋友吗？

　　生：有（有学生说是有女朋友吧，大伙都笑了）

　　师：你为什么要交朋友？

　　生：因为朋友之间可以一起学习，一起玩耍，还可以相互帮助。

　　师：你喜欢与什么样的人交朋友？

　　生：正直善良，有上进心。

　　师：你认为朋友之间应如何相处？

　　生：坦诚相待，和睦共处。

　　师：不错，李某某，正如你所说，我们需要广交正直善良的朋友。有朋自远方来，不亦乐乎。朋友之间也的确应该以诚相待，和睦共处。那如果我把刚才关于交往的话题主语换成"中国"：中国有朋友吗？中国为什么要交朋友？中国喜欢与什么样的国家交朋友？中国认为朋友之间应该如何相处？这就上升到一个国家交往的问题。关于国与国之间的交往我们称之为？

生：外交。

师：今天这节课就让我们一起探讨新中国初期的外交。（趁机导入课文的学习）

本节课在上课铃响之际，发现学生还在饶有兴趣地谈话，我想，如果我直截了当走进去，简单地说一句："同学们请安静，我们开始上课了。"估计这样上课效果肯定不佳。也就在那一瞬间，我突发奇想，营造了一种紧张的气氛，之后来了个180度大转弯，让学生经历了"开心—紧张—放松"的氛围。学生刚开始还在云里雾里，突然眼前一亮，拨云见日。当然，学生的注意力很顺畅自然地转移到我的"地盘"上来，效果自然一目了然。

三　妙趣横生式导课

现在的学生大都爱听谜语、笑话、典故和故事等，根据他们的这一特点，在教学新课时紧扣新课有关内容，讲一段精彩故事导入的方法，充分利用了课外材料与新课内容内在的联系，具有启发性。好的课外材料不仅能发挥导课的功能，还能扩展学生知识视野，以激起他们的学习兴趣。

实践经验表明，课堂导课一般不宜占用过长时间，教师应在2—6分钟内完成导入任务，将学生的注意力吸引到特定的教学任务中去，这就要求教师的导语具有以下特征：

（一）针对性

导语的针对性主要体现在两个方面：一是指要针对教学内容而设

计，使之建立在充分考虑了与所授教材内容的内在有机联系的基础上，而不能游离于教学内容之外，使之成为课堂教学的累赘。二是指要针对学生的年龄特点、心理状态、知识能力、爱好兴趣的差异程度。只有具有针对性的导语才能满足学生的听课需要，实现历史课堂教学的教育性。

（二）启发性

积极的思维活动是课堂教学成功的关键，所以教师在上课伊始就运用启发性教学语言来激发学生的思维活动，必能有效地引起学生对新知识、新内容的热烈探求。当然，启发性的导语设计应注意给学生留下适当的想象余地，让学生能由此想到彼、由因想到果、由表想到里、由个别想到一般，收到启发思维的教学效果。

（三）新颖性

赞科夫认为："不管你花费多少力气给学生解释掌握知识的意义，如果教学工作安排得不能激起学生对知识的渴求，那么这些解释仍将落空。"一般说来，导语所用的材料与课文的类比点越少、越精，便越能留下疑窦，越能吸引人。

（四）趣味性

苏联著名教育家巴班斯基认为："一堂课之所以必须有趣味性，并非为了引起笑声或耗费精力，趣味性应该使课堂上掌握所学知识的认识活动积极化。"充满情趣的导语能有效地激发学生的学习兴趣，调剂课堂教学的气氛和节奏，师生间往往在会心的笑声中达到默契交流。

（五）简洁性

语言大师莎士比亚说："简洁是智慧的灵魂，冗长是肤浅的藻饰。"这个见解极为深刻。课堂教学的导课要精心设计，力争用较少的话语、较短的时间，迅速而巧妙地缩短师生间的距离，将学生的注意力集中到听课上来。

　　"转轴拨弦三两声，未成曲调先有情。"好的课堂，从"头"开始。如果把整个教学过程看作是一台戏，那么教学开始的导课环节就像是整台戏的序幕；如果把整个教学过程看作是一篇优美乐章，那么导课环节就像是这篇优美乐章的序曲。巧妙地使用好开课几分钟，无论是激发学生的学习兴趣和求知欲望，活跃课堂气氛，还是帮助学生理解课文都是大有益处的，往往能明显地提高课堂教学的效果。

参考文献

　　[1] 刘永舜、董志斌、赵卫胜编著：《做最好的教师——实现自我发展的 55 个途径》，四川教育出版社 2006 年版。

　　[2] 欧阳芬：《做专业的教师——课堂教学的 55 个细节》，四川教育出版社 2006 年版。

　　[3] 杨志才：《给历史教师的 101 条建议》，南京师范大学出版社 2007 年版。

（作者王新建，建德市新安江中学教师，浙江建德）

例说历史教学设计的有效创新

——以人民版必修Ⅲ《宋明理学》一课为例

郑　怡

　　在当前诸多的优质课评比与公开课展示中，追求历史教学设计的新意已成为教师之共识。历史教学设计固然需要创新，因为缺乏了对教学创新的探求，也就缺失了推进历史教学不断改革与发展的根本动力，这也正是在教学比赛或展示中看重教学设计创新的道理所在。但是历史教学设计的创新必须遵循历史学科教学及学生心智发展所固有的规律，必须立足历史传统教学方式的厚实基础，而尤为重要的是必须达成历史课堂教学的有效性，以实现真正意义上的有效创新。在此，笔者以自己对人民版必修Ⅲ《宋明理学》一课的教学设计为例，针对实现历史教学设计有效创新的策略发表几点浅见，以期抛砖引玉地引发同仁对这一课题的充分重视和深入探讨。

　　《宋明理学》是历史必修Ⅲ专题一"中国古代主流思想的演变"的一节重点内容，同时也是当前高中历史教学界公认的一大教学难点。其教学上的难度主要在于——不仅要落实有关理学发展过程中的诸多知识要点，并大致弄清理学产生与演变的相关背景，而且还要向学生解释许多与理学相关的抽象概念，而这些概念甚至连教师都很难加以理解。因此，要在课堂有限的时间内，使教学做到深入浅出、扎实有效，教师必须在教学设计的创新中讲求策略。

一　精心预设教学目标

　　"凡事预则立，不预则废。"教学目标是历史教学设计创新的灵魂与指针，轻视了对教学目标的解读与预设，往往是造成教学设计创新出现方向偏移的重要原因。笔者认为要有效地预设教学目标，有必要关注以下两点：

（一） 依据和突破统一的教学要求

这里所说的统一教学要求，不仅是指国家制定的统一课程标准，而且也包括各省据此编写的学科教学指导意见。另外，我们也可以把相应版本的教师教学参考书归入此列，因为它在三维目标的预设上有着很大的参考价值。我们在创新历史教学设计时，首要的任务是认真研读和理解这些统一的教学要求，并以此作为设计教学的重要依据，这是保障教学设计有效创新的前提。

要实现教学设计创新，教师一定要在依据与参照这些要求与资料的基础上，以达成有效教学为指向，在教学目标的预设与叙写中体现出自己对教学内容的理解、对教学理念的领悟、对学生信息的把握，从而突破与完善统一的教学要求，更为合理、更富创造性地设定教学目标。

（二） 分层与分步地叙写教学目标

笔者认为教学目标不仅有维度之分，而且在每一维度下也有目标的层次之分。比如：在知识与能力目标中，教师不仅应明确所授的知识点，还要从中分出知识重点与难点，同时在知识认知的基础上，还应有针对地培养归纳、理解、阐释、评价等多层次的历史学科能力；在过程与方法目标中，教师不仅要关注教学互动的设计，更应重视在相关活动基础上对学生学习策略的指导；在情感态度价值观目标中，教师不仅要关注浅层次的情感教育，更应重视对学生形成正确人生观、价值观的引领。

另外，教学目标的预设与叙写不是一蹴而就的，它绝不可在完成教学流程设计后才当作形式来加以弥补，但也不能在研读完课程标准与教学指导意见后就一举完成。建议教师在研读领会教学要求的基础上，首先确定知识与能力目标，包括知识的重难点，再结合自己的教育教学理念与学生实际情况，深入思考并确定本课的情感态度价值观目标，同时在实际教学设计的过程中，如有必要，可对这些目标进行相应的调整与完善。而对于过程与方法目标，由于在设计具体教学流程的过程中，伴随着教学灵感的迸发，教学过程与方法的设计会不断得以优化，教师可以在完成教学流程设计后再准确地叙写此项目标。

二　潜心梳理教材知识

一堂历史课要做到教学思路明晰、教学流程顺畅，理清本课的知识结构与主题线索是根本的前提。因为只有知识主线与结构清晰，才能起到确立"主干"与"框架"之功效，该课的知识内容才能在这条"主干"与这个"框架"之上生发开来，教学流程的各个环节也才能丝丝入扣，层层推进。

知识主线与结构的梳理，既要在微观上探究本节内部各知识点之间的串联线索，也要在宏观上从单元专题角度考察本节内容的所处地位，及与本专题甚至其他专题相关内容的内在联系。教师主要可以通过研读教材和教参来理清线索，必要时可以通过查阅相关的背景资料以进一步明晰思路。

三　合理取舍教学内容

（一）教学知识点的取舍

如前所述，教学指导意见是指导课堂教学内容选取的主要依据，但是教师又不能机械地束缚于此，而是必须结合实际对它所确定的教学知识点做出取舍上的调整，以使课堂教学的实施更为合理，同时与学生的实际也更为符合。

首先，对于教学指导意见规定的某些教学内容，可以视具体情况略讲，甚至不以课堂讲授的形式呈现。笔者认为，对于理学这样一个庞大深邃的思想体系，以及它对于中国及亚洲一些国家所产生的深远与广泛的影响，要让学生在课堂上形成对理学的客观评价，可能过于简单化；同时鉴于本节课内容量非常大，教学任务非常重，加之教学重心又主要置于理学的发展过程与主要观点，因此，我在教学设计中，将评价理学的这块教学内容调整为学生课外探究，仅出示对理学评价的一些观点，借以引发学生自主探究的热情，并提供有益的参考。

其次，对于教学指导意见中列入课外阅读的某些内容，却不应该简单化处理，特别是那些对理解教学重难点所不可或缺的内容，以及涉及历史线索发展完整性的内容。比如，在笔者设计此课的教学时，"儒学的困境与儒学复兴运动"一目仍被列为课外阅读内容，但我却将它引入到了课堂教学中进行精要的分析。因为如果缺失了这块内容，学生就很难理解理学产生的缘由，尤其是无从理解为何理学要形成一套哲学体系，又为何要吸收利用佛教与道教的理论。而这些复杂的问题，很难通过简单地规定让学生课外阅读就能得以解决，这自然会极大影响学生对于本课中"理学"与"心学"概念与内容的理解。

（二）相关知识概念的取舍

历史知识概念是历史教学中最基本、也是最重要的知识元素，合理地开展概念教学，有助于对于历史现象发展演变的深入理解。教师应力求讲明教材的重点知识概念，在必要时，也可引入一些课外的知识概念来辅助教学的顺利实施。但是无论是课内还是课外的知识概念，都有一个教学上的取舍问题。

四　有效整合教学资源

事实已经充分证明，要实现历史教学设计创新的有效性，素材资源运用并非越多越好、越新越好，也并非课外的一定优于教材的。

（一）充分发掘教材内部的资源

教材的资源不仅仅只有教学主干知识，而且还包括了许多可资利用的其他素材资源，如"资料卡片""知识链接""学习思考"以及课文后的"自我测评""材料阅读与思考"等等，教师只要做个有心人，将这些资源稍加改造，便能有效地整合利用到教学设计中。这样的做法既方便了学生课堂阅读，又大大节省了教师寻找课外素材资源的精力。

（二）注重素材资源的简约性

对于像本节这样知识内容多、理解难度大的课，要在有限的时间内完成教学任务，彰显教学的有效性，就必须充分重视素材资源的合理选择与有效整合。一般而言，应当尽量少选择大段的文字材料，因为这样不是造成教学任务无法完成，就是导致学生无暇完整阅读与理解材料，失去了提供素材资源的实际意义。建议可以多将教材内容整合成简约、精练的图或表格，让知识条理一目了然，同时也方便了知识间的联系与比较。

五　科学优化教学方法

（一）遵循"从已知到未知"的教学原则

19世纪德国著名教育家第斯多惠提出了"教学要顺应自然"的原理。它指出学生的学习一般总是在将新的知识与认知结构中已有的相关知识建立起联系的基础上进行的，只有这样的学习才是深入而牢固的。由于本节课内容的理解难度较大，但同时也与前面所学内容存在着紧密的内在联系，所以为深入浅出地突破教学难点，我在教学设计中也有意识地遵循与运用了"从已知到未知"的教学原则。

（二） 综合运用多种教学方法

本节课的特点决定了教师必须选择多种的教学方法，通过科学的整合、灵活的运用，方能达成教学最优化的目标。我在实际的教学中也充分考虑了这点，比如以表格梳理法来实现对理学发展过程中各阶段知识内容整理的简化；以比较教学法来洞析理学发展过程中主要观点的变化；以概念教学法来引导对理学主要观点理解的深化。

（三） 合理开展教学互动

开展课堂中的教学互动绝不能只是追求表面的形式，著名历史特级教师李惠军老师对此有过精彩的阐述："课堂教学中的合作学习、师生互动必须建立在了解历史、围绕中心、聚焦问题的前提之下，互动的要害在于'神动'，也就是激烈的思想活动，而非缺失灵魂的'声动''形动'和'群动'。那种没有思维价值、缺乏历史意蕴的课堂'互动'实际上就是'胡动'！"

六 及时撰写教学反思

课后及时进行教学反思，是创新历史教学设计过程中一项不可忽视的重要环节，教师可以借此对教学设计创新的成效做出理性的总结与分析，从而推动教学设计创新的深化与发展。以下是我对《宋明理学》一课教学的课后反思：

首先，在某些细节上还可以深入挖掘，做到更加精致合理。比如，心学的出现其实从某种角度而言，受到了佛教禅宗的一定影响，二者都是对修行手段的简化，同时不少学生对禅宗的教义还有一定的感性认知与了解，所以在材料中可以提供一些如"幡动与心动"等体现禅宗教义的经典史料，以此更形象地阐释心学的概念，及它对佛教的吸收借鉴。

其次，对于"如何评价理学？"的课外探究还是要有一个任务上的明确化。虽然学生不可能在短期内形成对理学全面客观的评价，要建构自我的独立评价可能更为困难。但教师可以采用一些灵活多变的形式来实现任务的明确化，如要求学生通过网络等途径，尽可能多地收集相关的观点与资料，以电子稿的形式上交教师等。

再者，限于时间，本课授课时未能提及心学自身先天的局限，这点对于下一节内容其实是个很好的伏笔。因为这种局限一旦发展至极端，便难免会沦入"空谈心性、不重实务"的境地，从而背离了儒学突出"经世济民"的优良传统，也背离了王守仁创立心学的初衷，这其实也是为何在明末清初出现强调"经世致用"新思想的重要原因之一。

另外，由于教学内容多且难度大，这堂课基本按预设进行授课，课堂教学上的生成性还未得到充分体现，对于课堂中学生可能会生成的有效问题与资源，及如何加以合理利用还未加认真思考。

新颖性、科学性与实用性，是评判发明专利的三大标准，笔者认为这同样也适用于我们对历史教学设计创新的宏观评价。期待教学同仁们都能够在这些标准与导向的引领下，立足教学实际、讲求方法策略、施展自身才华，设计出更多既新颖别致、又科学有效的历史教学课例。

参考文献

[1] [德] 第斯多惠：《德国教师培养指南》，袁安译，人民教育出版社 2001 年 5 月版。

[2] 何成刚：《历史教学设计》，华东师范大学出版社 2009 年 1 月版。

[3] 李惠军：《行者有疆思无涯——回看 30 年杏坛　旧事与心路片断》，《基础教育课程》2009 年第 4 期。

[4] 周彬：《课堂密码》，华东师范大学出版社 2009 年 8 月版。

（作者郑怡，杭州市余杭高级中学教师，浙江杭州）

高中历史听课"三问"之高中历史课堂教学应该如何选用教学素材？

朱　可

　　高中历史新课程实施以来，围绕教材编写、教案设计、教材解读类的文章层出不穷，广大一线中学历史教师和教研员为促进教师专业发展，提升课堂教学效率作了许多有益的探索。笔者从事教研工作迄今已历14年，在多年的教研工作和日常听课中，有颇多感悟。现围绕教学内容应该如何取舍、教学素材应该如何选用、教学立意应该如何提升三方面内容做一些探索，撰此系列小文，供同行探究。

高中历史课堂教学应该如何选用教学素材？
——以《社会主义建设道路的初期探索》一课为例

　　历史素材是课堂教学的载体，合理、妥帖地选用历史素材，能激发学生的学习兴趣，培养学生分析问题、解决问题的能力。黄仁宇先生在《大历史不会萎缩》一文中转引帕斯捷尔纳克的话说：历史无法眼见，犹如草叶滋长的过程中，无人能目睹其成长。恰恰是因为"无人能目睹其成长"，后人才需要一个"大历史观"，需要对草叶生长的过程和结果，做一个全面"复盘"，看清其中的各种因果关系，不因一时勃兴而骄傲，不因一时萎靡而颓废，以便能明了自身所处的位置。① 由于历史学科的特殊性，学生对过去的历史事件很难亲身去体验、感受，这就需要借助历史素材，合理地选用素材，能帮助学生"复盘"历史的真相，形成历史思维。而素材的选用不当，不仅会影

---

① 黄仁宇：《大历史不会萎缩》，广西师范大学出版社2004年版，第3页。

响教学的有效性，甚至会误导学生，造成思维的混乱与迷惑，这对历史的学习是不利的。素材的选用应该遵循怎样的基本原则呢？本文试以《社会主义建设道路的初期探索》一课为例，谈谈教学素材选用的基本方法，以就教于大方之家。

一　素材选用必须突出情趣味

苏霍姆林斯基曾说过："所谓课上得有趣，这就是说，学生带着一种高潮的激动的情绪从事学习和思考，对面前展示的真理感到惊奇，甚至震惊，学生在学习中感受到自己的智慧力量，体会到创造的欢乐，为人的智慧和意志的伟大而感到骄傲。"[①]教学素材的有效选用，能让学生在学习中保持一种持续的、高潮的激动情绪，激发学生的学习热情。教学素材的选用并不是越多越好，也不是越新越妙，关键在于该素材能否激发学生的学习情趣。在《社会主义建设道路的初期探索》一课中，某教师以当时的一对小夫妻安娜与彼得的书信为教学素材，围绕他们的书信设计问题，很好地激发了学生的学习情趣。

　　书信一：亲爱的彼得：

　　你在那边还好吗？听人说白匪们很凶残，你一定要多小心，我在白桦林里等着你回来……（略去100字）

　　自从你离开后，这里发生了很多事。家里的粮食绝大部分都被上面收走了；爷爷原本想去集市上用羊肉换点粮食，没想到刚到市场，羊肉就被没收了，人还差点被抓起来，现在连买卖都不能做了……

　　虽然很多人现在还是饿着肚子，但都能心甘情愿地默默承受着，毕竟心情与环境不一样了。

―――――――――――

① 苏霍姆林斯基：《给教师的建议》，教育科学出版社1984年版，第51—58页。

你的安娜

1918 年 12 月 21 日

书信二：我的安娜：

原谅我到现在才回你的信，你无法想象我现在心情的喜悦。战争已经结束，我们保卫了祖国母亲。

现在我们部队驻扎在波罗的海喀琅施塔得附近。这里的情况不甚好，到处缺少粮食和煤，很多人都在挨饿。还有，最近我们制止了一场基地里水兵发动的叛乱，这些人甚至喊出了"要苏维埃，不要布尔什维克"的政治口号……战争胜利了，我们的国家怎么没有好起来呢？

……

彼得

1921 年 3 月 3 日

围绕书信一，教师设计了以下问题：（1）从信中找出安娜家乡发生了哪些事情？（2）联系课本，这些事反映了当时苏俄政府实施了哪些政策？（3）安娜家乡的人民对这个政策是什么情感？为什么能默默承受？而围绕书信二，教师是如此让学生探讨彼得的心理活动的：（1）彼得是怎样复杂的心情？（2）彼得为什么喜悦？（3）彼得担忧什么？

应该说，书信作为教学素材，能拉近学生与历史的距离，让学生感觉到历史并不枯燥，它就好像活生生地发生在自己的身边。教学的重难点内容，也能够通过书信的传递，在轻松愉悦的气氛中得到化解。教师选用的这两则书信，很好地串接了教学内容，引发了学生对所学知识的兴趣，课堂教学气氛呈现活跃状态。因此，教材的知识有限，学习材料的内涵无限。教师应该用真实、生动、丰富的素材来激发学生的质疑、思考和联想，拨动学生内在的思动、情动、神动和心动。

二　素材选用应该重视服务性

教育家布鲁纳说过："对学生来说，最有效的刺激，是对所学材料的兴趣"。美国教育家布鲁姆也说："一个带着积极情感学习课程的学生，应该比那些缺乏热情、乐趣和兴趣的学生，或者比那些对学习材料感到焦虑和恐惧的学生学得更轻松、更迅速。"作为教学资源的重要组成部分，生动、有趣的教学素材不仅能克服学生的学习焦虑与恐惧，还能激发学生的学习兴趣。因此，教学素材应该为课堂教学服务，选用素材时，教师首先应该想到该素材是否有利于拓展知识外延，挖掘教学内涵。但是，当前的教学素材选用中，却明显出现三大误区，不仅没有起到辅助教学的作用，反而给学生的学习设置了新的障碍。

（一）素材选用庸俗化。部分教师以历史故事、民间传说甚至是现在流行的"穿越剧"作为教学素材来吸引学生，这不仅给学生以误导，而且还造成教学流程浅薄、混乱，结果明显得不偿失。

（二）素材选用简单化。基本以教材、教参内容为素材，未能选用生动、有趣的其他课程资源，不能很好地引导学生挖掘历史发展的规律，提炼历史经验，造成教学流程平铺直叙，缺少起伏。

（三）素材选用复杂化。为了激发学生兴趣，部分教师选用了许多的素材，但由于不能有效取舍，照单全收，反而使教学难度加大。素材利用时又不注重铺垫，提一些不切合学生实际的高难度问题，造成教学流程艰涩不畅，影响学生思维。

基于这样的认识，在《社会主义建设道路的初期探索》一课中，教师围绕书信这一教学素材，引导学生挖掘教学内涵，起到了一定的教学效果：

书信三：亲爱的彼得：
终于等来了你的消息，上帝保佑。

……（此处略去 200 字）

今年上面说不再收我们的余粮了，而是像以前一样征收粮食税。这下村子里可都疯了，大家又开始没日没夜地干活。还有一个更好的消息，现在又能做买卖了，爷爷刚刚去市场上卖了点粮食，换了点肥皂，我又能好好洗个澡啦……

盼你回来！

你的安娜

1921 年 8 月 16 日

很明显，书信三引出了用固定的粮食税取代余粮收集制、允许自由贸易等内容，让学生从安娜喜悦的心情中，比较战时共产主义政策与新经济政策。应该说，战时共产主义政策适应了战争需要，巩固了新生的苏维埃政权，但也引发了战后的社会危机。而新经济政策力图纠正战时共产主义政策实施过程中存在的问题，调动了人民的生产积极性，使经济恢复发展，为向社会主义过渡指导了一条正确的道路。这是本课的重点，也是教学的难点，学生在学习中对这两个政策的内容往往感觉头痛，而通过书信这一素材，学生通过两个政策的相互比较，就能举一反三、形象直观地掌握这些内容，学习的负担必然大大减轻。

三　素材选用需要体现历史感

历史虽已"逝去"，但"余韵"犹存。我们学习历史，并不是希望一味地还原历史现象，而是力图借助历史素材，帮助学生走进历史深处，得出理性的感悟。正因为如此，历史的素材选用必须体现历史感——力求真实地反映历史现象。回到《社会主义建设道路的初期探索》一课中来，通过前面的三封书信，我们已经清楚地感受到教师的良苦用心——用书信这一相对私密的载体，解密历史的真相。如果说，前三封书信还能激发学生的情趣、帮助学生理解教学内容，因为学生明显对这一教学素材感兴趣，教师也对任课教师能这么有心地收集教学素材而感到由衷敬佩，因为这几封书信确实带有浓厚的历史情境感，但第四封书信的呈现，却明显让学生和听课教师有如鲠在喉之感：

> 书信四：我的安娜：
>
> 关于你说的这两个政策，我也在反复思考：
>
> 有时候认为，我们好不容易赶走了外国资本家，现在又允许他们回来投资，这不是又走回到资本主义道路？很危险啊！
>
> 有时候又认为，共产主义社会就是所有东西归大家共有，按需分配，战时共产主义政策恰恰就体现了这一原则，我们坚持下去，可能就能直接进入共产主义社会啊，为什么要放弃呢？
>
> 有时候甚至认为，不管他什么政策，对我们普通老百姓有好处，就是好政策。
>
> 你觉得呢？安娜……
>
> 我即将回来！等我！
>
> 彼得
>
> 1922 年 1 月 21 日

为了帮助学生理解书信内容，教师提出了"你认为哪种心情更合理？为什么"这一个概括性的问题。按照教师的设计，书信中的三种心情，代表着三种结论：借鉴学习资本主义的长处；从国情出发，实事求是；维护最广大人民的利益。但也正是这样的设计，反而造成了学生学习的困惑：这些素材是真的吗？彼得当时真的会这么想吗？也正是这样的设计，让听课教师恍然大悟：为教师的预设而提供的素材很有可能是艺术的创作。课后同教师交流，教师也坦诚地回答上述四封书信都是教师自己根据当时苏俄的国情，加以自己的想象加工、创作的。

应该说，教师的努力与才气是得到大家的公认的，能仿造出如此逼真的口吻、如此真实的情境，体现了教师的学科素养，实属不易。

但这里也带来一个问题——历史素材能否自己加工、创造？我们知道，历史是科学，文学是艺术。艺术可以再加工，科学则必须尊重基本的规范与原理。历史不需要你对它有任何的修改，真实才是它最本质的体现，失去了真实，历史也就成了一种造作与摆设，最终将失去它原本永恒的生命力。因此，历史素材的选用，绝对不能胡编乱造。可以说，越能以假乱真的历史素材，对学生的误导可能会越大。

由于真实的历史素材相对较少，教师在教学中要挖掘教学内容确实面临困境。但只要做一个教学的有心人，依托真实、生动的教学素材，精心设计、合理运用，也是能够取得理想的效果的。

（作者朱可，杭州市普通教育研究室副主任，浙江省特级教师，中学历史（含社会）教研员，浙江杭州）

历史阅读，让课堂彰显理性美

——以《凡尔赛体系与国际联盟》一课主题阅读的教学转化为例

徐红素

在新史料不断涌现、历史阐释日益多元化以及教学理论成果不断翻新的今天，作为一名历史教师如若没有基于专业成长的积累性阅读，很难成为课程改革的担当者。正是教师阅读的高度、广度、厚度、新度决定了课堂的相应维度。因此，近几年来，中学历史教学界的研究也越来越指向教师的专业阅读与阅读的课堂转化。

本文以《凡尔赛体系与国际联盟》为例试图从逻辑梳理、内涵挖掘、主题整合和价值提升等几个方面加以整理，以说明历史阅读对课堂教学彰显理性之美的重要性。

一 在阅读中厘清教学内容的逻辑联系，彰显课堂的逻辑清晰美

在人教社《20世纪的战争与和平》教科书中，一战后《凡尔赛—华盛顿体系下的世界》为第二单元（第一单元为《第一次世界大战》），其第一节《巴黎和会》着重讲了"凡尔赛宫里的勾结与斗争"与"《凡尔赛和约》"两部分内容，"凡尔赛体系""国际联盟"等内容则分布在第二节《凡尔赛体系与国际联盟》中。考虑到教学容量，编写者把"凡尔赛体系"的核心部分《凡尔赛和约》放在《巴黎和会》一节中叙述，而对体系其他组成部分（对奥、保、匈、土和约和"国联"等）以及体系的形成与评价则放入《凡尔赛体系与国际联盟》一节中，鉴于两者间内在联系，决定了教学时必须进行有机整合，以避免教学中出现或零碎、或重复之现象。第三节《华盛顿会

议》，则叙述华盛顿会议的召开和华盛顿体系的确立。据此，本课与其前后内容的联系为：由《凡尔赛和约》与国联作为重要组成部分的"凡尔赛体系"，是巴黎和会的产物，也是一战后世界和平体系"凡尔赛—华盛顿体系"的重要组成部分。

在此基础上，又借助相关文章的阅读，厘清教学内容间有以下逻辑联系：一战的爆发打破了原有的"均势"国际结构，其结果极大改变了各国的力量对比，并且使得人们极为反感厌恶这种冷酷无情的杀戮行为。为避免类似战争的发生，人们试图从一战的起因中找到解决良方。在诸多原因的探讨中，人们普遍认为是"均势政治"导致了这场战争。以威尔逊为代表的政治家主张以"集体安全"取代"均势政治"，建立一个超国家利益的体系协调矛盾，维护世界安全。为此，他提出了具有公开、公平、自由、正义等要义的世界和平纲领，得到战后各国普遍认同并成为巴黎和会的最重要议题。① 经过凡尔赛宫内的反复角力，最后签订了以《凡尔赛和约》为主的一系列条约，形成了凡尔赛体系，随之成立的超国家组织——国际联盟就是其执行机构。体系确立起列强在欧洲、非洲和中东的国际新秩序，对缓和矛盾、维护和平、促进战后经济复苏和社会稳定都起到过积极作用。但内部隐含的诸多矛盾，为二战的爆发埋下伏笔，也最终导致其崩溃。

基于以上梳理，笔者创设了以下导语：第一次世界大战以其惊人的毁灭性与残酷性超出了当时所有人的想象，人们把这次战争称之为"结束一切战争的战争"，在巨大的灾难打击下，人们不得不反思如何避免类似悲剧重演，为此试图从一战起因中找到良策。当时普遍认为一战是由于战前缺乏一个国际性的协调机制，未能协调大国间的矛盾，导致大国通过结盟维持均势，是这种"均势政治"的产物。因此，在战争将近尾声时，许多政界人士甚至包括一些民间力量，积极呼吁并身体力行地构建战后世界和平体系。在诸多努力中，有一个人的方案可谓博采众长，是他第一次以政府形式向全世界提出了战后世

① C. E. 布莱克、E. C. 赫尔姆赖克：《二十世纪欧洲史》（上卷），人民出版社 1982 年版，第 106—107 页。

界和平纲领，世界也以他的纲领停战和谈。这人是谁呢？他又提出了怎样吸引世人眼球的和平纲领呢？这个纲领又体现了他对世界和平怎样的设想？在学生回答"威尔逊"和"十四点和平计划（或原则）"后，再接着引述：今天我们就以"威尔逊战后世界和平设想"为线索来复习《凡尔赛体系与国际联盟》。

这样的导入语略有冗长，却站在基于阅读视野的人类对文明探索的高度，厘清了一战与战后国际关系的内在逻辑，有助于学生建构学习情境，理解教学内容。

二　在阅读中以多元思辨挖掘教材的内涵，彰显课堂的哲学思辨美

厘清教学内容的逻辑关系后，接着考虑如何有效地开发利用教材。受赵士祥《历史解释的多元观及其教学价值反思》① 一文的影响，借鉴多元史观，多角度审视挖掘教材内涵：一用全球史观审视，凡尔赛体系的建立，既是继一战后全球化进程进一步发展的产物，又进一步推动了世界的全球化。二用文明史观考查，新生的体系虽然内部矛盾重重，但它反映了历经大战的人们对于世界和平的思考，它的建立也有力地推动了20世纪20年代人类文明在政治、经济和精神方面的进步，尽管其推动作用有局限性，也为之后大战的发生埋下了隐患，但可以培养学生认识文明的进步不可能一蹴而就的史识。三用辩证唯物史观分析评价包括"凡尔赛体系"及其治下的和平、"国联""协商""民族自决""裁军""集体安全"等内容与概念，分析影响各国外交政策的因素，同时引导学生既要看到积极进步性，又要看到其中的局限性。

基于以上挖掘，笔者设计了以下教学环节："你认为威尔逊的战后世界和平设想实现了吗？理由是什么？"学生在解答过程中，势必

---

① 赵士祥：《历史解释的多元观及其教学价值反思》，《历史教学》2011年第10期。

调用"凡尔赛体系"与"国联"的所学知识，并运用相应方法与史观进行理性地辨析，进而对其作用进行全面的考量。若学生回答他的和平设想"实现了！"，所需知识与信息有：体系缓和矛盾、维护世界和平；协商谈判代替战争；把人类利益看成高于国家利益；民族自决与民族独立；集体安全代替大国均势外交的进步性。若回答"没有实现！"，要调用：凡尔赛体系内部充满着诸多矛盾，并没有真正维护世界和平；国联之众多缺失；美国没有参加国联与没有批准该和约等内容。这样开放设计不但有利于培养学生思辨能力，也有效地完成了"分析凡尔赛体系的不稳定性"的教学目标，使学生深刻体会"靠体系来维系的整个国际秩序是建立在火山口上"的历史论断。

此外，借助《理解国际冲突：理论与历史》中诸如"罗斯福的政策"等有关于二战后美国对外政策演变内容的阅读，还可从美国外交政策演变的视角审视教材，可深度挖掘和串联与本课相关的各册教材的内容。结合必修1的《美苏争锋》和选修3的《华盛顿》中的"孤立主义"和"杜鲁门主义"，可以清晰地建构美国从"孤立主义"向"理想主义"的外交演变过程：威尔逊开创了美国"理想主义"外交的新时代，他的外交理想与努力使美国开始突破长期奉行的"孤立主义"外交时代，正是他开始引领美国跳出以"美国看美国""美洲看美洲"的视野，而以"全球视野"关注美国及人类的命运；虽然他生前壮志未酬，但他所开创的外交政策与原则为罗斯福、杜鲁门甚至今天的奥巴马等后继者所遵行。同时，他的理想主义理论也为我们提供了新的看待世界的思想框架，在一味地追求国家利益的最大化、国家权力最大化并不总是能有效地保障国家利益的今天，把威尔逊的主张运用到当今国际政治实践中来，对增强联合国的权威性、解决国际争端、实现世界和平仍具有重要的现实意义。

基于以上思考，笔者设计了以下问题，以引领学生在思辨中建构历史线索，提升认识："一战前美国长期奉行的传统外交政策是什么？威尔逊的和平设想体现了美国外交政策怎样的重大转变？这种重大转变在当时为什么不能成功？尽管其在当时失败，但对二战后美国的外交政策和战后国际关系均产生过积极影响，试结合史实评述之。"

三　在阅读中以主题整合提升教学的价值，
　　彰显课堂的价值引领美

　　理性的课堂教学，除了有基于理性的清晰逻辑梳理和丰富内涵挖掘外，还必须有基于主题整合的价值提升。针对学生学习国际关系史的畏难心理，鉴于对以人物为主题的学习相对轻松的特点，故选择典型人物整合主题。选择什么样的人物呢？

　　受《另类美国史》中以威尔逊为线索的一系列叙事，如"为什么威尔逊赞成战争""威尔逊走向战争""巴黎和会：威尔逊视而不见的灾难""'怪异'与'瞪眼'：威尔逊的计划""威尔逊的癫狂与弗洛伊德的诊断"[①]，对本课寻找以"威尔逊"为线索组织教学产生了积极作用。因为选择他，既能体现一战后人们对和平的渴望与探索，又能帮助学生理解体系的复杂性与不稳定性，以及其对人类文明进步所起的作用。因此，确立以"威尔逊的战后世界和平设想"的主题比较恰当。

　　另外，通过经典史料"十四点原则"的解读，让学生分析"威尔逊的和平设想是什么？具有什么特点？"帮助学生分析"十四点原则"所体现"世界和平"的原则和"美国主导"的特色；通过"威尔逊为什么会有这样的和平设想？"解读战后各国实力的消长和世界人民的和平诉求；通过"威尔逊的和平设想实现了吗？"的讨论，引导学生辩证分析"凡尔赛体系""国联"产生的影响；通过"威尔逊的战后和平设想为什么失败？"的分析，引导学生认识基于一国利益的和平体系最终只能失败，要构建真正的世界和平体系必须超越一国之利，认识到传统外交惯性力量之巨大，认识国家综合实力是决定一国外交政策根本所在。通过"威尔逊的和平设想对战后世界和平产生了哪些积极影响？"认识威尔逊对世界和平所作的贡献：开启"以本国

----

　　① 托马斯·伍兹：《另类美国史》，王祖哲译，金城出版社 2008 年版，第 114—120 页。

利益出发"转变为以"人类利益出发"作为人类判断自身行为的新依据；而国联维护和平的尝试所留下的智慧结晶，也为联合国成立和运行提供了借鉴。所以威尔逊也被称为是"联合国"组织的启蒙者。从中也引发学生对"人类如何才能维护世界的永久和平"的哲学思考！

基于主题整合引发的对"战争"与"和平"的哲学思考，使本课教学核心价值提升为"人类如何才能实现永久和平"的探讨。

引导学生追溯自新航路开辟至一战人类之间的共同利益日益增长历程，认识正是第一次世界大战以其惊人的破坏性与毁灭性，教育了人们不得不从人类共同利益的高度寻找遏制类似灾难的对策。

通过"十四点原则"深度剖析，引导学生认识它是如何体现了战后人民对世界和平探索的最高理想：第一，主张用集体安全取代大国均势；第二，主张裁军和建立国际权威组织来协调矛盾；第三，提出世界永久和平基本原则：提出了基于自然法则（诸如自由、公正、公开等基本准则）前提下的国际法的基本准则，对后世国际政治产生积极影响。（从这个角度讲，威尔逊无愧为"国际政治之父""民主自由的斗士"。）

通过教学中对威尔逊的和平设想失败的原因探索和对威尔逊战后世界和平所作贡献的分析，让课堂立意提升到"人类对文明探索步履艰辛"之上，从而体现本课教学的价值思考：第一，"集体安全"这一新智慧取代传统的"均势外交"还需时间等待；第二，国际主义（世界主义）与国家主义的冲突，最后回归国家主义的选择：要建立一个协调矛盾的超国家组织（如国联），势必意味着一些民族国家让渡部分的国家利益，但是人们总希望他国能最大限度地让渡利益，而本国却最小限度地让渡，由此产生角力，最后回归了本国利益的考虑，实际上是又回到了均势外交时代。新大战的爆发，宣告此次和平努力最终失败。第三，二战后的和平探索是站在此次探索基础上的。如联合国用"大国一致"的原则取代了国联"成员国一致"的原则，并建立了一支世界性武装部队（维和部队）。从而让学生进一步认识到：文明的进步不可能一步到位，但文明进步的步伐是势不可挡的，人类总是在不断的反思总结中，寻找基于共同利益妥协的平衡点，推动文明向前发展。

　　威尔逊这位理想主义者，为他的世界和平设想鞠躬尽瘁，但毕竟是美国总统，归根到底也难逃美国利益坚定维护者的身份，为了国家利益，最后作出了一系列的妥协，如最终出卖了中国和德国，违背了自己在"十四点原则"中所倡导的实现一个由大小国所共享的公开的、公正的、和平的原则；他极力倡导的国联，最后美国并未加入，这不能不说是威尔逊的外交的一大失败，有人认为"现代历史事件中还没有一件比这件事更带有埃斯库罗斯戏剧的悲剧色彩了。"正是他身上体现出的复杂性，恰恰折射出了整个 20 世纪世界各国在追求国家利益与世界和平的天平上战战前行的无奈！

（作者徐红素，新昌鼓山中学教师，浙江绍兴）

利用教材插图增强历史
课堂教学效果浅论

徐颖颖

插图是中学教材重要和有机的组成部分，利用插图提高教与学的效果，是教学界一直在探讨的问题。那么在初中历史与社会的教学中，我们如何发挥教材图片的功能，以增强历史课堂教学的有效性，是值得思考的问题。

一 认识图片，挖掘教材图片的各项功能

（一）以图激趣，调动学生学习积极性

学生是学习的主体，在新课程改革的春风下，课堂教学也是力主"生本课堂"，激趣增效成为了教师们的目标之一。心理学研究表明：人类主要通过视觉获取信息。人类所掌握的信息量中约83%来自于视觉，11%来自听觉，5%左右的信息则来自嗅觉和触觉，这意味着人们更容易通过视觉来认识和记忆事物。

因此，为提高课堂教学的有效性，对于抽象逻辑思维发展尚不成熟的初中生而言，生动有趣或是色彩鲜艳的图片所具备的形象性和直观性，相比教材的纯文本所带来的视觉冲击，更易吸引学生的注意力，调动学生的多种感官功能，以达到激发学生学习兴趣和学习主动性的目的，调动学习积极性。

（二）图片是教材的重要组成部分

"左图右史"是我国古代学者们认为"不可偏废"的学习方式。

我国著名历史学家傅斯年更是于《出入史门》中断言"然若没有一部好图，教科书如失左右臂一般"。可见，图片的运用在学习历史中的重要性。

从初中历史与社会教材来看，图文并茂，是其显著的特点之一。在版面的设计上，每页几乎都有图片，甚至多张。图片的使用不但起到装饰美化教材版面的作用，而且对文本资料加以解释、补充和完善，其本身也成为了教材必不可少的重要组成部分。图片和教材文本同样承担了学生的学习任务和教师的教学任务。

（三）图片种类复杂繁多，信息量丰富

与传统单科历史相比，历史与社会作为一门以"历史、人文地理及其他人文社会科学的相关知识的有机整合"，对学生"实施公民教育的综合文科课程"，[①] 更加突出其人文性和综合性。相比较之下，图片的种类也是相当繁多：七年级侧重于地理知识，包括了各类地理地图和各种图表；八年级侧重于历史领域，大致上包括了历史地图、历史文物图片等等；九年级"我们面对的机遇与挑战"，更具社会性，涵盖了历史与地理地图，以及风景照片、漫画、图表等等。教材图片所传递的信息，不仅拉伸了学生所生活的时空维度，也拓宽了学生的视野和见识，让其更好地去观察社会、了解社会、锻炼胆识。

二 读懂图片，培养学生综合能力和人文素养

（一）图史结合，帮助学生掌握历史概念和历史表象，提高识记能力

历史表象的呈现，按表现形式可以分为三种，一种是我们在多数场合所接触的文字资料，一种是简单文字、符号和图形等绘制的历史示意图，还有一种通过考古发掘或历史博物馆的实物、照片、影像和

---

① 中华人民共和国教育部制：《历史与社会课程标准》，北京师范大学出版社 2003 年版。

图片等方式呈现。在教学过程中，这些方式都能帮助学生形成历史思维，但对于视觉的直接冲击，非图片和影像资料莫属。人都生活在特定的时空维度，对于不能亲历的历史，运用历史图片教学，借助图片传递的历史信息，更能达到读图明史的目的。

在某种程度上说，历史图片是对历史概念和历史表象的一种诠释和表达。历史图片其本身就具有历史的"科学性"和严谨。"我们右半脑记忆图像的能力高于左半脑对文字的机械记忆，假如充分利用图片与文字联系进行记忆就可以获得数倍于传统机械记忆的效率。"[1] 把抽象的文字叙述，与图片结合起来，将使历史概念变得更加形象鲜明。

（二）分清图类，提高学生读图能力和观察能力

"历史与社会课程综合历史、地理及相关学科的教学内容，旨在提高学生的人文素养和学习能力、创新能力、社会实践能力，使他们能够正确面对人生、社会和自然环境的各种问题。"[2] 不管是教材还是社会生活中，学生们必然会接触也愿意去接触的便是各种图片，透过图片现象，认识事物的本质，是学生提高自身素质，解决各类问题的途径之一。因此，如何提高学生的读图和分析图片的能力是关键，而分清各类图片则是读图的前提。

研究历史图片也需要教师指导学生从历史的角度，遵循历史的学习方法进行观察探究。按图片内容可分为：疆域图，区域图，历史人物图像，文物图，线路图，科技、艺术作品图，历史图表等等。李德藻在《中学历史教材插图教学研究》[3] 一文中将图片类型进行了归类，认为可分为三类：将疆域图、形势图、路线图和分布图（布局图）等几种直观介绍人类历史活动舞台的图片归为空间类插图；将遗

---

① 潘运春：《浅谈历史教材中插图的运用》，《新课程学习（学术教育）》2010 年第 12 期。

② 中华人民共和国教育部制：《历史与社会课程标准》，北京师范大学出版社 2011 年版。

③ 李德藻：《中学历史教材插图教学研究》，《历史教学》1998 年第 6 期。

址、遗物、遗著、遗像及复原图、构想图归到了历史遗迹类插图；将对古人对当时人活动的描摹、今人根据历史记载对古人活动的形象再现的图片归为历史人物活动的直观展示类插图。黄牧航则在《中学历史教材图片设计的理论与实践》一文中"根据图片的内容和图片的性质分作两类"。① 无论是何种分类法，目的都是一致的，关键是引导学生分清楚图类，从而掌握图片所反映历史的表象或历史事件。

授之以鱼莫如授之以渔，读图方法的指导也要渗透到教学内容之中。读图的第一步是阅读图片标题，从标题中可以将图片分门别类进行归纳，看出图片所指向的内容。其次，仔细阅读教材图片的图例注记和教材文本，认真思考"历史图片是怎样传递历史信息的？如何判断历史图片中信息的真伪？历史图片与历史文字之间存在着什么关系？"，② 也就锻炼了学生的观察能力。最后，结合教材或课前设计的思考题，遵循知识迁移规律，由浅入深引导学生分析问题，以增强各种知识的内在联系和提高学生的逻辑思维能力。

（三）读图明理，培养学生的审美能力和高尚情操

历史教学不仅承担着知识教学的任务，同样也承担着爱国主义思想教育和学生的价值观教育。以史为鉴，可以知兴替。课堂教学中，如果能引导学生分析史料，继而找出相关证据，让学生自己得出结论，可能比教师的单纯讲授要好。历史图片本身作为史料之一，也存在着历史价值，学生也可以从历史图片中寻找相关证据。

（四）读图明史，在探究中提高学生的想象能力和思辨能力

2011 年版的《历史与社会课程标准》强调人文性、综合性和实践性。"强调历史与现实、自然与社会之间的密切联系，注重学生的主动学习，提倡体验、探究、合作的参与过程，采取多种学习方式，提高学生的创新能力和社会实践能力"。同时又培养学生"具有综合

---

① 黄牧航：《中学历史教材图片设计的理论与实践》，《历史教学》2001 年第 9 期。
② 同上。

观察事物的眼界、掌握综合运用知识的方法、获得综合认识问题的能力"。① 可见，在课堂中注重学生的实践探究是培养学生综合能力的方式之一。

在 2013 年新出版的人教版八年级上册历史与社会教材中，综合探究四《从〈清明上河图〉看北宋都市生活》，直接将历史画作图片当成了教师引导学生探究的主要内容。从教师的教上来讲，《清明上河图》直接承担了重要的教学任务；从学生的学上说，图片也同样直接负有重要的学习探究任务。教师通过学生的合作探究，布置探究任务。通过探究，在尊重历史依据的基础上，锻炼了学生的合理想象和思辨能力，训练了学生综合运用历史知识的能力。

三　选取图片，切实走进有效教学

（一）有取舍地使用教材图片

有取舍地使用图片，即意味着选取的图片是否科学、清晰、适度、有针对性。运用历史图片教学，同样应遵循适度原则，要有针对性。从提高教学有效性看，图片的选取应用在用文字难以表述清楚的教学内容上，或者是能更好帮助学生理解知识方面，或者是能激发学生学习兴趣上。"漫画、版画、海报、邮票、旅游门券等都蕴藏着丰富的历史图片资源。对于严肃的历史研究，它们不一定能够派上用场，但对于中学教材的编撰来说，它们却是难得的材料。"② 因而，教师需注意辨别教材图片是否具备历史的真实性和科学性。

（二）开发网络资源和乡土资源丰富图片教学

"教育课程和教学改革的一个突出特点，就是大力推进信息技术

① 教育部：《历史与社会课程标准》，北京师范大学出版社 2011 年版。
② 黄牧航：《中学历史教材图片设计的理论与实践》，《历史教学》2001 年第 9 期。

在教学中的应用，充分发挥信息技术的优势。"① 随着信息技术突飞猛进，网络信息庞大，也为丰富教学用图提供了可能。发挥多媒体教学优势，可将文字、声音、面画、影像、动画融于一体，更加逼真，相对教材的平面和静态图片，不仅可以充分调动学生的各种感官，为学生营造一个与历史教学相吻合的历史情境，激发学生的学习兴趣，还可以弥补教材图片的不足，突破教学难点。

同时，对于学生较为熟悉的乡土资源进行开发，这些图片来自于学生生活，或者就是学生身边的景象，在丰富教学用图的同时，还可以增强学生的认同度，激发学生对家乡的热爱和自豪感。

综上所述，对初中历史与社会的历史课堂教学而言，注重对教材图片的研究，激发学生的学习兴趣，切实用以锻炼学生的识记、读图、观察、分析、想象、思辨等综合能力，注重对教材图片的深入开发，充分利用网络和乡土资源，发挥图片功能，提升学生的审美情趣、热爱祖国和热爱家乡的情怀，使其对培养学生的人文素养、增加学生的学习体验有所裨益，也为历史课堂教学的有效开展添砖加瓦。

参考文献

［1］黄牧航：《中学历史教材图片设计的理论与实践》，《历史教学》2001 年第 9 期。

［2］教育部：《历史与社会课程标准》（实验稿），北京师范大学出版社 2003 年版。

［3］教育部：《历史与社会课程标准》，北京师范大学出版社 2011 年版。

［4］李德藻：《中学历史教材插图教学研究》，《历史教学》1998 年第 6 期。

［5］刘军：《历史教学的新视野》，高等教育出版社 2003 年版。

［6］潘运春：《浅谈历史教材中插图的运用》，《新课程学习（学术教育）》2010 年第 12 期。

---

① 刘军：《历史教学的新视野》，高等教育出版社 2003 年版，第 5 页。

［7］孙文彬、沈怀岩：《教材插图在教学中的运用》，《历史教学》1992年第4期。

［8］余文森：《有效教学十讲》，华东师范大学出版社2009年版。

（作者徐颖颖，仙居县下各第二中学教师，浙江台州）

高中历史课堂图片教学的实践研究

——以《古代中国的农业经济》教学为例

郑　娟

　　《浙江省高中历史新课程标准》阐述普通高中历史课程的课程目标是知识与能力、过程与方法、情感态度与价值观三维目标，其中要求学生掌握的知识与能力目标之一是"……在掌握基本历史知识的过程中，进一步提高阅读和通过多种途径获取历史信息的能力……"，过程与方法目标之一是"进一步认识历史学习的一般过程。学习历史是一个从感知历史到不断积累历史知识，进而不断加深对历史和现实的理解过程……"，情感态度与价值观目标之一是"……激发对祖国历史与文化的自豪感，逐步形成对国家、民族的历史使命感和社会责任感，培养爱国主义情感……加深对历史上以人为本、善待生命、关注人类命运的人文主义精神的理解。培养健康的审美情趣，努力追求真善美的人生境界"。历史是丰富多彩的，而历史图片更是蕴含着丰富的历史信息，解读历史图片是获取历史信息的一个重要途径。历史图片具有形象、直观、生动的特点，对学生有巨大的吸引力，也符合学生的认知规律，从感知历史到理解历史。历史图片将带领学生走进历史，感受历史现场，在感受和体验的过程中升华情感。由此可见，历史图片教学有利于新课程三维目标的有效达成。

　　本文结合人民版高中历史必修Ⅱ第1课《古代中国的农业经济》的教学实践，具体谈谈如何合理地运用图片教学来丰富课堂，提高课堂效率，提升历史课堂的魅力。

一　运用图片，激发学生的学习兴趣

　　"兴趣是最好的老师。"如何激发学生的学习兴趣，让学生积极参与，主动探究，成为学习的主人，是高中历史新课程的内在要求，也是我们历史教师努力探究的方向。

《古代中国的农业经济》一课涉及的时间范围从原始时期到明清时期，时间上跨度大，而且知识点多，还涉及很多专业名词，比如曲辕犁、都江堰、郑国渠、耒耜、翻车、筒车等，这些内容设置给课堂教学带来了一定的挑战。如果是传统的教学方式，教师按照教材一个一个讲解，学生按照教材一个一个理解，整个课堂肯定枯燥乏味、缺乏生气。我设计借用多媒体技术，合理运用历史图片，让课堂形象、直观、生动，以此来激发学生的学习兴趣。

在介绍"古代中国的灌溉工具"这一内容时，教材用的是一段文字："古代中国人民还发明了众多的灌溉工具。隋唐五代时期，北方已经使用立井水车作为提水灌溉工具。在长江流域，还发明了高转筒车……"看完这一段文字，学生想必是很头痛，痛感历史真难学，死记硬背真痛苦，觉得历史索然无味。如何激发学生的学习兴趣呢？在教学这部分内容时，我引进了古代中国典型的灌溉工具的图片。

图片上样式各异的灌溉工具一经展示马上就吸引了学生的眼球。教师根据图片设计问题：你知道这四张图片展示的古代中国灌溉工具的名称吗？学生结合书本很快就能判断出来图 1 是原始时期的耒耜，图 2 是三国时期的翻车，图 3 是唐朝的筒车，图 4 是宋代的水转翻车。你知道这些灌溉工具独特的运作方法吗？看着图讲出灌溉工具名称的同时，事实上学生已经初步了解了各个灌溉工具的运作方法了。教师再作适当的说明，学生很容易理解各个灌溉工具的运作方法和特点。正如美国图论学者哈拉时所说："千言万语不及一张图。"图虽无声，图却表情。教师进一步引导学生从图片中提取信息，认识到古代中国灌溉工具的不断进步，从依赖人力逐渐转变为借助自然力。通过图片教学，激发了学生的学习兴趣，学生积极参与，主动探究，在感知和体验的过程中很自然地就掌握了古代中国多样的灌溉工具，而且比通过文字载体的方式印象更深刻。

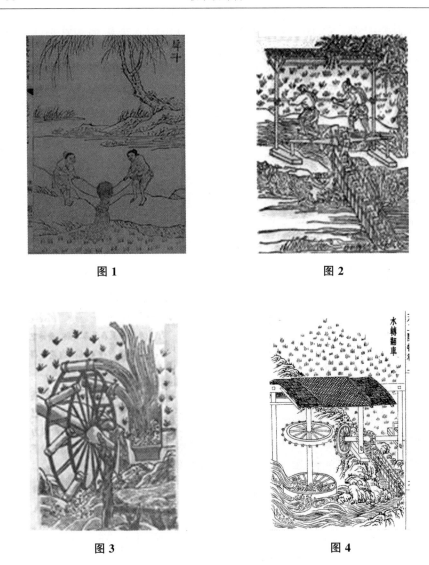

图1　　　　　　　　　　　　　　　图2

图3　　　　　　　　　　　　　　　图4

二　运用图片，加深学生对教材的理解

历史是丰富多彩、有血有肉的，但是高中历史教材因为篇幅有限，往往只剩下高度概括的结论性的文字叙述。对学生而言，几乎所有的历史都发生在遥不可及的年代，这些高度概括的结论性的文字叙述是难以留下深刻印象的，甚至是难以理解的。而图片能够形象直观地再现历史，挖掘历史细节，加深学生对教材重难点的理解。

农业耕作技术的改进是《古代中国农业经济》一课的一个教学重点，古代中国农业耕作技术经历了一个不断进步的发展历程，从原始阶段的刀耕火种到春秋战国时期的铁犁牛耕到东汉的一牛挽犁再到唐代的曲辕犁。单纯依靠文字描述，学生很难真正理解耕作技术的进步到底体现在哪里，特别是对唐代曲辕犁的认识，教材上只有一句结论性的话："唐代出现了结构更为完备的曲辕犁，它可以根据实际需要，改变牵引点的高低，控制耕土的深浅。"现在学生的现实生活已经远离农耕文明，学生缺乏这方面的生活经验，大部分学生不知道"犁"为何物，更不知道曲辕犁的结构和作用。在教学中，我引进了三张图片：图5汉代的铁犁牛耕，图6唐代的曲辕犁，图7直辕犁与曲辕犁的受力分析图。

图 5

展示图片之后，设计问题：仔细观察图片，你觉得唐代的曲辕犁和前代的耕犁比较，有哪些重大改进？这些改进有什么作用？经过观察、讨论和教师的引导，学生得出了以下这些认识：和以前的耕犁相比，唐代的曲辕犁有三处重大改进。一是将直辕、长辕改为曲辕、短辕，并在辕头安装可以自由转动的犁盘，这样不仅使犁架变小变轻，而且便于调头和转弯，操作灵活，节省人力和畜力。二是增加了犁评

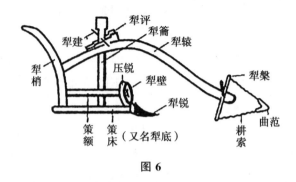

图 6

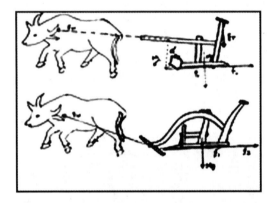

图 7

和犁建，如推进犁评，可使犁箭向下，犁铧入土则深。若提起犁评，使犁箭向上，犁铧入土则浅。将曲辕犁的犁评、犁箭和犁建三者有机地结合使用，便可适应深耕或浅耕的不同要求，并能使调节耕地深浅规范化，便于精耕细作。三是犁壁不仅能碎土，而且可将翻耕的土推到一侧，减少耕犁前进的阻力。通过图片的研究与解读，学生深刻地理解了教材中"它可以根据实际需要，改变牵引点的高低，控制耕土的深浅"这一结论。

三 运用图片，升华学生情感

如前文所述，根据《高中历史新课程标准》的要求，我们的历史课堂要实现三维课程目标，"在教学过程中，实现上述课程目标是一个不可分割、相互交融、相互渗透的连续过程和有机整体。在掌握历史知识的过程中，既有能力的训练，也有对史学方法的了解和运用，更有态度、情感和价值观的体验与培养。掌握历史知识不是历史课程学习的唯一和最终目标，而是全面提高人文素养的基础和载体。"在这三维目标当中，我认为，不管是从学生个体的长远发展来看，还是从我们社会的和谐发展来讲，情感态度与价值观的培养都是至关重要的。提高学生的人文素养，培养现代社会的合格公民是我们历史课堂教学的责任和使命。图片不仅形象、生动、直观，而且可以细腻，可以恢宏，非常具有视觉冲击力，有助于有效达成历史课堂情感态度与价值观的教学目标。

《古代中国的农业经济》一课的内容标准是：知道古代中国农业的主要耕作方式，了解古代中国农业经济的基本特点。这一课可以实现的情感态度与价值观的教学目标是：通过对中国古代水利工程的了解，培养学生的历史生态意识和环境保护意识，从而提高学生的人文素养。通过了解我们的祖先在生产实践中建造的大量的世界闻名的水利工程，增强学生的民族自豪感和自信心，加深对伟大祖国的热爱之情。为实现这一情感态度与价值观目标，我运用历史图，充分挖掘"都江堰"这一著名的水利工程的历史细节，展开课堂教学。

图 8

图 9

课堂教学中展示都江堰的四张图片之后我设计了如下问题：余秋雨称"中国历史上最激动人心的工程不是长城，而是都江堰。"你认为是什么原因让都江堰成为余秋雨笔下"中国历史上最激动人心的工

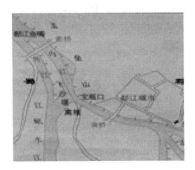

图 10　　　　　　　　　　　　　　图 11

程"呢？学生积极讨论，思维活跃，有人说是因为都江堰历史悠久；有人说是因为都江堰作用巨大；有人说是因为都江堰气势恢宏；有人说是因为都江堰设计精巧，是水利工程的典范；等等。在学生讨论的基础上，教师引导学生进一步观察图 9、图 10 和图 11，微观都江堰工程。图 11 展示的"深淘滩，低作堰"是都江堰的治水名言，你能结合图 9 和图 10 来作一具体阐述吗？引导学生重点解读图 9 和图 10，走近真实的都江堰，然后教师进一步补充文字说明：鱼嘴、飞沙堰、宝瓶口是都江堰的三大主体工程。"鱼嘴"使岷江水从两边分流，右边的外江用于分洪，左边的内江用于灌溉，外江是岷江的天然河道，内江是人工开挖的河道。深淘滩是指飞沙堰一段、内江一段河道要深淘，深淘的标准是古人在河底深处预埋的"卧铁"。岁修淘滩要淘到卧铁为止，才算恰到好处，才能保证灌区用水。低作堰就是说飞沙堰有一定高度，高了进水多，低了进水少，都不合适。宝瓶口，是前山伸向岷江的长脊上凿开的一个口子，它是人工凿成控制内江进水的咽喉，因它形似瓶口而功能奇特，故名宝瓶口。宝瓶口宽度和底高都有极严格的控制，古人在岩壁上刻了几十条分划，取名"水则"，那是我国最早的水位标尺。通过对都江堰图文结合的解读，走近真实的都江堰，学生感受到了这一著名水利工程的科学价值，都江堰以不破坏自然环境、充分利用自然资源造福人类为前提，变害为利，使人、地、水三者高度和谐统一，学生对这一伟大的生态工程有了更深刻的认识和感悟，情感得到了升华。

　　通过《古代中国的农业经济》一课的教学实践，我认为图片教学是适应新课改要求的一个有效的教学方法。通过丰富、直观的历史图片，把经济史的一些枯燥的、专业的历史概念变得鲜活、生动，学生乐于接受，积极探究，能够较好地掌握古代中国农业耕作技术的进步、灌溉工具的发明和水利工程的修建等重要知识，认识到古代中国农业经济精耕细作的特点，同时体验和感悟古代中国劳动人民的智慧和创造力，感悟人与自然的和谐发展。

但是，在《古代中国的农业经济》一课的教学实践过程中，我也发现，图片教学需要严谨的态度，尤其需要注意三个问题。一是历史图片的选择要科学合理。本课教学所运用的历史图片绝大多数来自于我们的历史教材和历史图册，如图 1 原始时期的耒耜和图 2 三国时期的翻车均来自人民版历史教材，图 5 汉代的铁犁牛耕、图 6 唐代的曲辕犁和图 9 都江堰则是来自教材配套的历史图册。二是历史图片的运用要为教学服务，不能流于形式，甚至喧宾夺主。有关古代中国农业经济的历史图片非常丰富，在备课过程当中我曾经反复选择，最终选择了我认为是最有助于实现新课程三维目标的这些图片进入课堂。三是运用历史图片之后要进行创新的问题设计，激发学生的学习兴趣，让课堂"活"起来，才能创建高效课堂。

参考文献

［1］浙江省教育厅教研室：《普通高中新课程历史图册》必修 2，中国地图出版社 2008 版。

［2］浙江省教育厅：《浙江省普通高中学科教学指导意见》，浙江教育出版社 2012 版。

［3］浙江省教育厅：《浙江省普通高中历史新课程标准》，浙江教育出版社 2008 版。

［4］朱汉国主编：《历史》必修 2，人民出版社 2012 版。

（作者郑娟，建德市新安江中学教师，浙江建德）

思维导图在高一历史复习课中的运用

——以《罗马法的起源和发展》一课为例

肖　维

一　前言

　　思维导图（Mind Map）是英国学者东尼·博赞（Tony Buzan）在20世纪60年代提出的一种新型记忆与思维方法。它以放射性思维为基础，是一种简单的思维工具和学习工具。思维导图能全面调动人类左脑的逻辑、顺序、条理、文字、数字以及右脑的图像、想象、颜色、空间、整体思维的功能，使大脑潜能得到充分的开发，从而极大地激发人们的创造性思维能力。思维导图因简单易学，有利于开发大脑等优点，已成为当今世界应用广泛的高效学习工具之一。

　　"思维导图是一种可视图表，一种整体思维工具，可应用到所有认知功能领域，尤其是记忆、创造、学习和各种形式的思考。"① 然而，由于种种原因，思维导图作为一种教学手段和思维工具，在教学实践中应用较少，尤其是在历史教学中，思维导图与历史学科的结合远远不够。目前就只有邵茜《思维导图在高中历史课堂教学中的运用》、尤洪波《思维导图在"中华人民共和国对外关系"教学中的应用》、陈永光《巧用思维导图，优化中学历史教学》、徐进《高中历史"可视化"教学研究》、卓伟《导图法在高中历史专题复习中的运用》、王奇《"史"海钩沉巧用"图"》、何苗苗《浅谈思维导图在历史课堂知识整合关键细节中的运用》等少量资料研究思维导图跟历史

---

　　① ［英］东尼·博赞（Tony Buzan）：《思维导图（The Mind Map Book）》，卜煜婷译，化学工业出版社2015年版，第33页。

教学的结合，在思维导图与高中历史教学的结合运用这一问题上，还大有研究探索的空间。在以往的研究中，绝大部分都把视角放在历史新课教学的运用中，而本文从历史复习课的角度出发，探究如何更好地在历史复习教学中正确运用思维导图，提高教学效率。

"在实际的使用过程中思维导图和概念图都是有效的思维工具，二者有很强的相似性，首先，它们都使用图形，对内容的表达形象直观。其次都利于突出重点。另外二者都有利于构建认知结构，在帮助人们整理思路、分析问题等方面都能起到积极有效的作用，都可以展示人们的思维过程，使思维过程可视化与文字说明的表达方式相比都具有很强的优势。"① 在实际高中历史教学中，两者也相互结合使用，且逐渐泛化。因此本文不刻意对两个概念进行区分，统称为思维导图。

二　思维导图在高一历史复习课中的优势

复习课是教师组织学生对已学过的知识进行查漏补缺和巩固提高的过程，是教学必不可少的环节，对教学质量的提高具有十分重要的作用。然而，相对于新课讲授来说，传统的历史复习课在调动课堂气氛、构建知识体系等方面更具挑战性，客观上存在着诸多不足。

一是课堂气氛沉闷，学生兴趣不高。在实际教学中，因复习课一般缺乏规范的教学设计，随意性较强，且由于复习课上讲授的内容大多是教师在上新课时已讲授过的，学生对这些知识已有所了解，因而学习兴趣不高，课堂气氛沉闷。

二是课堂形式单一，学生痛苦做题。很多历史老师把复习课当成了一堂练习课，发给学生大量习题，让学生做题，然后对答案、讲解题目。这种复习课做习题的方式，不仅形式单一，而且无法调动学生

---

① 姜红丽：《思维导图在高三地理复习中的应用研究》，硕士学位论文，首都师范大学，2013 年。

参与的积极性，更不能帮助学生构建知识体系。

　　三是课堂放任自流，学生自主背记。在实际历史教学中，很多历史老师为图省事、清闲，把历史复习课当成历史自习课，让学生自主学习，自主看书、背书。这种课堂形式的不足之处在于，很容易导致课堂秩序混乱，学习效率大打折扣。

　　在高一历史复习课中运用思维导图，可以引导学生掌握基础知识，把握历史线索，构建历史知识体系，培养学生历史思维，使学生的学习有一个质的提升，从而弥补传统高一历史复习课中的不足。下面就以人教版必修1《罗马法的起源和发展》一课为例，探讨思维导图在高一历史复习课中的独特优势。

（一）有利于锻炼学生思维能力

　　高一学生已具备一定的抽象能力和历史理论的理解能力，但对历史问题进行理性分析的能力还有所欠缺。而高一这个时期又正处于学生培养思维能力的关键期。因此，如何培养高一学生的思维能力，是

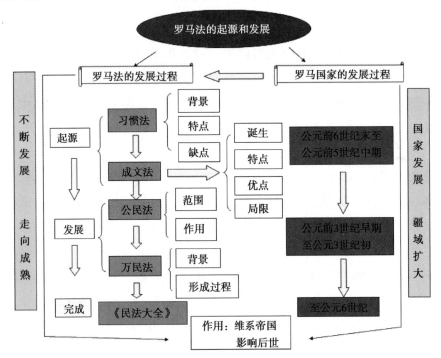

高一历史教学的重点。在《罗马法的起源和发展》复习课中，可以用思维导图的形式进行教学，通过问题的设置和教师的引导，将学生的思维过程记录下来，形成如下的思维导图式的板书。

在上图中，学生就能明白为什么"习惯法"会发展成为"成文法"，进而发展成为"公民法"直至"万民法"。最后，图示还可以有效地显示出学生对新知识的理解掌握程度。思维导图的"枝叶"越是繁茂，说明学生对知识的掌握也就越全面。

总之，在历史复习课中能总结出"枝繁叶茂"的思维导图，不仅有利于提高学生的自信心，还能帮助他们发现问题、识别问题，并探索出问题的答案，从而提高其自主学习、独立解决问题的能力。因而，绘制思维导图的过程，也是学生的思维能力得到锻炼与提升的过程。

（二）有助于学生构建历史知识体系

"历史学科与其他学科不同，一是它学习研究的对象具有间接性，其时间和空间都不可复制、不可亲临，只能根据历史遗留进行想象和推测，这无疑增加了学生理解的难度。二是历史学科中包含更多的隐性知识，而这些隐性知识才是学习历史的重点和关键。"[1] 因而，如果没有合适的工具，学生对历史知识的理性认识理解不够，历史知识只能是零散的，很难构成知识体系。在《罗马法的起源和发展》这一案例中，利用思维导图，通过对罗马法的起源→发展→完成这一线索的梳理，使学生在这一主干上进行思维发散，从而得出又一线索，从习惯法→成文法→公民法→万民法→《民法大全》，再加上时间线索，整节课的知识脉络、内容要点以及知识点之间的关系都可以通过关键词、图表和箭头等串联起来，那些零散的知识点通过整理也可以形成整课完整的知识结构图，一目了然，有助于学生建立历史知识体系。

（三）有利于学生提高学习效率

学生学习效率的高低很大程度上由学生是否理解记忆知识决定。

---

[1]　徐进：《高中历史"可视化"研究》，硕士学位论文，河南大学，2014 年。

"如果学生对于所学的知识识记有困难或者记忆不准确，就谈不上知识积累，更不用说用所学过的知识去分析解决问题。"① 记忆是学好历史学科的基础，也是历史复习中重要的环节。但在实际的高中历史教学中，学生对历史知识的记忆还停留在死记硬背的水平上。

在绘制《罗马法的起源和发展》一课思维导图的过程中，教师通过引导学生来绘图，让学生找出"起源""发展""完成"等关键词，再组织学生积极地对关键字进行加工、分析，并找出"习惯法""成文法""公民法""万民法""《民法大全》"等下一级关键词，在这个过程中，调动了学生的思维，使其口、手、耳、脑同时并用，有利于提高学生的积极性，增强学生的学习兴趣。同时通过思维导图，使知识精简化、直观化，便于学生理解与记忆，从而提高学生的学习效率。

三　思维导图在高一历史复习课中的运用策略

思维导图在历史教学复习课中有其独特的优势。利用思维导图中的中心词、关键词，再加上线条、必要的解释和说明等，使得历史线索能够很好地凸显出来，串联起整块历史知识，最终使整块高中历史知识成为网状，收放自如。这种思维工具使学生易于接受，乐于接受。那么该如何把思维导图与复习课有机结合起来呢？下面本文就思维导图在高一历史复习课中的运用策略做一些探讨。

（一）运用逻辑思维确定思维导图框架

所谓逻辑思维，是人们在认识事物的过程中，通过严密分析、推理得出符合规律的理性知识的过程。思维导图是由中心主题出发，然后通过与之相关的知识点，寻找其他分支主题而构建形成的。虽然各

---

① 汤晓春：《高三思想政治复习课思维导图应用研究》，硕士学位论文，上海师范大学，2014 年。

级主题和寻找的关键词因人而异，但运用正确的逻辑思维把各级主题和关键词连接起来，是完成思维导图的重要保证。

在高中历史教材中，一般来说，每课标题就是本课的中心主旨，就是本课知识目标的高度概括。在宏观上，我们可以利用课程资源，理清教材单元与单元之间、单元与课之间、课与节之间、节与段落之间的发展脉络与联系；在微观上，可以充分挖掘知识点与知识点之间的内在逻辑关系。在《罗马法的起源与发展》一课中，笔者就选择以课题"罗马法的起源与发展"作为思维导图的中心词，然后由这一中心词出发，提炼每一节的关键词，并把它作为中心词的延伸词，从而形成思维导图的"主干"；再通过提炼每一段落的关键词，充实"主干"，形成"枝叶"。至此，一个基本的思维导图框架就形成了。

在高中历史教材中，其教材知识主要是历史知识的"骨干"。在实际教学中，历史教师必须在"骨干"中补充"血肉"，因而就会给学生讲述很多历史教材以外的知识。那么在构建复习课思维导图的时候，完全按照教材的逻辑体系来那肯定是不够的。而历史知识本身是一个整体，各知识点之间存在着内在的逻辑关系，有着自己内在的学科规律，需要我们用理性的思维和态度来研究教材的内容。只不过高中历史教材把历史知识体系打乱，按专题或者时间段来进行重建。那么在构建思维导图时，我们就必须要根据实际需要，以理性的逻辑思维，适时地打破教材体系，做到"不唯书"。根据中心词出发，按照历史发展的逻辑顺序，全面构建符合历史发展规律的思维导图。如果不能做到这一点，思维导图就不能使学生思路清晰，理解性记忆也就无从谈起，自然学生的学习效率也就会大受影响。

（二）"运用发散思维寻找各级关键词"[1]

"发散思维，它是指从一个目标出发，沿着各种不同途径寻求各种答案的思维。"[2] 一张科学有效的思维导图除了有中心主题和关键词

---

[1] 汤晓春：《高三思想政治复习课思维导图应用研究》，硕士学位论文，上海师范大学，2006 年。

[2] 卢家楣、魏庆安、李其维：《心理学》，上海人民出版社 2004 年版，第 91 页。

以外，还需要有多层级的次关键词，有了诸多次关键词之后才能连接更多的知识点。利用中心主题、关键词出发寻找下一层级关键词、知识点的过程，也正是我们头脑运用发散思维思考和联想的过程。因此，在构建思维导图的时候，我们可以先从某一中心主题、关键词出发，运用发散思维寻找和中心主题、关键词相关的各知识点，即第二级关键词，然后以这些第二级关键词为中心再进行发散找出第三等级的知识点，这样以每一级的关键词为基础，演绎出一系列与之相关的次关键词。在《罗马法的起源和发展》一课的思维导图中，"罗马法的起源和发展"就是中心主题，"罗马法的发展过程"就是一级关键词，"起源""发展""完成"就是第二级关键词，"习惯法""成文法""公民法""万民法""《民法大全》"就是第三级关键词，第三等级关键词之后就是各知识点。所以，在寻找一系列次关键词的过程中，学生的思维在不断地向四周发散，然后由发散到再发散，最终形成由简单到复杂、由点到面、由面到网的思维导图。

（三）"运用直觉思维创新发展思维导图"[1]

"直觉思维就是大脑对于突然出现在其面前的新事物、新问题及其关系的一种迅速识别、敏锐而深入的洞察、直接的本质理解和综合的整体判断"[2]。在构建《罗马法的起源和发展》的思维导图时，学生看到"罗马法"这个中心词、主题词，就会马上反应过来"罗马法"的相关知识，从而建构思维导图。由于思维导图是我们思维过程的记录，它并没有统一"答案"，面对同一课的复习，它可以画出很多种版本。所以在实际教学中，教师和学生往往在课后对已完成的思维导图又有更好的想法，因而对思维导图会进行创新和发展。这种创新和发展，很多是来源于教师和学生思维一时的跳跃和灵感，而这种灵感的来源和人的直觉思维存在着莫大的关系。思维导图可以利用中心主题、关键词，有机地连接具有内在逻辑的各个知识点，所以往往

---

① 汤晓春：《高三思想政治复习课思维导图应用研究》，硕士学位论文，上海师范大学，2006 年。

② 林崇德、辛涛：《智力的培养》，浙江人民出版社 1996 年版，第 103 页。

一课的内容就可以全部体现在这一张小小的图上，同时这张图又可以帮助学生发散思维，不断延伸。思维导图的这个特性正好为直觉思维的产生提供了基础。因此，很多教师和学生在构建思维导图以后，记住了思维导图中的知识点。当他们在教学活动和学习过程中，碰到与思维导图中的知识点相关的内容时，通过直觉思维很自然地就会建立起新的联想和联系，从而会对思维导图进行新的创新和发展，使自己的思维导图达到最优化。

四　思维导图应用在历史复习课中应注意的问题

为了使思维导图在历史复习课中达到最优效果，历史教师在使用思维导图这一思维工具的时候，应该注意一些问题，避免影响到教学效果。

一要以学生为主体，尊重差异。思维导图体现的是思维的过程与脉络，在复习课中构建思维导图时，必须以学生为主体，积极引导学生参与构建思维导图，调动学生学习、思考的兴趣，因此必须避免将完整的思维导图在上课之初完全呈现。另外，由于每个人的思维过程是不一样的，因此在构建导图的过程中，教师要注意尊重学生的不同想法，只要有其合理性和科学性，都值得肯定。思维导图应该是多样化的，也必须是多样化的。

二要避免夸大思维导图的作用。思维导图在高中历史复习课中发挥着巨大的作用，它有利于学生理清知识脉络、构建知识体系、记忆历史知识，从而有助于教学效果的提升。因此，有教师会难以避免地夸大思维导图的作用，认为其是上好高中历史复习课的唯一途径。但事实是，要想拿着思维导图这张"药方"去治好所有的"病"，这显然是不可能的。

三要正视思维导图的不适应性。由于思维导图是一种思维方式，在实践教学中，并不见得每位学生都能很好地理解、运用，他们有着自己习惯的、擅长的思维方式，比如：常规思维、逆向思维等。既然这些同属于思维方式，其实并无高下之分。因此，在实际教学中，对于教师而言，"既不可能也没有必要强求学生们个个喜欢思维导图、人人精通思维导图"。①

综上所述，现如今高一传统的历史复习课教学中，存在着诸多不足，针对这些问题，在历史复习课中运用思维导图这一教学手段，能很好地解决复习课教学中的难题。对于历史教师来说，在历史复习课运用思维导图，不但能使教师的教学更为灵活有效，而且能促进教师本身专业水平的提高。对于学生，可以使学生的学习更加主动有趣，思维能力、自学能力都能得到极大提高，同时还可以减轻学生负担，提升教学效果和学习效率。因此，思维导图应在高中历史课堂中推广开来。

任何一种教学工具都有其优势和不足，我们要辩证地看待思维导图在历史复习课教学中的作用。虽然思维导图在历史复习课中能够带来一些鲜明的优势，但是我们不可能要求思维导图能解决历史教学中的所有问题，我们要正确使用思维导图这一教学工具，使它在历史复习课教学中发挥最大作用。

（作者肖维，长沙市长郡芙蓉实验中学教师，湖南长沙）

---

① 尤洪波：《思维导图在"中华人民共和国对外关系"教学中的应用》，《经济与社会发展》2011年第4期。

高效课堂篇

"历史故事"入课堂，学习轻负亦高效

——以八年级社会教学为例

方 燕

遵循历史新课程理念，教师要转变传统的教学模式。《历史课程标准》指出："组织丰富多彩的教学实践活动，为学生营造一个兴趣盎然的良好环境，激发学生学习历史的兴趣"。

故事教学就是在教学过程中根据教学内容恰当地、适时地运用故事来创设情境，或运用故事导入课堂，或把故事作为主要教学素材，结合故事提出问题，组织讨论，用故事激发学生探究，从而达到教学目标的一种教学方式。

现代教育学理论建构主义认为：学习是一个积极主动的建构过程，以学生为中心，强调学生对知识的主动探索、主动发现和对所学知识意义的主动建构。

《基础教育课程改革纲要》要求"改变课程实施过于强调接受学习、死记硬背、机械训练的现状，倡导学生主动参与、乐于探究、勤于动手，培养学生收集和处理信息的能力、获取新知识的能力、分析和解决问题的能力，以及交流与合作的能力。"

《辞海》："故事是人类对自身历史的一种记忆行为，人们通过多种故事形式，记忆和传播着一定社会的文化传统和价值观念，引导着社会性格的形成。故事通过对过去的事的记忆和讲述，构建着一定社会的文化形态。"

为了真实而客观地展示历史事件的存在和历史人物的个性，要让学生感受历史、理解历史，并发挥形象思维来掌握历史知识，丰富历史想象能力，形成历史价值观。

有教师从学生讲故事、教师创设故事、多媒体展现故事三个途径尝试了故事教学法。但显然在这一过程中，学生仍然是被动的角色，活动的结果是学生可能爱上讲故事或听故事，却不能成为历史史实的梳理者和领略者。学生的主体性没有真正得到体现。

笔者实践的"历史小故事"融于教学，有它新的内涵和意义。多数教师都认为运用历史故事于课堂，这是十分考验教师功底的一种尝试。但我认为它恰恰是培养学生能力和激发其潜能的一种方法与途径。

主要目的是以故事为思路，教会学生思维的方法，并引领学生实现思维的深刻化，同时通过特殊的历史人物、特定的历史情境，培养学生一定的历史线索思维及正确的情感、态度、价值观。

历史作为再现历史事物发生过程的一门特定的学科，其每章每节相对来说，都是一个个独立的历史故事。

编演历史故事的几个原则：尊重历史事实是前提，使之形成许多有情趣、生动、感人的历史小故事。防止由于"故事"过多的文学色彩和其本身的娱乐性而忽视了历史课堂教学的任务，务必要突出教学内容中的重点史实。

微型剧

"历史小故事"演播

结合学案。学案以整合知识要点的形式，由易入难，分层布置完成。

可以将原本三课时的教学内容，一整课以完整的故事呈现：

第一课时，关注故事，完成学案，进行问答，提升。

第二课时，完成作业本多种题型的练习，并讲评、批改。

第三课时，听写知识要点，或者考试巩固与检测。

把学生自编的历史小故事带入课堂，实现学习的轻负高效。

把活动、教学参与主体地位还给学生。

课前自编历史小故事，充分培养整合历史知识的能力，自主建构历史线索等多种才能，体现了分层"先学"。

课前"干预式预习"的运用，录音等各种手段的辅助。

"历史故事"的内涵、特点、要求。

短小，信息有效而正确，与史实相符合。

有趣、生动，学生乐于聆听。

文字稿、录音电子稿两手准备。

故事"微型剧"的适时编排。

实践的操作过程，考虑的方面，遇到的问题，解决的途径。

实践的举例。

实践的效果：作业的完成情况；考试的成绩；课时是否节约；学生的评价。（调查问卷的设计）

学生自编历史故事，服务教学的效用：对教师；对学生；对教学。

参考文献

［1］陈向青：《"故事时间"教学实践初探》，《历史教学》2004年第1期。

［2］方燕：《浅议"干预式预习"在初中社会学科的实施及效用》，衢州市书院中学。

［3］刘丽红：《历史故事在教学中的应用》，《吉林教育：综合》2009年第7期。

［4］皮连生：《学与教的心理学》，华东师范大学出版社1997年版。

［5］祁国领：《运用历史故事提高教学效果》，《青海教育》2006年第7—8期。

［6］张永康：《历史故事构建起了历史课堂的载体》，2012年3月9日.http：//llzx.czedu.com.cn/article.aspx？menuid＝1261&tab＝tab_ News&tabid＝6615，2015年10月16日。

（作者方燕，衢州市书院中学教师，浙江衢州）

活用历史课本，提高课堂效率

刘灵利

一　问题提出

一种"认识"：看辅导书比课本更高效。早晚读、考试前，发现学生常常手捧小册子认真地背、记，将手中袖珍册子视为"圣经"。课堂上教师抛出一个问题，学生不是积极动脑思考而是急不可待去翻看各种辅导书上是否有相似问题、能否找到答案。课后作业，碰到难度大一点的材料题，学生第一想法仍然是看看辅导书是否有这道题，然后抄上答案万事大吉。学生无论是在思考、复习还是作业中，都把教材抛得远远的。我曾问过几个学生，他们为什么不从教材中寻找答案、不用教材去复习，学生的答案是教材太乱看不懂，而辅导书上却简单明了，看辅导书效果更好。

一种误区：创新，就是离开课本。一些教师把大量的时间花在寻找所谓的新材料、新情境上，而对教材中提供的素材大多弃而不用，以为这就是新课程的"创新"理念。也有些教师认为高考注重能力考查，不会考课本上的习题，让学生大量购买教辅资料训练。结果课本被边缘化，学生也增加了课业负担。

一种忧患：教学，成为无源之水。遗弃了课本这个教学之本，不仅使学科知识的整体性和系统性遭到破坏，而且导致学生调动和运用原有历史知识的能力下降，自主学习和探究能力弱化。

本文拟通过对新课程背景下高中历史课本活化与利用的实践研究，挖掘课本资源的价值，让课本发挥其"范本功能"，从而提高历史课堂教学的实效，减轻学生的课业负担。

二　理论依据

（一）新课程标准和新教材观的要求

《课程标准》指出："积极开发和合理利用课程资源是课程实施的重要组成部分。课程资源包括教材以及有利于发展学生综合语言运用能力的其他所有学习材料和辅助设施。教材虽然不是唯一的课程资源，但教材仍然是课程资源中最基本和最核心的课程资源。"因此在日常的教学中既要从教材出发又要高于教材，即活用教材。

（二）浙江省高考历史卷的导向引领

教材是根据对课标的理解进行编定的，对历史事物的理解和表述比较完整，概括也比较科学，浙江历史高考试卷注重考查"基础"，试题正确答案的落脚点大多是基于教材内容。

三　历史课本活化与利用的实践研究

历史课本是课程专家和历史学科专家根据《高中历史课程标准》编制的一种教学材料，它是教师的教本，也是学生的学本，灵活运用课本，是提高课堂实效的重要途径。本文从标题、导语、正文、图表、史料 5 个方面来谈谈活用历史课本的教学实践和体会。

（一）活用标题

高中历史学科教材在编写体例上的一个特点是，每一专题都有三级标题：章题、课题、框题。标题是正文内容的高度概括，更是课文内容的精髓、灵魂，因此在日常教学中注意标题的价值有助于提高课堂效率。

1. 利用标题——构建体系

不同级别、层次的标题本身就体现了教材知识的逻辑关系。如果说章是一个集合的话，那么课、框就是这个集合中的子集。作为学生要在每一课教学结束后，及时进行总结，绘制出本专题知识体系图，直观揭示专题知识之间的内在联系，并且要弄清每一个知识点在整个专题中的地位，弄清这一知识点在哪一课、哪一框。俗话说要成为群体，须有"左邻右舍"。因而，我们要在知识网络中掌握某一个知识点，而不能孤立地理解它。我们可以用章标题来贯穿全章并引领每一课，再以每一课统领具体内容，学生得到一个内在逻辑紧密而系统的知识框架与结构，再以每一章标题前后相继统领全书，就会以简单而有效的方式发现历史的脉络与轨迹，真正实现提纲挈领并便捷地感悟历史，有效避免知识零碎与感性单一。从逻辑角度上讲是在完成归纳与演绎的流程，对学生进行不同思维形式的锻炼，是高中历史思维能力提高的一个很好的途径方式。

2. 利用标题——突破重难点

课本对课文标题的拟定都是力求高度凝练、概括，以求覆盖课文的全部内容，每一课的标题，是该课的点睛之笔，是该课的核心和灵魂，因此解读标题有助于我们把握该课的重难点。其次还应充分理解标题与标题、标题与正文的关系，只有这样才能充分发挥标题的作用。

（二）活用导语

"专题导语"包括导语和学习建议两部分，是历史课本的重要组成部分，安排在专题之首，占有专门的版面，用以揭示专题学习的内容，点明专题，起着统领专题、纵横贯通的作用。

1. 利用导语——揭示主要线索

从单独的、分裂的一课之中，我们难以揣摩编者的用意，甚至不能理解编者为什么把看起来毫无关系的知识放在同一个专题，而每个专题前的"专题导语"则解答了我们的困惑，为我们指明了一条理解教材编写的捷径，梳理重要的历史发展线索和历史阶段特征，使学生宏观上认识历史。

2. 利用导语——理清阶段特征

历史阶段性特征是指一个历史阶段区别于其他历史阶段的独特之处。学生在历史学习中头脑存在的往往只是一个又一个割裂的历史事件，排列杂乱无章，甚至于会产生严重的"时空错位"，这主要是因为学生无法理解各个历史阶段的特征和各个事件所处的历史地位。因此重视对历史发展的不同阶段特征的探究，是相当必要的。

（三）活用正文

历史课本的正文指的是除图表、资料卡片、知识链接、学习与思考等栏目以外的文本内容，是历史课本的主体部分。

1. 利用正文——加强具象教学

具象是指具体的现象、状态或形象，代表具体存在于空间且能够感知的一种形状或形态。这一概念现在主要被用于文学艺术领域。具象教学就是指把一种抽象的文字、概念经过人脑的转化成为一种具体、形象、可感的事物。历史课本的语言往往比较概括、抽象、简洁，加之很多概念远离学生生活，这给学生理解历史带来一定困难，因此在日常教学中需要我们用巧妙的办法，将抽象语言转化为具体可感的场景。

2. 利用正文——加强范式教学

在高中众多学科中学生很难爱上历史这门课，不仅仅是因为历史学科知识密度大、专业化倾向强、知识内容烦琐、记忆负担繁重、更因为学生的学习自信心严重受挫。让学生叫苦不迭的是历史考试中的大题目，明明问题在考前背过的，看到题目时也信心满满，可看到分数都傻了眼，学生无法接受辛苦了这么久却还是寥寥几分的现实，究其原因是学生不能学以致用，答题不规范、不完整所致。教师辛辛苦苦概括出"三定法""五定法"，但实际结果收效甚微。而课本语言是比较科学、准确的，因此在教学中引导学生关注课本提供的范式就显得十分必要了。深入"范例""解剖麻雀"、举一反三，使那些在课堂上无法逐一教学的同类内容也能为学生所认识和应用。

（四）活用图表

图表是承载历史信息的一种载体，是中学历史教学中很重要的一个组成部分，是学生与历史对话的一种媒介。"图"主要指的是课本中反映一定历史知识的图示、历史地图、历史图片等，"表"主要指课本中反映一定历史知识的表格、大事年表等。

1. 利用图表——加强问题教学

在历史课堂上充分利用教材中的图表，有针对性地设计问题，既可以使抽象的理论形象化，又可提高学生的能力。通过强化训练，学生进一步明确了全书的知识重点以及知识联系，提高了课堂教学实效。

2. 利用图表——培养历史情感

在教学中注意利用历史图片来营造历史情境，从而渲染历史气氛，展现历史底蕴，增加历史的直观性。学生在图片式情境中，更加容易形成历史感、历史审美情趣和爱国主义情感。

（五）活用史料

本文所提到的史料指的是历史课本中除正文以外的文字材料，如"知识链接""学习思考""资料卡片"及课后的"材料阅读与思考"等栏目的材料。

1. 利用史料——培养学科能力

依据历史高考考核目标和要求，历史学科的学习学生要具备四种能力：获取和解读信息、调动和运用知识、描述和阐释事物与人物、论证和探讨问题。为此教师把目光转向了寻找新材料、新题目上，其实课本为我们提供了丰富的材料，活用课本的史料，可以起到培养学生四大能力的目标。

2. 利用史料——创设历史情境

如果我们在平常教学中，能精心挑选一些课本提供的史料，利用课本史料来唤醒学生的情感、思维的主动参与，那么我们的课堂教学会高潮迭起，扣人心弦。如讲到新中国初期的外交时，就可以运用课本"知识链接"中的"克什米尔公主号事件"和"材料阅读与思考"中《周恩来在亚非会议全体会议上的发言》，将学生置于万隆会议的历史现场，学生充分了解了"克什米尔公主号事件"后，会自然得出万隆会议的背景："帝国主义国家对会议的干扰破坏"。从而避免了灌输，使学生也更容易理解万隆会议召开的意义。

四　反思

活化历史课本对教师提出了更高的要求。教师要有充足的学科知识储备，要熟悉史学研究的动态，要时刻做个有心人；要对照课程标准，理顺知识的内部联系，形成清晰易懂的结构，构建一种新的学习体系。这就要求教师要有灵活处理教材的教学能力，有效地组织学生开展自主学习、合作学习和探究学习，这样才能促进学生素质的提高和发展。

活化历史课本必须从学生的认知角度出发，在活用课本的史料时，应注意问题设计要有一定梯度。学生的水平、智力发展程度不同，在历史学习中也应从简单到复杂、从感知到抽象不断反复训练，才能有所提高，否则问题太难易导致学生的畏难情绪，严重挫伤学生的学习积极性。

课本的处理既是一种学问又是一门教学艺术，方法是因人而异的。教师应该重视对课本的灵活处理，这是一种行之有效、切实可行的方法。它在培养学生构建知识体系、厘清阶段特征、综合分析等能力上，都不失为一种最佳的教学方法。看重课本、看透课本、钻透课本、用足课本，从而取得理想的课堂教学效果。

参考文献

［1］车华玲：《高中历史新教材的研究与使用》，《历史教学》2005 年第 8 期。

［2］乔红丽：《标题在历史课堂教学中的使用》，《课程教育研

究》2012 年第 4 期。

[3] 魏刚、于春燕:《从课文标题的设计看北师大版历史教科书的创新》,《大连教育学院学报》2009 年第 3 期。

[4] 杨志才、陈国兵:《如何有效使用高中历史新课程教材》,《历史教学》2006 年第 2 期。

(作者刘灵利,浙江严州中学(梅城校区)教师,浙江建德)

高效课堂，我们共同的追求

郑慧日　陈　雅

　　探求教学的有效性既是本次新课改关注的重点，也应是广大历史教育工作者工作的本质要求和职责所在。然而，许多一线教师对历史课堂教学的有效性的理解及实施出现了偏差，存在着许多不尽人意之处，历史课堂教学低效甚至无效现象时有发生。那么，如何打造高中历史的高效课堂，提升历史课堂教学的有效性呢？笔者想就此谈点自己粗浅的看法。

　　记得叶小兵先生在他的《细节的重要》一文中这样说过：细节往往"具有启发性，通过细节，可以引发学生的联想、想象及思维活动，加深对所学知识的认识。"并且认为："从信息的性质上讲，细节有一种活的属性，这种信息传递时最容易被接受又不容易被遗忘。这对历史教学来说太重要了，因而，运用细节能够在一定程度上避免教学的抽象、枯燥和乏味，还可以解决在教学中一些难以处理的问题。"[1] 从中我们可以看出，从细节入手开启学生的智慧，启迪学生的思维，从而提高历史课堂教学的有效性，不失为明智之举。不过，作为一线教师不仅要处理好历史课堂教学过程中的细节，也应关注历史课堂教学过程外的细节。只有两者齐头并进，才能切实打造高中历史高效课堂。

一　挖掘历史学科的社会功能和应用价值，激发学生历史学习的兴趣是打造高中历史高效课堂的前提

　　德国教育家第斯多惠说的好："教育的艺术不在于传授的本领，

---

[1]　叶小兵：《细节的重要》，转引自《历史教学》2005 年第 9 期。

而在于激励、唤醒、鼓舞。"① 由此可见，教师的首要任务是唤醒并激活学生热爱学习的细胞。否则，打造历史教学高效课堂，就会成为无本之木、无源之水。只有学生对所学内容产生了强烈的求知欲望，觉得需要知晓、需要掌握，学起来才有积极性和自觉性。学生的需要分为直接需要和习得需要两种，前者来自学生对历史学科的直接兴趣，后者是通过教师的引导而形成。因此，教师就应有意识地对学生的学习兴趣进行开发培养，尽量挖掘历史学科的应用价值和社会功能，把历史和现实联系起来，材料的引用、问题的设计应贴近学生实际，贴近社会现实，使学生觉得学有所得、学有所悟、学有所用，才能满足学生内心最基本的需求，增强学生学习历史的兴趣，提高学生学习历史的主动性和积极性。诚如苏霍姆林斯基所说："如果教师不想方设法使学生产生情绪高昂和智力振奋的内心状态就急于传播知识，那么这只能使人产生冷漠的态度，而没有情感的脑力劳动就会带来疲倦，没有欢欣鼓舞的心情，学习就会成为学生的负担。"②

二　立足课标，钻研教材，把握好教学的度，是实现高效课堂的关键

（一）立足课标和教学指导意见

我们知道，课程标准和学科教学指导意见，是教学和评价的基本依据，毫无疑问地对教材、教学和评价具有重要的指导意义，是教学和评价的出发点和归宿。因此，我们在备课和进行教学设计时，必须首先阅读课程标准和学科教学指导意见。只有这样，教学目标的定位才能明确、适切。哪些是重点、哪些是难点，如何突出重点、突破难点才能心中有数。

---

① 茅海燕编著：《教师语言新编》，江苏大学出版社 2013 年版，第 158 页。
② ［苏］苏霍姆林斯基：《给老师的建议》，教育科学出版社 1984 年版，第 21 页。

（二）认真研读教材，做好课前预设

新课程理念、教材只是教学的一种素材、一种资源，教师可以根据三维目标的实际要求，重新整合教学素材。但教材毕竟是教材编写者经过精心思考和选择的，因此，它应该是教学的最重要素材，也是最重要的课程资源。所以，我们在备课时，除了要了解课程标准和教学指导意见的要求外，还应认真细致地研读教材，搞清每册教材的宏观知识体系和各单元的基本编排体系，厘清有关专题的历史现象的发生、发展、变化的过程，搞懂内在的逻辑关系，形成对教材的深入理解和全面把握，然后对教材内容进行重新梳理和精心整合。

三　依据学情，巧设问题，精心组织课堂教学，是实现高效课堂的核心

教学是一个动态生成的过程，它是一个系统工程，不仅包含教师的教，也包含学生的学，而且"教"的目的是为了"学"，因此教学预设就应真正关注学生的发展，关注学生的个体差异，关注学生的年龄特点，关注学生的知识水平、经验积累，甚至关注学生的学习状态，从而为每位学生的发展创造条件，使学生真正成为学习的主人。具体措施如下：

1. 问题设计要有梯度，既要有适合学习能力强的学生的问题，也要有适合基础薄弱学生的问题，从而感受到自己的进步，树立起学好历史的兴趣和信心。

2. 问题的设计要难易适度，应以学生已有的知识水平为基础，既不能太难，也不能过于简单。

3. 设计的问题要彰显历史学科特点，要有历史味，最好能结合史料来设计问题。教师提供的史料不仅要鲜活，而且要适切，既符合教学目标定位和教学内容的要求，也适合你所教学生的知识水平和年龄特点。

4. 问题提出要考虑合适的时机，也就是说教师提出问题不能太突

然，同样应该考虑学生的知识背景和心理特点，让学生不仅有话可说，而且能说得有理有据。这不仅有利于增强学生学习的成就感，提升学习历史的兴趣，也有利于转变学生的学习方式，培养学生史论结合、论从史出的能力。

5. 教师应学会追问，使学生对问题的认识更加全面和深入。例如：在教授《圣雄甘地》一课时，很多教师都会向学生提出这样的问题：甘地领导的"非暴力不合作运动"中的标志性事件是什么？然后在学生回答是土布运动和食盐进军运动后，教师引导学生看书分别概括土布运动和食盐进军运动的背景和具体措施，而没有进一步追问"为什么古老的手纺车和小小的盐粒会成为这两次非暴力不合作运动的标志性事件？为什么这两次运动能把运动推向高潮？"这样的追问会使学生认识到，这两样物品涉及每个印度人的日常生活的基本需求，或者说它们与每个印度人的基本生活息息相关，因此可以带动更多的人加入反抗英国殖民统治和殖民压迫的队伍，从而把印度非暴力不合作运动推向高潮。这不仅可以培养学生的思考习惯，更重要的是锻炼学生认真阅读史料、提炼有效信息的能力，从而有效地发展学生的逻辑思维能力。诚如赞可夫所说：教会学生思考，这对学生来说，是一生中最有价值的本钱。

四　提高教师素质，增强教师的人格魅力，是激活学生学史兴趣、实现高效课堂的保障

（一）拓宽和优化知识结构，树立终身学习的意识和专业发展的意识

马卡连柯曾说过：学生可能原谅教师的严厉、刻板、甚至吹毛求疵，但不能原谅他的不学无术。因此教师必须要有牢固的专业发展意识和终身学习的意识。既要积极参加各级各类的培训活动，也应利用一切可以利用的时间和精力进行自主学习和教育，还可向前辈和同事学习，从而不断拓宽和优化知识结构，补充教学的"养料"和"氧气"。

（二）用"心"施教，充分发挥"师爱"在历史教学中的"特异功能"

师爱是教育之本，爱心是教师的灵魂。离开了爱，教育将是无源之水、无本之木。因此，要实现高中历史的高效课堂，应做到以下几点：第一，施以爱心，充分发挥"情感效应"的积极作用。教师对学生的期待和厚爱，是激励学生奋发进取的外在动力，是教学成功的最基本的条件，谁赢得了学生的心，谁就赢得了学生对你所任教学科的学习积极性，从而使教学产生事半功倍的效果。第二，面向全体，尊重差异。教师不能追求平均发展，不能厚此薄彼，而应该尊重学生之间存在的差异，要关心爱护每一位学生，使每位学生都能够在原有的基础上获得发展，体验成功，发挥各自的聪明才智。只有这样才能切实维护和增强学生学习的自尊心和自信心，提高学习兴趣和学习能力。第三，鼓励挑战、尊重人格，以师生平等求教学相长。在知识经济时代，教师不是学生获取知识的唯一来源，教师的教学极有可能受到学生的质疑和挑战。对此，教师不能不懂装懂，更不能强词夺理，而应坦诚承认自己的不足或欠缺，甚至可以当堂向学生学习，这不仅不会损害教师的形象，相反能使学生从教师的包容里感受到师生间的信任和友好，感受到自己与老师的关系是平等的，感受到老师对自己的爱护和关怀，从而产生强烈的自尊和自信，激发起学生旺盛的求知欲望和强烈的创新意识，达到预想不到的教学效果。

总之，当今社会，学生轻史现象仍然存在，高中历史教学低效状况也时有发生，但作为历史教育工作者，追求高中历史课堂教学的高效应是职责所在。我相信，只要大家用心尽力，打造历史教学的高效课堂是大有可为的，也值得进一步深入研究。但无论如何，只有不断提升教师自身专业素养，关注历史课堂教学细节，才能找到一条适合自己的发展之路，才能无愧于时代重托，推动高中历史教学质量稳步提高。

（作者郑慧日，浙江省三门县教学研究室历史教研员，浙江三门；作者陈雅，浙江省三门中学教师，浙江三门）

谈深化改革背景下历史学习
"能效比"的提升

——以人民版必修Ⅰ第二课《走向大一统的秦汉政治》的复习为例

茅佳清

尽管当前深化教育改革的呼声很高，势头很猛，多元化课程建设风起云涌，课堂教学新范式的尝试与推进势在必行。但无论是教学改革，或是高考目标，基本知识的掌握、基本概念的理解、基本线索的整理、基本规律的探究，始终是我们历史学习最基本的目标。怎样记住繁杂的历史知识，怎样理解历史的基本概念，怎样联系历史事件的相应要素和相关知识点，把握历史发展的规律，分析历史事件、人物的特征、性质及前因后果、意义影响，并根据已学理论，运用历史唯物主义和辩证唯物主义方法，获取信息，整理相应的历史知识，理解分析相应的问题……这些仍然是我们努力需要解决的课堂教学问题。

为了解决这些问题，本人以人民版必修Ⅰ第二课"走向大一统的秦汉政治"的复习为例，通过三个步骤探索提升历史学习的"能效比"：读薄教材，通过概括、归纳来减少强记的信息量；读厚教材，通过联系相关的知识点，把历史事件、人物作为一个整体来看，实现长效记忆并全面分析问题；按序解题，在看透问题的同时，及时汲取有效信息、提取已学相应知识，有序地解答需要我们解决的各个问题，以提升解决问题的能力。

一 把书读薄，掌握与落实主体内容，提升基础知识学习的时效比

（一）整理知识，理清目标、大事与概念

学习历史，首先要明确新课程的知识、能力、价值观等方面的学习目标。根据新课标及浙江省高中历史《教学指导意见》，历史必修Ⅰ第二课的学习目标可以整理为：知道"皇帝制度"创立和郡县制建立的史实；知道秦朝的"三公九卿"制；了解秦的统一；了解中国古代中央集权制度的形成及其影响；依据"中国古代中央集权制度的形成及其影响"这条主线，体会制度建设对国家稳定和统一的重要意义。

综合本节内容，"秦汉政治"按时间标出的主要大事有三：前230—前221：灭六国，建立秦朝；前215：击匈奴，收回河套；前214：凿灵渠，平定岭南。理出事件的目的不仅仅是为了知道这些事件发生的先后顺序，也是为了点明这三件大事在"秦汉政治"中的重要性，提醒同学对这三件大事的关注。

（二）寻找关联，理出本课小专题线索

归纳整理本节课的知识，使之连成一条条小小的关联线索，有利于学生联系性地记忆知识，整体地认识问题。所以，我们在教学过程中应该引导学生去搜索有关联的点，以培养学生的系统思维能力，提升学习的有效度，减低遗忘率。

（三）压缩文字，标注段落主题和层次

教材的编写具有明显的段落性，每一个段落往往体现为一个关键的内容。根据这一特征，我们就可以通过归纳法列出其中的要点，使每一框内容变成标题性的几个要点，这将大大减少记忆的时间，提高记忆效

率，减少遗忘。例如对第一框"六王毕，四海一"的处理，可以归纳成这样三条：（1）平定六国：时间、过程、意义。（2）控制周边：击匈奴，收河套；筑长城，修直道；凿灵渠，治岭南；设吏管辖云贵川。（3）一统帝国：规模扩大，疆域奠定；多元一体，中华初成。

（四）压缩信息，简化复杂易混的内容

由于编写和含量的原因，有些知识点看上去既复杂又凌乱，记忆时无律可循，很难叙述完整清楚。这就需要我们在平时加强对这些复杂内容的关注，努力探索，让这些复杂的内容简练化，提高记忆、理解、认识的准确性和完整性。对于那些分散性的知识点，我们则可以将之分类整理，利用功能的同一性将之有效掌握。

（五）形成体系，构筑一课知识的框架

及时地将一课内容整理成一个相互关联的体系，这不仅有利于学生增强对本课内容的整体理解，还有利于学生在理解分析某个知识点时，能牵一发而动全身地进行全方位的思考，并与前后知识形成承前启后的纵横联系，避免对历史事物的孤立认识和理解。

二　把书读厚，剖析与整合相关知识，提高教材综合分析的能效度

（一）读透——细品主要的点与概念

把教材中的知识点加以联系剖析，对概念进行比较综述，就会使这些看似简单的内容，信息含量大大增加，认识理解就更为全面透彻。这是对历史内容学习的拓展与深化，是对历史事实本质化理解的重要提升，将帮助学生对历史问题进行"全、准、通、透"的学习思考。

（二）读全——细看教材地图与边文

教材中的图片和边文，是教学内容的重要组成部分。由于习惯上的原因，我们对正文部分的文字一般学得较透彻，但对于插图、"学习思考""资料卡片""史家争鸣""知识链接""课前提示""自我测评""材料阅读与思考"等边、后部分的内容，却没有像对待正文那样的重视。所以，指出问题、提示方法，尤为重要。例如：前述P8—9的"灭六国过程"及长城起止点；P8名称、P9图及"知识链接"中的直道、大道、驰道、轨道，可与今天的马路、高速公路、铁路的命题情景相链接。

（三）读通——链接相关的点构成线

这一步的工作，从功能上来说与"把书读薄"环节中的"理出本课小专题线索"基本一致，其主要的区别是知识联系的广度和理解分析的深度。也就是说，这里的知识链接将不再局限于本课的内容范围，而是把其他节、章（单元）、模块中与本课中内容有关联的知识点，尽可能全面地整合在一起，建构成一条条相互关联的线，使之既有利于学生纵向联系，又有利于学生横向思考。例如结合本单元第一、二、三课，可以归纳成一条"地方管理制度的变化"的纵向线索：分封制（基于宗法制的贵族政治制度）→郡县制（中央集权下的官僚政治制度）→行省制（受中央节制的最高地方行政区划）。

从横向角度联系，则可与不同章节、不同模块的同时代的或同类的内容，形成几个综合性的问题。例如结合第二、三课可得到"秦代地方机构"的设置情况：P9—10的中央垂直管理地方的郡县制，P14的监察制及P16郡、县两级地方行政区划分。

三　按序解题，提取与运用已学知识，
　　提升有效信息运用的实效率

把握基础，联系相关知识点，提取相应的信息回答问题，或综合

运用已学知识和材料信息，根据问题的要求，逐步、按序地分析、解决问题，这是我们历史学习的能力培养目标。因此，怎样提取与运用知识信息，是提高知识信息运用实效率的关键步骤。

（一）学会阅读与比较材料，透析有效性信息

例如关于秦"直道"的记载，教材必修ⅠP9"知识链接"是这样叙述的：《史记·蒙恬列传》记载："始皇……乃使蒙恬通道，自九原抵甘泉，堑山堙谷，千八百里。"而同样的内容在《史记·卷006·秦始皇本纪》中是这样记载的："三十五年（前212年），除道，道九原，抵云阳，堑山眼堙谷，直通之"。两段材料的共通信息就包括了诸如"道"、"从九原到云阳"、"沿途险峻，经开拓成大道"、"全长1800里"、"《史记》"和"公元前212年"等，综合起来就成为："根据《史记》载，公元前212年，秦始皇命蒙恬负责开凿了一条从九原到云阳的全长1800里的直通大道。"阅读材料并剔离出主要信息，这就为接下来答题、解题奠定了良好的基础。

（二）从题干材料初知答案，发现引导性信息

根据材料回答问题，是历史学习的一种非常重要的能力体现，它可以帮助学生独立学习各类各种历史文献和资料及客观、全面地分析历史问题。例如：

> 阅读材料：廷尉李斯议曰："周文武所封子弟同姓甚众，然后属疏远，相攻击如仇雠，诸侯更相诛伐，周天子弗能禁止。今海内赖陛下神灵一统，皆为郡县，诸子功臣以公赋税重赏赐之，甚足易制。天下无异意，则安宁之术也，置诸侯不便。"
> 始皇曰："天下共苦战斗不休，以有侯王。赖宗庙，天下初定，又复立国，是树兵也，而求其宁息，岂不难哉！廷尉议是。"
> 问：从材料看，秦始皇为什么要用郡县制取代分封制？

根据问题要求，我们可从材料中的"封子弟同姓……如仇雠"

"诸侯更相诛伐"，得出"分封制"使诸侯权力过大，导致争战不止这一信息；从"郡县"使"天下无异意"成为"安宁之术"，可知"郡县制"削弱了地方权力，有利于政权的稳定和国家的统一。这样，问题的答案也就最清楚不过了。

此外，我们还需看全材料、题干、引文出处中的时间、地点、人物、事件，从中获取重要信息，在落笔前考虑全主要的答题项和知识提取范围，从而避免答非所问和答项不全的问题。同样，对于选择题来说，除了仔细考虑题干中的相关信息以外，还要细品各个选项所包含的信息，最后规范答题。

（三）结合教材中的对应点，寻找基础性信息

教材是我们学习的重要依据，也是命题的重要依据。在具体的解题过程中，根据题目要求，在教材中寻找相应的知识点，是解题的对应性策略的具体体现，也是解题知识化的具体体现。例如（2011年浙江文综卷）第38题：

政治文明的演进经历了漫长而艰难的过程。阅读材料，回答问题。

材料（中国政制）达臻"文明"一途，实应归功于西周的创制……西周政治里显然有深厚的贵族色彩，而"共主"名义下的地方分权体制……与秦以后一统的君主"独制"格局泾渭分明。因此古贤多称周秦之间为"天下一大变局"。——王家范《中国历史通论》

（1）根据材料一并结合所学知识，指出西周和秦朝的主要政治制度，分析说明周秦政治制度的主要差别。（参考答案：西周——分封制、宗法制；秦朝——专制主义中央集权制。西周以血缘关系为纽带形成国家政治机构，最高执政集团尚未实现权力的高度集中；秦形成了中央垂直管理地方的制度，君主集权的官僚取代贵族政治。）

　　根据材料并结合已学必修 I P6 的知识，容易得出西周的主要政治制度包括：分封制和宗法制；根据材料中的"君主'独制'"结合已学 P10 的具体叙述，也可轻易得出秦朝的主要政治制度是"君主专制的中央集权制"，或至少答出"皇帝制"与"三公九卿制"。再根据 P8 上的"课前提示"得出西周政治制度的特点是"以血缘关系为纽带形成国家政治机构，最高执政集团尚未实现权力的高度集中；"根据 P10 上的叙述可以得出"秦形成了中央垂直管理地方的制度，君主集权的官僚取代贵族政治。"

（四）用变式综合联系问题，整合全面性信息

　　如果把问题"从材料看，秦始皇为什么要用郡县制取代分封制？"改成"根据材料并结合所学，简要分析秦始皇为什么要用郡县制取代分封制？"，那么就需要综合地考虑材料及教材中的相关知识点，通过比较郡县制与分封制，来分析说明郡县制相对分封制的优势。如果我们平时有这种比较意识，或者有相应的比较表，那么分析这一问题就较为容易了。

（五）按层次归纳理成要点，整理程序性信息

　　当我们根据题意，搜索相关知识点，提取材料相关信息，初具答题内容后，一个重要的步骤是把这些信息按程序归纳成几个对应要点，使之层序分明、言简意赅。例如：

　　材料一：（秦始皇）加强了专制主义中央集权，有利于封建经济的进一步发展，对祖国疆域的初步奠定和巩固发展国家的统一，以及形成以华夏族为主体的中华民族，起了重要作用。
　　　　　　——大纲版《中国古代史》
　　材料二：由秦代开始形成的中央集权的政治体制，彻底打破了传统的贵族分封制，奠定了中国古代大一统王朝制度的基础，对此后 2000 多年的中国政治与社会产生了重要影响。
　　　　　　——高中历史必修 I（岳麓版）

　　根据对两段材料的概括并结合前述关于"秦始皇建立专制制度"相关的点，可以得出秦代建立的专制主义中央集权的作用和影响为："经济发展""疆域开拓""国家统一""民族融合""政治稳定"及"集权成暴""集思成专"等。

　　又如把"秦朝的重大建设工程"并列在一起时，可以得出的秦代建立的专制主义中央集权的作用和影响为：有利于有效地组织人力、物力和财力开展大规模的生产和工程建设活动，使中国产生了高于同一时期其他国家的物质文明和精神文明。同时，这也意味着秦代政治的残暴和人民受剥削、压迫之重等。

　　总之，简而记，联而析，合而用，三步联动，有利实现历史学习"能效比"的提升。

（作者茅佳清，杭州市萧山区教学研究室历史教研员，浙江杭州）

高中历史课堂提问有效性的实践研究
——以人民版《孙中山的三民主义》一课为例

王　强

一　问题的提出

课堂提问是常用的教学技巧之一，在教学中使用频率较高。教师对于课堂提问有效性的把握，无论对于训练学生思维能力，或提高自己的教学能力都有着重要的意义。但在实际教学中，部分教师对教学提问有效性的认识不足，或难以把握提问的技巧性，存在不少误区，以致不能很好地应用提问来提高教学效率。比如：1. 提问太简单，没有思考价值，无法训练学生思维能力；2. 提问难度太大，学生无从下手，挫伤学生的积极性；3. 提问急于求成，没有留给学生足够的思考时间，学生难于适从；4. 提问后不善观察学生表情，想回答问题的得不到回答，回答不了问题的又被叫起来，让学生感到很尴尬；5. 提问的对象只考虑优等生，忽视后进生等等。

本文以人民版《孙中山的三民主义》一课为例（以下简称《三民主义》），试从"问题设计"和"提问策略"维度，以期对历史课堂提问的有效性作有益的探索。

二　核心概念的界定

"有效提问"就是以有效的策略提出有效的问题，主要包括：一是有效的问题，二是有效的提问策略。即无论是"提问的策略"还是

"问题"本身都要具有有效性，这才能真正实现有效提问。

如果说有效问题是老师在备课时应该重点考虑的问题，那么提问策略则主要是在课堂教学中进行实施。有效问题是课堂提问的基础，是问题教学的前提。提问策略是对有效问题的实施，是保证问题能够顺利进行的关键。两者缺一不可，互为影响。

表一 　　　　　　　　　　　**有效问题和提问策略的关系**

时间	依据	主要解决的问题	关系
备课阶段	课程标准、学生基础	问题设计	是课堂提问的基础，是问题教学的前提
授课阶段	课堂实际中学生的表现	提问策略	是对有效问题的实施，是保证问题能够顺利进行的关键。

三　提问有效性的实践研究

（一）充分备课，设计问题

设计有效的问题是有效提问的前提，良好的课堂提问，需要教师备课时做好充分准备，设计与学生知识水平相适应、激发学生学习欲望的问题，从而实现历史教学的核心素养培养。

1. 问题设计关注趣味性

德国著名教育家赫尔巴特指出："兴趣是教学的基础，教师在任何一个阶段里都要注意激发学生的兴趣，必须注视学生的反应是否自然发生，如果自然发生则被称为是注意的，教学本身就是有趣的。"在教学中，教师要关注学生的兴趣点，并通过兴趣点设计课堂提问，不仅可以促进学生对问题的理解，而且还能给学生耳目一新的感觉，提高学生历史学习的兴趣，产生强烈的求知欲。

人民版必修 3 专题四第一课《三民主义》，教师可以把问题置于新情境中，例如：孙中山早年学医，目的是救治国民的病痛，但他在行医过程中，痛惜国家衰败，人民贫弱，逐渐认识到"医术救人，所济有限，其他慈善事业亦然"，"医国"比"医人"更为重要。请您诊断一下当时的国家出现了什么病症？孙中山给它开了什么药方？为什么不能医治社会的顽疾？孙中山于 20 年代又开了一剂药方，并增加了药的剂量，这张药方能医治国家的顽疾吗？为什么？两张药方有什么异样？请您设计一张药方来解决中国的社会问题。这样的问题以一种新面孔呈现给学生，使学生在新的历史情境中体会历史，感悟历史。就大大激发学生的好奇心，激起思维的涟漪，使学生从被动接受知识到主动探索知识。

2. 问题设计体现层次性

教师备课时在预设问题时应详细解读课标，深入钻研教材，了解学生的知识掌握情况，设计知识覆盖面广、层次分明的问题。

《三民主义》的课程标准内容是：了解孙中山三民主义的基本内容，认识其在推动中国资产阶级民主革命中的作用。笔者根据课标设计如下三个不同层次的问题（表二）：

表二

等级	设计问题	要求
A 级	旧、新三民主义的内容及含义	所有学生都应该掌握的知识性问题
B 级	认识三民主义产生的历史背景；对比分析新旧三民主义的异同	中上等学生理解应用型问题，需要应用基础知识进行分析、归纳。
C 级	学习认识伟人顺应时代发展潮流、与时俱进的高贵品质和为革命事业不断求索创新的精神	优等生综合评价问题，要求学生综合运用有关知识解决问题。

问题设计的层次性有利于教师因材施教，有利于学生学习效率的提高，促进不同层次学生的发展，问题设计的层次性为提问的层次性打下基础。

3. 问题设计突出情感性

《普通高中历史课程标准（实验）》引导学生从政治文明、物质文明和精神文明三大角度来探讨人类文明的发展历程，历史教学过程应是一个情感、态度与价值观和知识技能共同发展的过程。如果教师只重视知识的学习和技能训练，缺乏情感态度价值观引领，学生就会变成知识的容器，缺乏生命的灵动与鲜活。这就需要教师提炼价值引导素材，在知识技能目标落实过程中渗透情感态度价值观目标。

（二）操控课堂，优化提问

1. 及时调整问题难度

教师在设计问题时，已经对问题的难度进行充分的考虑，使提问的问题尽量符合学生的实际。但由于各班情况不同，仍会出现"坐在地上摘桃子"或"搭梯子也摘不到桃子"的现象。此时教师必须充分运用自己的教学智慧，"灵活调节问题范围的大小"。通过这样的提问和探究，就会把学生的认识逐步引向深化，使学生思维能力得到培养。

2. 准确把握提问时机

"不愤不启，不悱不发"，说明提问时机的重要性。教师要努力抓住学生"愤""悱"状态的最佳时机。教师如果能在此时发问，往往能取得良好效果。当学生学习情绪高涨时可抛出难度较大的理解应用型问题、综合评价型问题。教师要通过基础知识的梳理分析，调动学生的情绪，为学生解决这一难点问题做好准备。

3. 恰当选择提问对象

课堂教学中的提问，教师不但要注意"问什么""什么时候问"，还要注意"问什么人"。教师的提问是否能达到预想的效果，很大程度上取决于教师对学生的了解程度和对提问对象的选择。教师在预设问题时已经把问题与学生进行了组合，但仍需要根据课堂实际情况进行灵活的变动，对提问对象进行有机组合。

首先，就提问个体而言，针对学习程度不同、性格不同、课堂表现不同的学生，教师提出的问题应有所不同。应把难度较低的知识型问题提问学习程度较差的学生；把理解型、应用型问题提问中等生；把综合型、评价型问题提问优等生；用开放性问题提问性格外向、思维活跃的学生；点名提问性格内向的学生。这些教师在课前一般就会考虑到，但教师在课堂上仍应当察言观色，根据学生的课堂表现灵活变换提问对象。如对于已经举手、跃跃欲试、但学习成绩较差的学生，教师不妨给他们机会；对于神态自若、抬头微笑、但并未举手的学生，教师可放心提问；对于教师已经预设好的提问对象，但是当问题抛出以后，此生却眉头紧锁、苦苦思索或极力避开教师目光，说明该生回答问题有困难，教师可以转而提问别的反应较为积极的同学。如果学生回答不完整，教师可以适时进行追问。

教师提问要面向全体，使每一个学生在课堂上始终处于积极思维的状态，做好回答的充分准备，尽量避免"少数人表演，多数人陪坐"的现象，这不仅能调动学生学习的积极性，树立学生的主体地位，而且有利于良好师生关系的确立和良好课堂气氛的形成。教师如果不能选择合适的提问对象，可能就会出现"有问无答""有呼无应"的情况，最后只能自问自答，这样必然就失去了提问的意义和作用。

4. 灵活掌握待答时间

待答时间是指在教师提出问题后让学生思考问题、组织答案的时间和回答问题后评价答案的时间。苏联著名教育家、心理学家赞可夫说："教会学生思考，这对学生来说，是一生中最有价值的本钱。"

教师提问首先应把握"少而精"的原则，给学生充分的思考时间和组织答案的时间，鼓励学生对一个问题进行多角度的、全面的、深入的思考，这既避免了满堂问给学生带来的巨大心理压力，又避免了学生来不及思考而被动接受教师答案的现象。

其次，教师根据问题的难易程度，准确掌握待答时间。难度较高的问题，第一等候时应适当延长，可以在 1 分钟左右，如果教师认为只有小组合作学习才能解决此问题，也可以等待 3—5 分钟，使学生有足够的时间去回忆、联系、组织语言。如果一个小组无法将问题回答得圆满完整，教师可以在第二等候时之后让其他小组进行评析、补充。

再次，教师根据不同的提问对象，准确控制待答时间。由于学生的性格、反应速度、学习程度不同，造成学生需要不同长度的待答时间。如学习程度较差的学生，即使是一个简单的问题，教师也应给予较长的等待时间；学习程度较好，但性格内向、反应较慢的学生，教师给予的等待时间应适当延长。

5. 有效评价学生回答

有效评答是指教师在学生回答问题后给予及时的评价。有效的评价可以帮助学生判断知识的理解掌握情况、问题回答的质量，有助于学生的进一步提高。

对学生的回答作出肯定性反馈。对学生的回答，不管其正确与否，首先要肯定他们的参与，对回答不正确的学生不要指责或讽刺，以免打击或伤害他们的积极性，特别是对学习困难生的回答行为，更要从肯定、鼓励的角度作出反馈，如给他们留有更多的思考时间，并使用"你再想想"之类的鼓励性语言。也就是说，教师应对学生的回答行为多肯定、表扬，少做评判性评价，特别是否定性评价。

在学生回答时可以通过非评判性的反馈方式，运用语言（继续说、这一点是对的、不错、很好）和非语言手段（眼神、表情、姿势、点头等）鼓励犹豫不决、吞吞吐吐的学生。例如，对学生的回答只要不是原则性的错误，都应予以肯定；对于学生出现的原则性错误，应在肯定其合理性的基础上帮助其分析错因；对于学生绞尽脑汁思考出的一个答案，如果言之有理但又不符合老师的答案，也不能一棍子打死；要适时地对学生在回答问题中的闪光点进行鼓励。

无论教师采取哪种评答策略，都要实事求是、恰如其分，既不过度赞扬，助长其虚荣心，也不讽刺挖苦学生，伤害其自尊心。不回避学生回答问题中出现的错误，教师通过耐心引导得出正确答案，而不是把自己的观点粗暴地强加给学生。

四　结束语

课堂提问是进行历史学科思维、语言训练，提高学生学习能力的一种有效的教学方法，在历史教学中发挥着重要的作用。教师通过科学的课堂提问，多角度、深层次地调动学生学习的内动力，加强教与学的和谐互动，能极大地提高教学的有效性。

历史课堂提问是历史课堂教学中一个必不可少的环节，把课堂教学与新课程要求的培养学生创新精神与实践能力相结合，是作为一名优秀的历史教师必须具有的能力。我国著名教育家陶行知有诗云："发明千千万，起点是一问，禽兽不如人，过在不会问，智者问得巧，愚者问得笨，人力胜天工，只在每事问。"

参考文献

［1］王雪梅：《课堂提问的有效性及其策略研究》，西北师范大学，2006 年。

［2］何旭明：《从学习兴趣看赫尔巴特与杜威教育思想的相通性》，《大学教育科学》2007 年第 2 期。

［3］肖锋：《学会教学——课堂教学技能的理论与实践》，浙江大学出版社 2002 年版。

［4］寒天主编：《特级教师教学艺术全书》，延边人民出版社 1999 年版。

（作者王强，杭州市余杭第二高级中学教师，浙江杭州）

用生成之花打造精彩课堂
——高中历史课堂教学动态生成策略研究

郑　璇

一　高中历史课堂动态生成现状堪忧

（一）课堂教学动态生成研究的必要性

为了解目前普通高中历史学科的具体现状，笔者对所任教学校高中三个年级的学生就"对历史课的兴趣度""对历史教师的喜欢度""在历史课中的参与度"进行了抽样调查，每个年级抽样 200 名学生。笔者以较直观的圆饼图呈现统计结果：

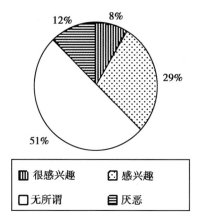

图 1　学生对历史课的兴趣度

从调查结果可以发现，学生对历史课总体兴趣不大，有部分学生甚至对历史课产生厌学情绪，学生对历史教师表示喜欢的也只占到

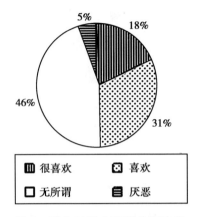

图 2 学生对历史教师的喜欢度

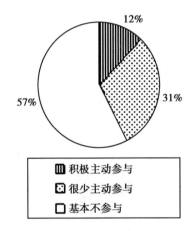

图 3 学生在历史课中的参与度

49%，课堂的参与度自然就寥寥无几了。也就是说当前有超过一半以上的学生是在十分被动的状态下学习历史这门课程的。

这样的现状令笔者十分担忧，在与学生私下的访谈中笔者了解到，学生之所以出现以上情况原因各有差异，但其中共同的也是很重要的原因在于：课堂师生关系不融洽，课堂氛围严肃、压抑，有些学生甚至害怕教师，提心吊胆地上课，由此导致学生不信任教师，教师在学生心目中缺乏应有的地位。因此，高中历史课有必要改变目前的课堂教学氛围，以改变学生被动学习的现状。

（二）构建动态生成型课堂教学氛围研究的现实意义

动态生成型课堂教学氛围是一种积极、健康、向上的课堂氛围，它具有十分重要的现实意义。

1. 促进学生健康成长。动态生成型课堂氛围，意味着师生关系的融洽、学习氛围的民主、学习方式的自由以及师生创造个性的积极展现。因此"生成型"课堂氛围，有利于促进学生智力的发展、知识的掌握和能力的提高；有利于塑造学生良好的个性，培养健康的人格，发现自我价值，超越自我、实现内在的价值。

2. 体现教师主导、学生主体的新课程理念。新课改要求我们实现课堂教学过程从"以教师为主"到"以学生为主"的转变，确立学生的主体地位。建立动态生成型课堂教学氛围能够激发学生的主动性，激活学生的思维，真正把课堂还给学生，使学生成为课堂的主人，教师成为学生学习的引路人。

3. 回归真实的课堂教学。在众多的历史课堂中，教师一味地宣讲，为了达到预设的目的，一味地有意雕琢，使学生感到拘束、紧张或害怕反感，不愿意参与到课堂中来，课堂便成了老师预设的演绎场，课堂也因此失去了本真的色彩。而在动态生成型氛围下的课堂，学生会感到亲切与自然，因而没有了以前上课的那份紧张和压力，没有了逆水行舟的那份心理负担，学生在课堂参与中便实现了自己的主体生成——用自己的大脑去思考，用自己的眼睛去观察，用自己的双手去实践，用自己的语言去交流，用自己的心灵去感受这美妙的课堂之旅。学生在轻松惬意中获得知识，增长才干，返璞归真，还历史课堂真正的色彩！

二　课堂教学生成的误区

新课程下的课堂是动态生成的课堂，教学上强调"生成"，而不是按照原来的计划"复制"出来。相应地，也就要求教师的角色要从

"知识的传授者"走向"学习的引领者"。但是，审视当前的课堂，教师的引领作用发挥得还不到位，相当一部分教师还存在着认识上和操作上的误区，从而使得生成只有其"形"，而无其"实"。

误区一：缺乏意识，忽视生成

【案例】教学中国古代科技时——

教师：张衡发明的地动仪放在洛阳，有一次甘肃发生地震，洛阳没有震感，而地动仪上朝西的龙嘴里的球掉了下来，这是地动仪测定地震方位的准确性的一个例证。

学生甲：老师，我想不明白，地震波的扩散不会是一条直线吧？应该是圆形的，向一个方向扩散也应该是弧形的，传到地震仪，怎么就只震掉了一个球呢？

学生乙：是啊，地震波来得很快，一下子冲过来，球应该是全被震了下来啊！

学生丙：那地震仪还有什么用？

此时班上的学生交头接耳，议论纷纷，教师束手无策，不耐烦地说"停止无聊讨论，我们继续新课"。

反思这一片段，在整个交流过程中，教师束手无策，打断学生的讲话，我觉得就这样处理来说，他不能算是一个有智慧的老师或是一个能抓住机会的老师。在丰富多变的课堂上，有经验的教师能设法抓住稍纵即逝的生成资源，及时调整自己的教学行为，使教学活动得以顺利进行。然而，有些教师却对生成资源视而不见甚至极力排斥，机械地执行教学预设，导致教师在课堂教学中丧失教学个性，完全"走教案"，课堂枯燥、沉闷，严重限制学生主动性，结果浪费了宝贵的动态教学资源。

误区二：亦步亦趋，阻塞生成

【案例】教学新航路开辟的影响时，教师按照课本直接讲解，提问学生概括出新航路开辟的影响——

师：新航路开辟对欧洲、对美洲、对非洲、对世界各带来什么影响？

生：对欧洲……，对美洲……，对非洲……，对世界……

师：回答不够详细，应该是这样的。对欧洲：它引起商业革命、价格革命，加速资本原始积累，促进欧洲资本主义发展，还震撼了西欧的思想文化领域。对美洲：进行血腥的掠夺、残酷奴役和种族灭绝政策；对美洲还有积极的一面，带去了新的生产方式、生活方式，冲击了当地的旧制度、思想观念。对非洲：成为猎获黑奴的场所，罪恶的黑奴贸易开始。对世界：人类社会从各民族分散孤立地发展开始走向整体世界。

师：如果从积极、消极两方面来分析，应如何评价呢？

生：积极……，消极……

师：也不怎么好，看我的。积极影响是世界市场联系之路：新航路开辟打破了各地孤立分散的状态，为世界市场的形成提供了联结通道，世界市场的雏形始现。它还是人类文明交流之路。它还震撼了西欧的思想文化领域。新航路开辟证明了地圆学说的科学性，地圆学说冲击了神学理论。消极影响是殖民者大肆对亚、非、拉进行掠夺，造成当地的贫困落后。

师：你尝试一下：仿词。也用上面我所说的句式：×××之路来概括一下。

生：（回答不出）

师：是思想震撼之路。你说是不是啊。

生：是的。

师：你也试一下仿词。

生：（也回答不出）

师：是殖民掠夺之路。记住了啊。

生：是的，记住了。

细细回味这一片段，师生之间一问一答、亦步亦趋的过程总是让人感觉缺乏思维的碰撞与交流，缺乏个性的释放和张扬。学生的回答要么是，要么否，绝不会节外生枝，看起来表面"轰轰烈烈"却完全一切尽在教师掌握之中，听起来整个课堂顺利得平淡而无味。究其原因：并不是学生的思维不够开阔，也不是老师不够灵动，而是因为一问一答、亦步亦趋的教学阻塞了学生思维的开阔，他们没有可以发挥的空间，当然就没有了课堂上因为碰撞而有的生成，没有思辨和跌宕，课堂就显得无味。

总的说来，当前教学实践中存在的生成误区主要有：

1. 预设有余，生成不足，错失生成良机；

2. 缺乏有效引领，导致学生无所适从；

3. 哗众取宠，刻意追求生成，生成往往低效或无效。

三　课堂教学动态生成的理性认识

（一）课题研究的理论依据

1. 《新基础教育》理论

叶澜教授在《新基础教育》中提出："课堂教学蕴含着巨大的生命力，只有师生的生命力在课堂教学中得到有效的发挥，才能真正有助于新人的培养和教师的成长，课堂才是真正的生活。"这就要求我们应从生命的高度、用动态生成的观点来看待课堂教学，作为一个活生生的生命体，学生带着自己的知识、经验、思考、灵感参与课堂教学活动，一定会使课堂呈现丰富性、多变性和复杂性，而且在师生交互作用过程中不可避免地会产生新问题、新目标。因此，对课堂教学中"动态生成性"进行研究很有意义。

2. 建构主义理论

建构主义认为，学习不单单是知识由外到内的转移和传递，而且是学习者主动地建构自己的知识经验的过程，即通过新经验与原有知识经验的反复的、双向的相互作用，来充实、丰富和改造自己的知识经验。在这种建构过程中，学习者不是被动的信息接收者，相反，他要主动地建构信息的意义，这种建构不可能由其他人代替。

（二）课题概念的界定

1. 何为动态？

"动态"，即"运动变化状态"，课堂中的运动变化是由老师与学生、学生与学生、老师和学生与教学资源等多种因素的相互作用构成的。

2. 何为动态生成？

动态生成是对教育过程生动可变性的概括。"动态生成"教学观念要求教师不孤立静止地看待学生，而是着眼于学生作为整体的人的成长，站在人生发展的高度上对其进行智慧的选择和高超的把握。

3. 何为课堂教学的动态生成？

课堂教学的动态生成是指课堂教学不完全根据教师的预设按部就班地进行，而是随着教学活动的展开，教师因势利导，创造性地组织起适合学生参与、自主、创新的教学活动，以学生有价值的、有创见的问题与想法等细节为契机，及时调整或改变预设的计划，从而使教学目标、教学内容、教学策略在相互作用中达成。

（1）生成是在教学过程中的生成。生成主要发生在教学活动中，虽然它也需要教学之前的宏观设计，但是教学前的设计只是生成的一般指导，具体怎样生成、生成的结果怎样等都需要在教学过程之中体现。

（2）生成的过程是动态的。课堂的生成性是在教学情境中形成和发展的，动态是生成的条件，生成是动态的结果。

（3）生成的主体是教师和学生。生成不是教师一个人所能完成的，它需要教师和学生一道共同建构。

（4）生成需要诸多因素的相互作用。生成不是只有教师和学生两个主体就可以了，它需要生成的情境、相互传递的信息、师生以及生生之间的情感等因素的相互配合才能得以实现。

四　课堂教学动态生成策略研究

苏霍姆林斯基曾说："教育的技巧并不在于能预见到课堂的所有细节，而是在于根据当时的具体情况，巧妙地在学生不知不觉中做出相应的变动。"动态生成式课堂教学强调：要关注过程体验中即时生成信息，灵活地处理各种信息，有机地整合课堂上各种不同的信息，快速地筛择生成点，促进学生思维、动态生成新知和形成良好的品质。把握有利时机，捕捉有效的生成信息，实施有效教学策略，让历史课堂焕发出生命的活力。

策略 1：捕捉意外，机智生成

叶澜教授曾说"课堂应是向未知方向挺进的旅程，随时都有可能发现意外的通道和美丽的图景，而不是一切都必须遵循固定路线没有激情的行程"。的确，课堂教学情境千变万化，经常会出现意外情况，面对课堂意外，教师要把握时机，掌握尺度，积极引导，倘若断然否定，置之不理，就可能错失一个难得的教学契机。如何让这一次次的"意外"无痕地生成一次次的"精彩"呢？教师及时抓住"意外"之言，巧用之灵活地调整教学方案，使课堂出现让人记忆深刻的闪光点，从而取得出其不意的精彩效果。

策略 2：鼓励质疑，自主生成

美国教育家布鲁巴克说："最精湛的教育艺术，遵循的最高准则，就是学生自己提出问题。"质疑既是学生主动求知、主动学习的生动体现，也是培养学生创新品质的重要途径。在课堂教学中，教师要鼓励学生超越课堂，超越文本，超越教师，标新立异、独辟蹊径，反常规地思考，要重视学生的质疑问难，善于把握学生的提问，在学生的质疑中捕捉到课堂生成点。

策略 3：感悟变式，创造生成

一堂精彩的课，往往会在师生平等和谐的对话中流露出生成信息。作为组织者和扮演桥梁角色的教师，应善于捕捉课堂教学中生成和变动着的各种信息，并把这些信息作为一种可贵的教学资源，努力创造各种条件去扶持它、栽培它，让这星星之火燃烧起来。通过机智地设计了有层次的"问题"和富有梯度的"变式"，不仅使学生产生"有梯可上、步步登高"的成就感，而且使学生加深了对一些历史思想方法的理解和掌握，使自身的历史素养获得了新的生成。

策略 4：巧借错误，启发生成

布鲁纳曾经说过："学生的错误都是有价值的"。所谓"错误"是指师生在认知过程中的偏差或失误，"错误"伴随教学始终，它有时发生在学生方面，有时发生在教师方面。教学中的"错误"是一种重要的课程资源，教师应自始至终留心捕捉和筛选这些鲜活的错误作为教学资源，据此来调整教学行为，并有意识地设计给学生去剖析，正本清源，巧用错误资源以促进生成，提高学生的辨析能力、反思能力，促进自悟和反思。学生经过了自己的思考，有了体会，有了争论，就会有更深的认识，也会获得思维上的发展。发现错误背后所隐藏的教学价值，是教师教学机智的表现。

策略 5：创设情境，促进生成

现实教学中，许多教师为了体现历史生活化，非常注重为学生提供一些生活情境，而对情境中的问题产生或发现以及情境创设的动态生成过程不够重视。孰不知情境的生成需要一个过程，尤其是问题的创设或生成，需要外部情境和思想、情感等大脑内部情境的联结反应。

教师积极创设问题情境，借助对历史现象的观察，通过学生直观感知，交流讨论，让学生在具体的情境中掌握基本的历史知识与技能、历史思想与方法，从而增强学生应用历史的意识，提高学生的历史素养。只有这样，我们的课堂才能浪花闪耀，高潮迭起。

五　成效与展望

（一）显著成效

在本课题运作的过程中，我们不断地进行课堂教学效果分析、阶段性教学质量分析等，以便随时修正该课题、完善该课题。采取的方法是：在课堂跟踪听课中注重形成性评价，在各种课堂教学掌握动态生成的捷径，找出课题研究过程中需要修正的环节，把课题落实到提高历史教学质量的实处。课题组经过一年的研究，发现学生在动态生成的课堂教学过程中提升了学习兴趣，提高了学习效率；教师更有教学能动性，他们爱教、善教，专业素质不断提高。

1. 培养了学生良好的历史素养

学生在学习的过程中体会历史的价值，初步学会运用历史的思维方式去观察、分析和解决历史问题，把知识与生活实践紧密地结合，进行探索性、研究性的学习活动，真正提高了他们的历史素养。

2. 充分调动了学生学习的积极性

在课堂中实施动态生成教学后，班级里的不同层次学生的成绩都有了明显的提高。在课堂的动态生成教学过程中，根据学生的学习水平来进行分层，教师再根据学生层次的不同，制定不同的目标，将原来过于刻板的目标，改为学生能自主抉择的弹性目标。教师要采取教学对策，缩小学生之间的差异，以便在基本要求达标方面使一部分落后的学生能够跟上进度或改进学习方法，积极向上，提升克服缺点的内在动力。

3. 提高了学生的课堂效率

在课堂教学过程中，学生从之前的被迫接受到如今寓乐于历史的学习态度的转变，开始乐学主动，课堂效率大大提高。

我们做了统计，发现：

选项 时间	课堂气氛		回答提问		课堂提问		学期成绩	
	活跃	沉闷	主动	不愿意	主动	不愿意	优秀	良好
实施前	43%	57%	54%	46%	23%	77%	12%	38%
实施后	85%	15%	90%	10%	73%	27%	35%	50%

4. 促进了教师教学业务水平

动态生成的课堂中教学是否有效，在于教师能否精心设计自己的课堂教学，认真进行课前准备，课堂教学过程中如何创建师生互动的教学环境，鼓励学生积极参与动态生成式教学活动，课后及时进行教学反思，不断总结自己的教学得失。这就有力地促进了教师课堂教学方法技能的提高，促进了教师课堂教学的不断优化，教学效果也随之不断提高。

（二）展望

尽管我们在一年的研究时间中取得了一些显著的成效，但由于诸多主观与客观因素的影响，有许多不足留待在后续研究中进一步改进：如进一步关注教师在动态生成式教学中引导学生的方法，在动态生成式课堂中有效引导学生进行体验性学习，促进体验性学习过程中的相互合作，创建师生学习共同体。倡导生成的课堂教学不是不要预设，而是改进预设。教学过程是师生互动的过程，教师手握的是已知的教材，面对的是学生未知的答案。教师不仅要学会发现学生动态生成的亮点资源，也要及时捕捉学生出现尴尬的问题所在，巧妙地挖掘其中的问题资源，通过分析、比较和学生自我探索、自我体验等方式，把尴尬化为一次创新学习，让学生在动态生成的课堂上得到发展。

总而言之，学生是生命体，是充满情感、富于想象、极具个性的生命体。叶澜教授指出："要从生命的高度、用动态生成的观点看课堂教学。课堂教学应被看作是师生人生中一段重要的生命经历，是他们生命的有意义的构成部分，要把个体精神生命发展的主动权还给学生。"因此，在教学过程中，少一些固定预设，多一些课堂生成，历史教学必将会闪耀着思想、精神、生命的光辉，走进一片灿烂的空间。

参考文献

［1］教育部：《普通高中历史课程标准（实验）》，人民教育出版社 2003 年第 1 版。

［2］徐辉：《现代外国教育思潮研究》，人民教育出版社 2008 年版。

［3］叶澜：《让课堂充满活力》，《教育研究》1997 年第 9 期。

［4］叶澜主编：《新基础教育实验研究报告集》，上海三联书店 1999 年版。

［5］肖丽华：《谈新课程理念下化学课堂教学中的预设与生成》，《化学教育》2008 年第 1 期。

［6］肖中荣：《正确引领生成，构建流动课堂》，《中学化学教学参考》2007 年第 1 期。

（作者郑璇，杭州市萧山第十一中学教师，浙江杭州）

高中历史新课改下的课堂教学

周　荣

从"以学生为本"的课改理念出发，从"转变学生学习方式"的原则出发，从"一切为了学生而教"的目的出发，教师必须针对教学中学生的实际反应和需要，既要对各种教学模式优化组合，又要对既定的教学模式作及时的调整。

首先，教学必须确立合适的教材观念。传统的教材观念将教材等同于教科书，在过去很长一段时间里，我们的认识水平也一直停留在"课程就是教科书"上。本次课程改革倡导教师要树立课程意识，改变以往的以教科书为中心的教学观念。课程资源建设是本次课程改革的重要内容之一，教科书是最基本的课程资源，但不是唯一的课程资源。教师须以课程标准为依据正确处理教科书，深入把握课程标准的核心精神，树立与新课改相适应的教材观。

其次，在教学中，教师要把贯彻新课程的最高宗旨和核心理念"一切为了每一位学生的发展"，突出学生的主体地位，唤醒学生的主体意识，满足学生的主体需要，把学生培养成为自主的、能动的、有创造性学习的快乐主体，作为课堂教学的重要内容。如果说"旧"课程基本理念是以"知识学习"为中心，进而要以教师的"教"为重心而展开课堂教学过程的话，那么，"新"课程的基本理念就是以"学生成长"为中心，进而要以学生自主地、体验地、快乐地学习为重心而展开课堂教学过程。这就要求教师在新课程的教学过程中，应当更加注重学生活动的设计；教师的角色要从居高临下的"教导"变为平起平坐的"帮助"；课堂的气氛要从注重纪律的严肃氛围变为注重学习的和谐活跃氛围；师生相处要从上下服从，变成师生交往、生生交流的互动关系，在互助合作探究中提升学生自主学习能力。总的来说，就是要更加关注学生作为一个"人"的发展问题，培养学生的主体意识。

　　第三，教学必须改变课堂气氛。在传统的教学中，教师是知识的占有者和传授者，而学生被认为是知识的容器，形成了"我讲你听、我问你答、我写你抄"的专制型的教学关系，这样，教代替学，学生是被教会，而不是自己学会，更不用说会学、爱学。因此必须走下"专制"的神坛，真正地、平等地善待学生，尊重学生的主体地位，营造宽松、民主的学习环境，使师生形成互动、互惠的教学关系。例如人教版必修 2《近代中国经济结构的变动》一课，在讲洋务运动的评价时，进行质疑。有些学者认为：洋务运动是中国早期现代化的开端。也有部分学者认为，洋务运动是维护清朝反动统治的一场自救运动，没有使中国富强。你怎么评价？学生们畅所欲言，各抒己见。对于学生的回答，教师给予赞赏或肯定的目光，尊重学生，学生在思辨的过程中，敢想、敢说、敢问，学会用辩证唯物主义方法来分析问题，自身的价值得到肯定，尊严感和幸福感油然而生，信心倍增，从爱学到会学，主动探求知识。在课堂内创造一种平等的民主氛围，这样的氛围，对身处其中的学生主体意识的培养具有潜移默化的作用。通过教室环境和教学气氛的改善，使学生逐渐消除对课堂教学的紧张感，能够放松地自然而然地参与教学，改变过去被动听课的状态。教师还可以离开讲台，走到学生中间或者让学生讲，坐到学生位子上，进行角色互换，给学生一种宽松的环境。学生需要一定的指导，是教师服务的主体，但也是教师最理想的合作伙伴。

　　第四，教学中要改变教学方法，通过创建历史情境教学，激发学生自主学习兴趣。诺贝尔物理学奖得主丁肇中说过："兴趣比天才重要"。在课堂教学中，如果能够激发学生探究历史的兴趣，就等于初步培养了学生自主学习的精神。历史情境教学就是教师运用或渗透情感并利用各种教学手段，通过对图片、录像、电视、课件的展示，学生表演等方法，渲染出形象、生动、感人、逼真的教学环境和氛围，多方面、多层次、多角度地唤起学生的注意，使学生身临其境，并在这种环境和氛围中去感知和探究历史。教学情境的创设有利于激发学生兴趣，能充分调动学生学习的积极性和主动性，使学生在学习过程中主动参与，主动创新，最大限度地拉近历史与现实的距离，让学生了解和掌握距离他们遥远而难以记忆的历史。如在人教版必修3关于《"百家争鸣"和儒家思想的形成》的教学中，教师可以针对教学内容布置学生在课下查找资料，编写活动剧本，将百家争鸣和儒家思想的形成用历史剧的形式展示出来，该剧可分为春秋战国百家争鸣以及儒家思想的代表人物孔子、孟子和荀子的主张。剧中有老子、孔子、墨子、韩非子等角色，通过学生的表演将各家的思想表现出来，从而认识到儒家思想的深远影响。在创设历史情境时教师要用生动形象的语言和丰富多彩的形式来缩短学生与历史、与教材的距离，架起学生与历史之间的桥梁。

第五，教学中要培养学生良好的学习习惯。这是面对高中历史新课程改革，使学生由"学会"变成"会学"的过程，是教师实现"教是为了不教"的过程。在这个过程中，教师不仅要教知识，更重要的是要教规律、教方法。这是教师主导作用的集中体现。在教学过程中使学生掌握知识的规律和学习的方法，并在学习中加以运用，成为"会学习的人"，这才是培养了学生的主体意识。例如，在历史活动课教学中，教师要有意识地给学生介绍一些治史的相关理论：历史资料的收集、整理与分析，历史研究方法，马克思主义基本史学理念，研究成果的形成等；放手让学生自己完成从资料的收集、整理与分析、历史研究方法的选择，到研究成果的形成等过程，培养学生读史治史的能力。在平时的历史教学中注重的是过程，历史结论的形成过程，而不是结果，培养学生独立思考的能力。历史的社会功能在于能以古鉴今，从历史中汲取经验与教训，历史教学中注重培养学生独立思考和自学能力，使学生养成良好的学习习惯。

总之，改变原有的课堂教学是高中历史新课程改革的要求，是时代发展的要求。俗话说："教无定法"，历史课堂教学中怎样才能找到自己合适的教学方法，什么才是适合自己学生的教学，是我们新课改下的历史老师共同探索的主题。这需要我们不断努力学习，不断充实自我，运用新的教学理念和教学模式，树立以"学生为主体"的教学模式，创设历史情境，充分调动学生，引导学生自主探究；注重实践活动，培养学生能力；构建和谐的师生关系，充分发挥教师教学的作用。只有这样，才能适应新课程改革与时代发展的要求。

（作者周荣，安徽省石台中学教师，安徽池州）

历史与社会课堂中表现性评价的几个误区及其对策研究

吕阳俊

《历史与社会》是义务教育阶段以地理、历史及相关学科为载体，对学生实行公民教育的综合文科。作为一门具有人文性、综合性和实践性的课程，它非常注重学生的主动学习，强调提高学生的创新能力和实践能力。这就要求教师必须转变传统的教学观念，从"以教师的教学为中心"转为"以学生的学习为中心"。

但是，在初中历史与社会教学中，传统的纸笔测验和标准化测试一直占据了评价的主体地位。它在学生对知识和技能的识记、理解和简单运用的检测方面发挥了重大的作用。但对学生主动获取知识技能、综合应用知识技能能力以及团队合作、沟通交流等综合素质方面则难以测查，以至于难为以"学为中心"的历史与社会课堂提供足够的信息，帮助教师和学生对学习进行合理的分析、衡量和判断。甚至标准测验评价过分侧重知识识记的评价导向反而制约了课堂教学的进一步变革。因此，新课程下的历史与社会课堂呼唤我们进行评价创新，完善学业成就评价，以改善师生的教与学。

一 表现性评价及其特点

表现性评价是指"学生在真实或模拟的生活情境中，运用先前所获得的知识解决某个新问题或创造某种东西，以考查学生知识与技能的掌握程度，以及实践、问题解决、交流合作和批判性思考等多种复杂能力的发展状况"①。这是一种有别于纸笔测验等传统学业成就评价的评价方式。20世纪90年代兴起于美国，并很快在欧美学校课程评价中广泛应用。

与传统的学业成就评价相比，表现性评价具有以下特点：

（一）表现性任务具有很强的真实性

与传统学业成就评价中脱离现实情境的抽象性问题不同，表现性评价倡导学生在真实情景（模拟真实情景）下解决问题。它的任务情境往往是符合实际的，至少是接近社会（历史）真实情景的，如角色扮演、科学实验、英语角对话、社会调查、辩论演讲等。

（二）主要考察学生应用综合知识解决问题的能力

表现性评价更注重考察学生综合运用已有的知识和技能，创造性地解决问题的能力。如解决问题的能力、综合应用知识的能力、创新实践能力、决策能力、交流合作能力、批判性思考能力等较高层次的认知能力。

（三）关注学生的发展状况

传统的学业成就评价往往只关注到了学生已经达到的水平。而表现性评价则不然，它更多地关注学生未来能达到什么水平，侧重于发挥评价的导向和激励功能，学生可以根据评价反馈，获知自己学习的有关信息，了解自己现有水平和期望水平的差距，然后努力向目标靠近，促进实际水平的提高。这种导向有助于提升学生自主学习的能力。

（四）评价标准多元化

传统的学业成就评价一般是标准化测验，突出选拔和诊断功能。

---

① 引自教育部基础教育司、师范教育司《新课程与学生评价改革》，高等教育出版社2004年版，第70页。

为了使测验结果具有客观性和可比性，一般会根据统一、客观、严密、公认的标准答案（得分标准）对学生进行评价，属于量化评价。而表现性评价则属于质性评价，它尊重学生的差异性，建立多元化的评价内容和评价标准，如评估学生的语言表述能力、逻辑思维能力、提炼信息能力、交流沟通能力、团队协作能力、批判性思维能力等。但并不要求学生面面俱到，而是通过呈现丰富多样的评价标准，让在不同智能上各有所长的学生有充分发展其特长的机会，并以此获得自我认同与他人的肯定，激发学习的内动力。

二 表现性评价的几个误区及其对策

随着新课程改革的推进，广大一线教师已经对表现性评价有了一定的了解，并在历史与社会课堂中运用。但是，教师在具体操作中还存在着一定的误区。

误区一：表现性评价＝表现性任务

不少教师错误地把表现性评价等同于表现性任务。他们认为，在课堂中创设一个情境让学生思考、讨论或者探究，然后在学生的回答中生成出问题的答案就是表现性评价。无可否认，这种"创设情境—自主探究—点拨引导—共同生成"的教学模式体现了"学为中心"的教学理念，并能有效地培养学生探究学习和合作讨论的能力。但表现性评价的长处并不仅限于此。表现性评价更多是通过呈现一套评价标准来引导学生关注自身现状和目标的差距。

因此，一个完整的表现性评价必须配备一份有梯度性的评价规则（包含评价标准、水平梯度和其相对应的等级分值）。在学生展示结果后，教师根据评价标准，对学生完成任务时的表现进行解析，指出学生已取得的成绩和有待努力的方向。这种完整的表现性评价能真正发挥评价促进发展的目的，形成"学为中心"的学习方式。

误区二：表现性评价脱离教学目标

在一些历史与社会课堂上，教师过于追求形式的新颖和氛围的热闹，设计的表现性任务没有和课程标准和学习目标相结合，就极易导致评价过程偏离目标。还有一些课堂教师虽然明确了目标，但却没有和学生分享自己期望他们从中学到什么，以及完成任务时该达到什么程度，导致学生对表现性任务的要求不明确。这就导致了表现性评价流于形式、效度不高。

事实上，历史与社会课堂中是否采取表现性评价是因教学目标而定的。我们一般选择一些不能用简单的客观纸笔测验进行检测的复杂学习目标作为表现性评价的评估对象。既要评价学生掌握知识的多少，还要关注学生在学习活动中的审美情趣、参与程度及合作态度；关注学生能否在学习实践中发现问题、提出问题，能否自己去搜集信息、整理资料，去探索问题、解决问题等。因此，在决定是否采取表现性评价前，教师应当先明确这节课的目标是什么，以及是否适合采用表现性评价。

决定采用表现性评价后，教师应当根据课程标准，明确要达成的学习目标，再根据学习目标设计具有相关性的表现性任务。表现性任务和评价标准必须是为达成学习目标服务的。

除此之外，制定学习目标后，教师要与学生共同分享学习目标。"只有当学生获知自己学习有关的信息时，才能为自己的学习承担更多的责任"[1]。因此，教师在一开始就应当和学生分享学习目标，以清晰、简洁、易于理解的语言对学习目标进行描述，让学生清楚自己通过完成这个任务要达到的目标，努力在完成任务时有针对性、目的性地向目标靠拢，成为学习的主人。

误区三：表现性任务的设计难度或容量过大

表现性评价的目的是让学生展示他们在学习过程中发展起来的高级认知能力，如果表现性任务的设计难度或容量过大，学生则无法很好地完成这一任务，从而难以反映学生真实的能力。因此表现性任务在难度和容量上要有一定的挑战性，但是不能过高。

---

[1]　引自杨向东、崔允漷《课堂评价：促进学生的学习和发展》，华东师范大学出版社2012 年版，第 32 页。

误区四：表现性评价对于提高分数帮助不大

不少教师认为：表现性评价对于提高分数帮助不大。因此，在现行的中考体制下，表现性评价没有茁壮成长的土壤。显然，这是关于表现性评价的一种误读。且不说，表现性评价在培养学生自主学习能力等高级认知能力方面具有的优势。单就基础知识和能力的掌握方面，表现性评价也有标准化测验无法比拟的优势。

标准化测试中，教师依据测验目标确定测验内容，然后设计编制题目，再根据学生的完成正确率来评估学生学习的效度。但是这类题目的预设性非常强，只能评估学生对教师预设问题的掌握程度，而不是学生实际的学习水平。对学生认知中未被标准化测验关联到的错误，标准化测验的评估作用也非常有限。学生的成绩往往取决于教师对中考命题方向的把握准度和日常操练的效度。但是再优秀的教师也不可能完全把握选拔性考试的命题方向，如果学生缺乏运用知识与技能解决新问题的能力，一旦中考命题发生改变，学生在选拔性测试中则易处于不利地位。

而表现性评价能够很好地弥补这一点不足。在基础知识储备相同的情况下，他们较标准化测验的学生能更游刃有余地应对中考中出现的新问题。不仅如此，由于表现性任务答案具有开放性，给予学生自由发挥空间，反而能更全面地评估学生对知识掌握情况，因为学生的错误常常是在教师的预设之外的。

三　表现性评价实施中亟待解决的其他问题

表现性评价在历史与社会课程中有其独特的优势。它体现了综合性学科的特点，测量出传统标准化评价无法测量的复杂的学习结果，能够促进学生的真实的进步。但是，和传统的标准化测验相比，表现性评价也有其不足，制约它的进一步的发展。

首先是表现性任务编制难度较大。表现性评价要求构建一个接近于真实的问题解决情境，让学生综合应用知识和技能去展示自己解决问题的能力，这要比编制纸笔测验困难复杂得多，比较费时费力。而当前比较成熟，可供教师们参考或改编的表现性任务和评价标准并不多，致使一些教师只能望洋兴叹。

其次是评分的客观性和公正性不足导致其难以纳入选拔性考试。表现性评价要运用复杂的问题情境，开放性地让学生展示自己的表现，且对表现的评价很大程度上依赖于评分者的专业判断。相比当前选拔性考试所采用的标准化测验，表现性评价的客观性和公正性的确更容易受到诟病，难以纳入选拔性考试。

但可喜的是，这些问题并不是不能解决的。在一些采用表现性评价较早的国家和地区，如美国、英国和中国香港，都对解决上述问题进行了积极的尝试，并取得了一定的效果。因此，我们需要在新教育观念与评价观念的指导下，与当前的新课程实施、学生自身发展特点相结合，借鉴国外最新的、较为成熟的、科学的表现性评价的设计技术与方法，对表现性评价进行进一步完善，以弥补传统的标准化测验的不足。通过丰富和完善评价方式，来促进历史与社会课堂的高效发展。

参考文献

［1］陈志刚、翟霄宇：《历史课程与教学论》，科学出版社 2012年版。

［2］［美］E. 韦伯：《有效的学生评价》，国家基础教育课程改革"促进教师发展与学生成长的评价研究"项目组译，中国轻工业出版社 2003 年版。

［3］耿书丽：《教学评价策略与技巧》，东北师大出版社 2010年版。

［4］韩震、朱明光：《义务教育历史与社会课程标准（2011 年版）解读》，北京师范大学出版社 2012 年版。

［5］［美］詹姆斯·波帕姆：《教师课堂教学评价指南》，重庆师范大学出版社 2010 年版。

［6］刘五驹：《实用教育评价理论与技术》，苏州大学出版社

2008 年版。

　　[7]［美］罗伯特·J. 马扎诺:《有效的课堂评价手册》,邓妍妍、彭春艳译,教育科学出版社 2009 年版。

　　[8] 牛学文:《"综合性"学习课堂教学模式初探》,《浙江教学研究》2003 年第 3 期。

　　[9] 牛学文:《初中社会科课程评价的演变与发展》,《教学参考》2008 年第 11 期。

　　[10]［美］斯蒂金斯:《促进学习的学生参与式课堂评价》,国家基础教育课程改革"促进教师发展与学生成长的评价研究"项目组译,中国轻工业出版社 2005 年版。

　　[11] 石中英:《教育哲学》,北京师范大学出版社 2007 年版。

　　[12] 石中英:《知识转型与教育改革》,教育科学出版社 2001 年版。

　　[13] 沈玉顺:《课堂评价》,北京师范大学出版社 2006 年版。

　　[14] 单志艳:《如何进行教育评价》,华语教学出版社 2007 年版。

　　[15] 田友谊:《当代学生评价的理论与实践》,华中师范大学出版社 2012 年版。

　　[16] 涂艳国:《教育评价》,高等教育出版社 2007 年版。

　　[17] 覃兵:《课堂评价策略》,北京师范大学出版社 2010 年版。

　　[18] 王海芳:《学生发展性评价的操作与案例》,中国轻工业出版社 2006 年版。

　　[19] 吴磊:《中学历史发展性评价的研究》,广东教育出版社 2012 年版。

　　[20] 余林:《课堂教学评价》,人民教育出版社 2007 年版。

　　[21] 杨向东、崔允漷:《课堂评价:促进学生的学习和发展》,华东师范大学出版社 2012 年版。

　　[22] 张敏:《学生评价的远离与方法》,浙江大学出版社 2011 年版。

　　[23] 周慧:《有效的地理课堂教学》,暨南大学出版社 2010

年版。

［24］周辉兵：《引导学生自评互判　建构自主互动课堂》，《浙江教学研究》2006 年第 2 期。

（作者吕阳俊，杭州采实教育集团教师，浙江杭州）

课程探究篇

高等院校《中国古代史》教材编纂思路

朱德明

经杭州师范大学人文学院研究决定，由中国古代史教研室《中国古代史》教材编纂组编纂一本旨在展现历史魅力、传承永恒价值、培养学生创新能力、塑造崭新公民观等方面具有独特和重要作用的普通高等教育"十二五"校级规划教材。

经过考察，我们发现当今高等院校所用的《中国古代史》教材版本众多，主要有朱绍侯等主编的《中国古代史》（福建人民出版社2005年版）、张帆主编的《中国古代简史》（北京大学出版社2001年版）、李天石等主编的《中国古代史教程》（南京师范大学出版社2011年版）、赵毅等主编的《中国古代史》（高等教育出版社2010年版）、雷依群等主编的《中国古代史》（高等教育出版社2006年版）及詹子庆主编的《中国古代史》（高等教育出版社2011年版）。

纵观《中国古代史》诸教材，我们发现存在一些问题：其一，未考虑大学和中学两个阶段知识的衔接，教学内容重复。在高校历史学专业中，中国古代史课程是专业基础课。古代史教材洋洋百万字，博大庞杂，而其相当一部分内容与初、高中教材内容重复，中国古代史的基本线索在高中时期已被学生熟知，新知识不多，大量内容重叠导致学生厌学。所以高校的中国古代史应该在知识领域里进一步拓展深度和广度，与初、高中教材有所区别。不但要求教材编写内容反映学科发展的最新成果，也要求教学方法有所创新。

其二，脱离世界历史背景。未认识到其他国家和地区历史的统一性和多样性，世界历史对中国历史发展的意义以及中国历史对人类文明进步的贡献。近几十年来，我国古代史研究水平不断提高，特别是一些地区史和专门史研究取得了一批优秀成果，出版著作、论文颇丰。然而在中国古代史研究方面存在着一个通病，即在叙述、分析历史的过程中没有联系当时的世界历史形势，没有考虑到世界历史的发展进程对中国历史发展的影响和意义，而在叙述中国历史发展对世界进程的影响时也只是一句话概括，没有做进一步分析，缺乏中外历史比较研究的内容。闭门造车的研究方法，难以还原历史的真实性。

其三，内容陈旧，观点保守单一，未采用最新的研究成果。吸收新成果，是教材科学性和先进性的重要保障。近年来考古学领域不断有重大发现，对中国历史进程的阐述，提供了许多可资利用的新资料。同时学术界也提出了一些新的学术思想、史学理论。然而，现在许多教材仍故步自封，观点传统而又单一。如果把这些加以利用，不但可以增强历史学知识的科学性，还可以改变传统古代历史教材的呆板面貌，使历史知识真实生动，增强其可感知性。除了向学生介绍新的研究成果外，还可以把一些有争议的、没有定论的学术问题和学科发展的前沿问题加以介绍，同时也介绍一些不相同的理论和观点。这样不但可以开拓学生的专业视野，也培养了学生的思辨能力。

其四，未能处理好传统与现实的关系。徐难于在《浅议中国古代史教学的教材建设》中提到"研究历史首当注意变""其实历史本身就是一个变，治史所以明变"。李宏图《回归历史——谈历史特性与能力培养》认为历史是"建基于人们对过去所发生的事情进行解释的一种建构，或是今天的人们与古人的一种对话。因此，反映现时代的主题，体现这个时代特色的多种角度的阐释当然就是历史学最为重要的特性。"可见，他们已经认识到历史应与时俱进，体现时代感和现实感。但是现行的大学历史教科书，多由高校教师和研究者集体编写，由于受史学职业严格训练的缘故，他们往往把知识的系统性和严格传授知识的观念看得很重要，从而忽视了历史教育的目标要求，加之集体编写的缘故，造成了现行教材的杂、繁、散、旧等弊端，教科书的时代感和现实感不够。历史教材没有时代精神和现实感觉，不注重与现实的联系，不仅不能与学生产生情感共鸣，激发学生学习兴趣，而且造成学生厌学。这就要求教材编写者一方面要对历史加以过滤、淘汰和删减不合时宜的东西。另一方面，基于现实的需要，对历史从新的角度作出新的阐述和评价。

基于当前高校历史教材存在的上述问题，中国古代史教研室教师结合教学实践，对《中国古代史》教材建设提出了重新编纂的思路。

编一本好的教材，必须要有博大精深的知识、史学理论的深厚根基和深入的研究，但是并不意味着所有中国古代史方面的优秀人才都是编写教材的合适人选。虽然好多学者或许在中国古代史方面很有研究，也出过不少专著，但对教材建设却不甚了解。杭州师范大学人文学院经过多次会议研究，遴选了几位有经验、有研究和文笔好的教师组成《中国古代史》教材编纂组。

在历史教材编写前，编写组应确定教材大纲、合理分工、收集资料，由《中国古代史》教材编纂组组长负责，全体组员参与讨论研究。首先设计出教材总框架，制定出课程标准，包括教材编写目标、体例、结构，并设计了各章节的具体框架，确定了教材编写大纲。全书共分为22章，每章又分为若干小节。每一章后列有思考题、参考书目等，符合教材体例。教材由几人共同编写。术业有专攻，根据各位教师的研究专长，合理分配编写任务，以便最后统稿。

同时，各章节编纂者制订出自己所负责的章节基本目标、内容、范围及编写计划，设计出章节框架，根据自己所编写的教材章节收集参考论著。资料收集者需广泛阅读、浏览相关书目，并对其内容进行筛选，提炼精华部分。其中，对文中所要引用的史料，一定要有出处，并经过多番查证以确保其真实性、科学性。

编写历史教材最重要的任务是精选教学内容，充分明确教什么、学什么的问题。结合朱绍侯教授、李世安教授提出的教材编写注意事项及我们的教学实践，我们认为：（1）要确定以什么主线来选择教学内容。（2）教学内容要有战略重点。（3）要考虑到教学内容的社会功能。（4）政治、经济和文化等方面都要写到，其中政治是重点，经济是政治的集中体现，文化围绕一定的政治在发展，外交、战争等则是政治的延伸。（5）编写一个参考性的最低课程标准，鼓励创新和百花齐放。（6）教材的主线，应要反映历史发展的基本线索和内容，授给学生历史基本知识。历史学是个包罗万象的学科，中国古代史内容非常广泛，教学内容要有战略重点，不能面面俱到，同时还要推陈出新，体现时代精神。（7）教学内容必须发挥其社会功能，在传授知识的同时，要培养学生的爱国主义情感和民族自豪感。（8）《中国古代史》教材要按政治、经济、文化的结构编纂，以政治、经济、文化为重点，兼及其他。抛弃农民战争推动历史发展的历史观，尽可能真实地展现历史发展的基本线索。要重视少数民族史，要写出一个多民族共同创造历史的中国古代史进程。（9）要在忠于史实的基础上进行创新。要抓住前沿性问题与重大问题进行研究，进行理论创新。要具有批判性思维，不要人云亦云。要敢于向传统思想挑战，提出新观点。牢牢把握以上几项编纂原则，就可以编写一本与以往风格迥异的教材，就可以解决新瓶装旧酒、与初高中教材重复、滞后于最新考古发现和研究成果等问题。初稿完成后，把编写过程中遇到的问题分类整理，集中讨论，商定修改意见。修改、校对，确认各部分无误后统稿。统稿完成后，进行专家评审，再修改，直至最终出版。

教材出版后并不意味着编写任务的完成。教材使用后，要根据其使用过程中出现的问题以及学术研究的最新动态，不断对其内容和材料做出修订和调整，以保持其科学性、先进性。

总之，教材的编写是一项复杂的工作。我们坚信在人文学院领导的关怀和同仁的帮助下，一定能编纂出一本将传授知识、提高素质与培养能力融为一体，体现创新性、科学性与先进性的高质量教材，为中国古代史的教材建设和教学改革添砖加瓦，为杭州师范大学本科教学创一流工程贡献力量！

参考文献

［1］李世安、金永丽：《对世界史研究和教材编写创新的探索——李世安教授的访谈录》，《历史教学》2008 年第 8 期。

［2］张雅婕、张强、崔倩：《浅谈教材编写工作中的责任分工》，《科技创新导报》2011 年第 10 期。

［3］李振宏：《朱绍侯先生与中国古代史教材建设》，《邯郸学院学报》2010 年 12 月第 20 卷第 4 期。

［4］康香阁：《史学大家朱绍侯先生访谈录》，《邯郸学院学报》

2010 年 12 月第 20 卷第 4 期。

　　［5］徐难于：《浅议中国古代史教学的教材建设》，《西南师范大学学报》（人文社会科学版）2006 年第 32 卷第 4 期。

　　［6］李森：《十院本〈中国古代史〉教材读后》，《潍坊教育学院学报》2011 年 7 月第 24 卷第 4 期。

　　［7］王先胜：《詹子庆教授主编〈中国古代史〉批评——大学历史教材批评之一》，《重庆文理学院学报》（社会科学版）2010 年 9 月第 29 卷第 5 期。

（作者朱德明，杭州师范大学人文学院历史系教授，浙江杭州）

螺蛳壳"外"做道场
——高一历史选修课的开设与教学探究

王晓琼

一　高中历史教学的现状与高一
历史选修课开设的背景

在高中历史教学中，由于受意识形态及应试教育等因素的影响和束缚，教师的课堂很难挣脱旧的框框、旧的上课方式和习惯，所以上课往往味同嚼蜡，难出新意。即便有新意，那也是戴着镣铐舞蹈——跳不出圈子。教师缺少个人发挥的余地，学生更是缺乏独立思考的空间。诚如魏勇在对中学历史教学的看法中谈到："长期以来，中学历史界对历史工具性的追求已经达到了走火入魔的程度，几乎所有的人都把历史教育搞成了马戏团里面的驯兽表演，除了应试技术还是应试技术。所谓能力培养其实还是应试能力的培养，所谓开放式教学实际是在划定的圈子内的开放。"长期以来，中国的高中历史教学的现状即是如此。

2012年秋浙江省新一轮的高中课改浪潮再度掀起。对课程结构的优化调整，大幅度提高了高中选修的比例（选修课程学分占总学分的1/3左右）；加上学校可以自主设置课程，创建富有特色的课程体系，鼓励教师开发开设适合学生需要的选修课程，从而极大地扩展了学生选择学习的时间和空间，也给广大教师提供了大显身手的机会。

当然，几乎每次改革都免不了会引发一些质疑。由于高考体制的存在，很多学校都唯恐避之不及。但不管怎样，高一选修课的开设已是不争的事实，这是形势所逼。我校（新安江中学）也"不幸"被建德市教育局立为新课程深化改革的试点学校之一。尽管是赶鸭子上架，我们还是应该意识到套在大家头上的高考"紧箍咒"在慢慢松开。笔者认为，应该借助这一良好环境，做大"道场"。

二　高一历史选修课的开设与教学探究

（一）选修课程《历史人物的另一面》的出炉

2012 学年第一学期我校高一历史组自主开发的选修课程名为《历史课本中的中国历史》。开设该选修模块的本意主要在于弥补现阶段高中历史必修教材杂乱无序、枯燥难懂的不足，通过通史形式讲解历史，以此达到培养高一新生学习历史的兴趣、拓展知识面和学会梳理线索的目的。但考虑到课时紧张，加上有节假日、考试等原因冲课的现象，实际授课时间变得更少，达到预期的效果似乎不太可能。加上如此大的时间跨度，在完全没有任何相关教材提供的情况下，对教师备课也造成了很大的负担与困扰。因此，不难预料到后一阶段的授课为赶进度，选修课很可能落入只讲知识体系的俗套。

既然此次深化新课改渗透了自主性的理念，高一选修课的设置又与高考关系不密切，我们又何必再为自己戴上新的镣铐呢？加上此次选修课开设的对象是高一新生，高考的压力并不是很大。此外，由于平时上课时间有限，教师对在高一历史必修课本中出现的一些在重大历史事件中扮演过重要角色的历史人物的介绍只能是蜻蜓点水。这对于学生更好地理解历史、提高学习兴趣无疑是一大损失。基于以上原因，笔者擅自改弦更张，在《历史课本中的中国历史》这一课程之外找了一个小的切口，开设了《历史人物的另一面》这一子课程。

在该选修课程开设的同时，首先面临的问题便是一穷二白、白手起家，教师备课及查找资料的工作量相当大。再者，典型历史人物及上课形式的选择也较难确定。加上笔者自身知识积淀及能力水平有限，难免心有余而力不足。但与此同时，在艰辛的耕耘过程中，笔者也深切体会到了成功的乐趣，并找到了促进教师自身能力提升的契机。

以笔者自身的教学过程为例，在该课程开设之初自己完全是一头雾水，有逼上梁山之感。上课时干脆给学生播放几段视频敷衍了事，但时间一长学生也会出现"审美"疲劳。直到后来在《历史课本中的中国历史》基础上确立新的子课程《历史人物的另一面》后，才稍有头绪，并慢慢步入正轨。授课形式也有很大改进，从原来的单纯播放视频逐步过渡到视频播放与教师讲解相结合，后来在此基础上又添加了课件制作。主要授课模式已基本定型并日趋完善。

（二）以《真实的汪精卫》一课为例，展示选修课课堂教学的基本模式

本课以"精卫填海"的故事导入，引出汪精卫笔名的由来。将精卫鸟勇于改造自然、坚持不懈、持之以恒的精神与汪精卫这个大汉奸的名字放在一起，形成强烈的视觉冲击，从而达到激起学生迫切想要了解该人物另一面的强烈欲望的效果。然后通过播放一段30分钟左右的视频《大揭秘：汪精卫的黑白人生》，让学生对汪精卫的一生有了直观全面的了解。接着便是借助课件，调出汪的个人档案，展示汪从一个立志为中华民族的民族事业而抗争的热血青年一步步沦落为妇孺皆知的大汉奸的具有鲜明戏剧性的心路历程。随后是对汪一头扎进日本人怀抱，建立汪伪政权这一行为背后的动机进行探讨与剖析。最后借助史学家陈寅恪悼亡汪精卫的诗句引出对其功过的综合性评价。

值得一提的是，很多学生对于教师花那么长时间来仔细"解剖"这样一位臭名昭著的反面人物表示困惑：这有价值吗？因此，在课的尾声，还有必要指出上这一课的目的是要让大家看到人性复杂的面相，掌握细致全面地评价理解历史人物的方法，学会转变固有观念。只有这样才能帮助我们更好地了解历史，更深刻地理解人生。

三 高一历史选修课的实施效果、
存在的问题及对策

(一) 关于问卷调查与数据采集

选修课开展四周后，针对选修班学员，笔者就该历史选修模块的实施情况编制了一份调查问卷。调查对象为笔者与另一位同事所任教的两个班级共 101 名学生。

为保证数据的客观、有效性及信息的正确性，该问卷调查均在走班时的选修课时间在教师监督下有序进行，并全部采用无记名方式。本次调查共发放问卷 101 份，收回 100 份，有效 100 份，问卷有效率达到 99%，符合调查报告的基本要求。

关于选修课的开设，学生提出的建议主要有：多开展课内活动，以活跃课堂气氛；教师讲课要幽默，并能做到适当举例、深入浅出，能与学生互动；部分学生希望教师能以讲故事的形式开设历史选修课，另有不少学生则希望教师讲的内容能与课本知识或高考相关；教师须向学生发放相关资料以便记住相关知识要点。

学生的困惑主要集中在以下几点：选修这门课的价值何在？教师讲解的人物是随意选还是依据什么，有无特定的规律或章程？没有参考资料的情况下怎样记知识要点？考试以何种形式考，考什么内容，学分如何拿？此外，还有对选修课与必修课中历史人物的不同界定产生的困惑等。

(二) 结合调查问卷看实施的效果

1. 培养学生兴趣、拓展知识面、促进个性发展

从问卷中不难看到大多数学生是以第一或第二志愿选择该历史选修课程，并认为历史选修课有开设的必要性，并且选修课开设一段时间后还有高达近 4/5 的学生没有改选的意愿。从中可以得出以下结

论：由于高一学生高考压力相对较小，大多数学生对历史选修课具有浓厚的兴趣，并能根据自己的意愿自主选课，从而给该课程的设置提供了较大的可行性。

学生能从自己的兴趣、爱好出发，自主选择利于自身发展的课程，这不能不说是新课程深化改革的福音。这就相当于在历史必修课之外，给广大学生提供了种类丰富、可供自由选择的"自助餐"，从而在一定程度上保证了选修课的设置能符合不同学生的口味。而只有当"菜"是美味可口、适合自己口味时，学生才喜欢"吃"、乐意"吃"，才能消化吸收并"长高长胖"。

2. 促进教师的专业成长

在备课过程中，在同组成员的帮助下，笔者通过借助网络、图书馆、阅览室等多种途径，查找典型视频、相关资料，制作课件并编制教案，在摸索中不断地前进和完善自我，终于找到了一条适合本校学情的历史校本课程的主要上课模式，即视频观看与教师讲解等多种形式相结合。尽管期间困难重重，但与此同时也使笔者在参与课程开发、设计、实施的过程中，通过不断摸索、反思自己的教学实践，充分发挥了自己的专业自主性和创造潜能，从而使自己的专业素养和教学质量得到了显著提升。

（三）选修课实施中存在的问题及对策

1. 缺少教材，教学体系不完整

校本课程的开设在打破必修课一统天下局面、充分给予高中教师编制教材权利的同时，也大大增加了教师的工作负担。在缺少教材、教参和资料的情况下，选修课的教学体系很不完整。这就导致教师在承担必修课授课任务的同时，还需要腾出大量的时间来查找视频、文字等资料，完成课件制作、教案编制和授课等任务。当教师把自己耗费了大量时间、精力完成的备课成果搬上课堂，但这盘"菜"却不合学生的口味时，他们会因为你"炒菜炒得辛苦"而同情你进而"狼吞虎咽"起来吗？当然不会！

既然该历史选修课程为高一历史组集体开发的校本课程，那么资料的查找、课件的制作、教案的设计和教材的编制等完全可以通过组内成员的分工合作来完成。通过集体备课、共同探讨、资源共享等形式，依托必修教材找到授课内容的最佳切入点，共同探究授课的最佳方式。在集体智慧的基础上再进行个人的创新，从而可以达到事半功倍的效果。这点笔者深有感触，由笔者负责教案设计和课件制作，同事负责查找相关的视频、文字和图片资料。在备课过程中我们相互探讨、共同磨课，在探讨中不断碰撞出灵感，充分体验到了教学的乐趣和成就感。

2. 师资力量不足，教师自身水平与能力有待提高

调查问卷对开设历史选修课程的建议中，不少学生提出了对教师的期望，如教师讲课要幽默风趣，并能做到适当举例、深入浅出，能与学生形成互动，活跃课堂气氛等。学生有这样的建议和要求，说明教师或多或少在以上这些方面存在能力的缺失问题。加上从学生对教师授课满意率调查得到的数据上看，不难发现教师自身知识积淀的缺乏和专业水平的薄弱。

如何来弥补这种能力和水平上的缺失呢？除了虚心向他人取经之外，最主要的途径无外乎是教师的终身学习。在持之以恒的学习中不断完成自身的知识积淀，只有这样才能在教书生涯中永远焕发青春。

教育家郭振有曾经说过："教育的定律，一言以蔽之，就是你一旦今日停止成长，明日你就将停止教学。"教师的教书生涯要做到长盛不衰、与时俱进，唯一的途径就是"一辈子学做教师"。而要做到这一点，持之以恒地读书则是一个最重要的环节。"当学生能充分感受到教师身上散发出来的独特的人格魅力、生命的激情、丰富的情感、语言的智慧与幽默时，他们就会被感染、感动并有所感悟，也自然而然会喜欢上你的课。所以读书，尤其是持之以恒地阅读，做一个学习型的教师，才是笔者日后为之努力的方向，更是上好历史校本课程的先决条件。

3. 高考"紧箍咒"的阴影

从调查问卷的结果中，我们还能看到绝大多数学生对历史选修课

具有浓厚的兴趣，只不过有些学生由于课业负担较重，加上家长及班主任因担心选修课的开设影响必修内容的学习而对选课加以人为干预等原因，对选修课的选择犹豫不决。这点可以从问卷中对高一历史选修课开设的必要性方面的调查结果中看出——有将近一半的学生选择"看情况，视内容而定"得到反映。加上有18%的学生选课的主要动机是出于"好拿学分，且与高考相关"的目的，有11%的学生在对历史选修课授课内容的要求方面选择的是"选修与高考相关的课本知识"，有为数不少的学生提到希望听到与课本有关的知识拓展。在学生对开设该历史选修课程的建议及困惑方面，不少学生则希望教师讲的内容能与课本知识或高考相关，教师须向学生发放相关资料以便记住相关知识要点；学生产生的困惑主要是怎么记知识要点、怎么考试和如何拿学分的问题。

从以上情况不难看出：高考确实是学生心中挥之不去的阴影，即便是高一新生也"难逃法网"。但这从另一面也确实反映了当前高考与学生的需求存在不可调和的矛盾这样的现实。而高考体制不变、广大师生与家长的观念不变、选修课的评价机制不变，这样的矛盾就会继续存在下去。

作为一名普通教师，笔者只能在自己的能力范围内做些力所能及的事情。在整个大的应试教育环境不变的情况下，找到理想与现实的连接点则不失为一种折中的办法。我们在开设《历史人物的另一面》这门选修课的过程中，完全可以以必修课中的知识点作为切入口进行知识面的拓展，激发学生对这些"熟悉的陌生人"进行再认识的浓厚兴趣。比如在讲慈禧时可以通过必修1专题二第一课中的慈禧在中日甲午战争及八国联军侵华中的表现切入；讲汪精卫时可以通过必修中"七一五"政变、汪伪政权的建立等切入；讲李鸿章时则可结合必修中不平等条约的签订等等。这种方式在目前高考体制还不够完善的情况下，不失为权宜之计。

四　结语

中国人民大学教师陈壁曾说过这样一句话："一个优秀的中学教师的责任，不仅在于传播知识，而且在于传播独立之精神，自由之思想，不仅在于说出真相，而且在于教会学生认识真相的能力。"尽管目前高一历史校本课程的开展步履维艰，仍然存在着许多不尽如人意之处，但不可否认这确实是一种充满张力和有广阔空间的课堂模式。当我们在为高考而奔波忙碌的同时，作为历史教育工作者的我们似乎还应该借助历史选修课这片蓝天为学生点燃点什么，唤起点什么。

参考文献

［1］程黎曦：《教师与新课程》，中国人事出版社2004年版。

［2］黄燕编：《中国教师缺什么——新课程热中教师角色的冷思考》，浙江大学出版社2005年版。

［3］蒋敦杰、杨四耕：《高中历史新课程理念与实施》，海南出版社2006年版。

［4］李情豪、陈国安、刘国臣：《校本课程开发能力培养与提升》，华龄出版社2005年版。

［5］魏勇：《用思想点燃课堂——历史教师魏勇的教育教学》，漓江出版社2010年版。

［6］［英］赫伯特·斯宾塞：《斯宾塞的快乐教育》，颜真译，海峡文艺出版社2010年版。

［7］浙江省教育厅：《2012版浙江省普通高中学科教学指导意见》，浙江教育出版社2012年版。

［8］中华人民共和国教育部：《普通高中历史课程标准》，人民教育出版社2003年版。

（作者王晓琼，建德市新安江中学教师，浙江建德）

《欧洲社会史》全英文授课教学探讨①

周真真

全英文授课是完全用英语作为唯一的讲授、学习和考核语言的一种教学模式。"如何解决课程理论性、抽象性强，并关注学生的英语学习困难，形成一套切实可行、行之有效的素质教育操作办法和模式，是我们面临的挑战。"②本文以《欧洲社会史》为例，分析全英文授课的必要性、可行性和实施举措，以期为当下快速发展的全英文授课提供些许参考。

一　开展全英文授课的必要性

1. 高等教育国际化的发展趋势

"高等教育国际化是 21 世纪世界教育的三大发展趋势之一，已成为高校除教学、科研和为社会经济发展服务之后的第四大职能。"③各国都在努力促进本国高等教育与国际教育发展的接轨，并按照国际化标准培养人才。我国紧跟时代潮流，教育部早在 2001 年就颁发了《关于加强高等学校本科教学工作提高教学质量的若干意见》，明确提出要在高校积极推动使用英语等外语进行教学，其中"本科教育要创造条件使用英语等外语进行公共课和专业课教学"。此后，全英文授课作为实现教育国际化的举措之一，成为很多高校教学改革的一个重要领域。

①　本论文是 2015 年杭州师范大学教学改革项目《欧洲社会史课堂教学改革》阶段成果。

②　夏劲松：《"编译原理"全英文授课模式探索》，《计算机教育》2011 年第 14 期。

③　赵京霞等：《外科学课程采用全英文授课的几点体会》，《陕西教育（高教）》2012 年第 6 期。

　　杭州师范大学作为一所以师范为主的高校，坚持以学生为中心，教书育人，积极培养教师团队，在教学改革上更是按照教育部的指导文件积极推进，不断取得成果。其中，积极推进全英文授课的发展便是其中之一。

　　2. 语言资源的重要性

　　外语，不仅是获取信息的工具，在全球化迅速发展的今天已经成为一项重要的资源。美国早在 2006 年就将语言问题上升为国家安全问题。"美国'国家安全语言计划'明确提出了鼓励美国公民学习国家需要的'关键语言'（critical-need languages），包括五种语言和三个语系：汉语、日语、俄语、阿拉伯语和朝鲜语，以及印地语系、波斯语系和土耳其语系，实施从幼儿园到大学持续的外语学习与教学计划。其首要目标是确保美国在 21 世纪的安全和繁荣。其次，外语技能以及对外国文化的敏感度至关重要，而缺乏外语技能是美国商界参与开发海外市场的一个巨大的障碍。因此 NSLI 计划的第二个战略目标是通过提高外语能力，使美国在全球化竞争中提高经济竞争力。第三个战略目标是利用'语言武器'传达美国的意志，希望通过'说别国的话'来实现所谓'新帝国'的理想。"[①] 可见，外语已经成为一个国家综合国力的组成部分，一国的经济、文化竞争力很大程度上以其外语能力为支撑。英语作为世界上最通用的语言，其重要性不言而喻。"据估计，世界上 70% 左右的网络信息是用英语传播的，英语在全球化过程中起着独特的媒介作用，已经成为事实上的世界语"。[②]

　　我国是一个学英语的大国，但真正能用英语交流的人数却很少。这在很大程度上与我们的教学模式忽视语言本身的实践要求有关，所以探讨全英文教学有很大的必要性和迫切性。

　　3. 学科发展

　　世界史的主体教学内容都和西方国家紧密相连，英语更是学习世界史必不可少的语言。全英文授课可以使师生直接接触原文资料，规

---

　　① 李颖：《全英文授课模式的动因论——超学科分析的视角》，《中国外语》2013 年第 1 期。

　　② 吴平：《五年来的双语教学研究综述》，《中国大学教学》2007 年第 1 期。

避了许多由中英互译产生的理解上的偏差问题，从而保证了课堂教学的准确性和科学性，是促进学科发展的一个重要方面。同时，世界史作为国家一级学科，更有必要在高等教育国际化中发挥带头作用，培养出专业素质高、熟悉国际发展，能够熟练掌握英语进行国际交往的复合型高级人才，这是教学改革的一个战略要点，也是世界史学科自身发展的必然要求。

杭州师范大学历史系积极推进国际化教学和国际合作，目前已经与英国伦敦大学、莱斯特大学等有稳定的合作，每年都有历史系的学生去交流。但是很多学生却因语言问题，如达不到交流院校英语水平要求，而无法顺利去国外学习，这不仅不利于学生个人的发展，更是浪费了已有的国际合作交流资源，因而推进全英文授课也是提高学生历史学专业素养的一个要求。

二　推行全英文授课的可行性

目前，开设《欧洲社会史》全英文授课也具有切实可行的条件。

首先，英语教学的发展为全英文授课提供了丰富的实践经验。早在 20 世纪 60 年代，专门用途英语（ESP）作为英语教学的一个分支就发展起来。"ESP 教学特点就是把英语看成一种工具或手段，根据学习者的英语学习需求，通过学习特定方向或范围的英语来进一步学习本专业知识或为有效地完成交际任务做好准备。专门用途英语中的'专门'指的是学习目的，而非语言本身，强调其与某种特定职业、学科或语言环境相关联。"[1]进入 21 世纪以来，历史学专业英语发展迅速，几乎每个高校都有开设，且目前已经出版了多个教材，从而为全英文授课提供了丰富的资料来源。

其次，教师是高校的灵魂，也是国际教育交流合作的重要参与

---

① 易菲：《ESP 理论指导下高职涉外护理英语口语教学模式构建》，《职业教育》2013年第 11 期。

者，因而师资是开设全英文授课的一个必要条件。《欧洲社会史》全英文授课要求教师必须具有扎实的欧洲史学功底，又必须具有较高的英语水平。大学应该培养熟练掌握英语和世界历史文化的教师，对英语基础较好的历史教师，特别是青年教师进行一定的英语培训，以进一步提高他们的英文水平。同时，学校也可以在外语教师中选拔一些具有良好史学素养的教师进行授课。杭州师范大学历史系世界史专业的教师都有国外交流学习的经验，英语能力也相对较好，只要进行一定的培训并加强听说的练习，完全有能力胜任全英文授课的教学方式。

再者，历史系的学生普遍具备了能够适应全英文授课的英语水平。据一项调查研究表明，具有大学英语四级水平以上的学生即具备了上全英语课程的语言能力[①]。历史系本科生一般至少一半的同学在第一学年结束后即能通过大学英语四级考试，等到大学二年级基本全部通过，许多同学也通过了六级考试。《欧洲社会史》是大二学生的选修课程，学生可以根据自己的英语水平决定是否选修该课程。大二开设这门课程，一方面学生刚刚通过四六级考试，对英语的记忆深刻且存在很大的熟悉感，有助于课程的推进。另一方面，这门课程对尚未通过四六级考试的同学也是一个很好的推动力量。在课程中出现的听力、词汇和阅读上的不适应现象虽然是普遍的，但只要坚持下去是完全可以克服的。

最后，从学科角度来说，《欧洲社会史》主要讲述欧洲社会所经历的一些值得研究和探讨的不同于中国的社会状况，趣味性强，内容丰富，同时兼具学术性，是开设全英文授课的一门理想课程。全英文授课的顺利开展与课程内容也很有关系，越是抽象的内容学生越感到困难，而那些实践性强的专业则比较适合开设全英文授课。在历史专业的课程设置中，世界史是最适合开展全英文授课教学的，不仅许多世界史的材料是英文的，而且世界史课程的内容涉外性强，包括了世界各国的政治、经济、外交、军事、文化等诸多领域，其外国元素的

---

① 蔡基刚：《全英文教学可行性研究》，《中国外语》2010 年第 6 期。

成分和影响远大于其他专业课程。

三　实施全英文授课的实践步骤

《欧洲社会史》具有开设全英文授课的必要性和可行性，那么制定一套切实可行、行之有效的教学方法和模式必不可少。本文认为应该做到以下几点：

1. 帮助学生提高英语水平与树立信心。

专业词汇的欠缺和文献阅读能力的薄弱是影响学生全英文上课质量的两大主要因素，因此授课中应根据学生的专业情况，培养其专业方面的交流技能，如扩大历史专业词汇量，提高历史口头陈述能力以及学会写作历史论文和研究报告等。同时，培养学生的英语思维能力，即灵活地使用英语进行思考、交流，形成本能的、条件反射式用英语进行的思维方式，而不是先用汉语思考然后转化成英语。在全英文授课中，应该尝试让学生去理解一个词的含义本身，而不是试图让学生来进行中英文对照。这样既有利于学生培养英式思维，也降低了翻译偏差造成的理解困难。

缺乏信心是制约学生积极参与全英语课程的另一个重要因素。很多同学认为，只有读完大学基础英语才能选修专业英语课程，或者认为自己的英语不够好不适合选修此类课程。这种信心的缺乏极大影响了选课人数以及选课后的课堂教学效果。因而，帮助学生树立学习的信心并坚持下来至关重要。为此，"可从三方面宣传全英语课程优点，以吸引更多的学生。（1）专业知识方面。在学科方面给我们带来这方面最前沿的发展情况或最新的研究成果。这些内容或新视角对他们的学术研究大有帮助，开阔了眼界。（2）英语能力方面。特别是英文听力与阅读能力，词汇量也大了很多，为他们今后选修其他全英语课程打了坚实的语言基础。这说明全英文授课的专业课确实能大幅度提高英文应用能力……（3）研究方法方面。西方科学中注重演绎性思维方法，量化实证性研究、学术规范的执行以及自立、开拓的精神通过原版教材、文献材料和外教授课都将给中国学生以很大的影响。这个受益可能比上面两点还大。"①

2. 构建切实可行、简单明确的教学目标。

在学习中，教师需要帮助学生对学什么、如何学、为何学、学习受何因素影响等方面建立起明晰的自我意识，即明确课程的教学目标。全英文授课仍是学习专业为主，学习外语为次。《欧洲社会史》以一系列欧洲历史上涉及的社会现象的问题为核心，它需要语言技能、多元化思维和学科知识的协调与合作，由此提高学生理解历史现象、分析历史问题的能力。因而，这门课程要利用相互依存的求知方法，同时结合批判性、整体性的思维，帮助学生构建一种不同知识领域之间相互联系的认识，即"超学科"模式。

我国高等院校人才培养模式长期以来遵循的是外语工具型办学理念。这一模式把学生的外语能力当作一种简单的语言翻译和交际工具，忽视外语本应有的通过跨文化思考沟通和批判的精神，从而也遏制了科研和课程的创新机制。与之不同的是，超学科视野下的全英文授课模式旨在打破工具型办学理念，使整个教学过程体现出人文性、思想性和研究性，把学习置于对社会和心灵的关注之中，努力培养兼备东西方文化知识和素质全面发展的综合型人才。将专业学习作为核心，在其周围汇聚与专业学习有关的博雅课程教育。②这种超学科模式，有助于打破专业壁垒，使学生在活跃的思维活动中减少对语言的焦虑。《欧洲社会史》在教学过程中努力推进这一目标的实现。

3. 加强对教师英语教学能力的培养。

教师的语言能力影响课堂教学效果，也在很大程度上决定了全英文授课的课堂水平。听说读写译，每一个环节都需要教师能够灵活掌握。最基本的是教师发音准确，符合语法及外语表达习惯，否则极易误导学生。其次，教师还应该掌握英语课堂用语。英语课堂用语是组

---

① 蔡基刚：《全英文教学可行性研究》，《中国外语》2010 年第 6 期。

② 李颖：《全英文授课模式的动因论——超学科分析的视角》，《中国外语》2013 年第 1 期。

织课堂教学各个环节的特定用语，课堂用语的运用会增添课堂内的英语气氛，有助于提高学生听懂教师用英语讲课的能力。教师的课堂用语会直接成为学生学习英语的典范。准确、流畅并符合英语国家的文化习惯，这是对教师课堂用语的最基本要求。教师在使用课堂用语时，应充分考虑到学生的心理及英语水平，使用简单易懂的语言，不要追求语言的华丽。[①] 因而教师要熟练英文教学课堂，充分利用课余时间通过各种渠道多听、多看、多读、多说、多写，达到全英文授课的水平。

《欧洲社会史》涉及的专业词汇较多，更需要教师课前的充分准备。教师需要一方面具备有扎实的学科知识、技能、能力，另一方面具有熟练用英语表达专业知识及与学生进行交流的能力，引导学生按照英语思维习惯理解、掌握学科知识，并能融会贯通地进行表述和思考，以及在此基础上的探究性学习。

4. 构建良好的课堂氛围

如何有效地组织课堂是全英文授课的一个关键环节。《欧洲社会史》内容丰富，信息量大，这就要避免课堂上的面面俱到。教师要做的是选择精华授课内容，即要选择那些最有价值、最能激起学生共鸣的特色内容，例如意大利的黑手党、荷兰的大麻文化等，这些内容又能很好地反映一个国家的某些社会状况和历史特点。课堂的顺利进行，还需要学生课前的充分准备。《欧洲社会史》的古代部分会涉及一些生僻、晦涩难懂的字词句，近现代部分也有很多专业术语的固有表达方式，为了减少授课过程中的阻力，让学生课前了解掌握是必要的。为此，每次上课前教师可以将课上涉及的一些词汇以及课上的主要讨论内容以 word 文档的形式提前告知学生，学生可以有的放矢地突破词句难点，并针对课堂讨论内容进行一定的准备。通过单词记忆和文献阅读，学生可以在课堂上用英文发表对这些问题的认识和观点，从而培养学生用英语对相关历史事件或人物做口头陈述和书面陈述的能力。课前的准备工作是保障全英文授课课堂效果的一个重要步骤。

---

① 唐庆华：《关于双语教学的思考》，《广西大学学报》2009 年第 1 期。

在课上，教师可以引导学生讨论预设问题，并让一些口语较好表达能力强的学生先发言，这不仅保证了授课进度，同时也可以激发其他同学发言的热情，从而形成一种良性循环的课堂氛围和良好的师生关系。

综上所述，《欧洲社会史》具有实施全英文教学的必要性、可行性，同时该课程也制定了切合实际的实施措施，其开展有助于丰富关于全英文授课教学改革的探讨。

（作者周真真，杭州师范大学人文学院历史系副教授，浙江杭州）

史料、史实与历史：
《中华民国史》课程和研究生教学改革①

王才友

新中国建立 60 余年以来，我国高校历史学教学的发展取得非常丰硕的成果，尤其是在本科历史学教学改革方面取得不断深入推广的喜人成绩。然而，研究生历史学教学改革及其研究却相对滞后。事实上，早在上世纪 90 年代，西南师范大学杨群章教授即提出，国内历史学研究生培养中存在着一系列必须纠正的问题，如政治和业务分离、学术与政治分离、史料与观点分离、古与今分离、中与外分离、读书与研究分离以及理论与实践分离等。② 杨教授提出这些问题与当时研究生培养的环境有重要关联，但不得不说的是，时至今日，其中的许多问题依然存在。尤有甚者，与中学历史教学和本科历史教学改革的大刀阔斧相比，研究生历史教学的研究亦略显沉闷。③ 自 2013—2014 学年以来，笔者连续两年给杭州师范大学历史系学术型硕士开设《中华民国史》专业选修课程，做了一些教学改革的尝试。本文拟在这些初步尝试的基础上，对历史学研究生教学改革提一些粗浅的看法。

一　史料在《中华民国史》教学中的重要性

研究生，顾名思义，就是要从事研究，他们身兼"学生"和"研

---

① 本论文为杭州师范大学研究生教学改革项目《中国现代史》的阶段性成果。

② 杨群章：《全面改革历史学研究生教学》，《学位与研究生教育》1991 年第 3 期。

③ 谢咏梅：《历史学田野调查在研究生教学当中的运用》，《内蒙古师范大学学报》2012 年第 9 期；杜洪涛：《学术型研究生史学方法课教学改革的尝试及反思》，《内蒙古师范大学学报》2015 年第 9 期。

究者"的双重身份,他们不仅要在纵深上延长大学时所学过的专业知识,而且要注重提高自身的研究能力。因此,对于指导研究生的高校教师来说,指导研究生就是要指导他们在研究实践中培养研究能力,绝不能把那种教师系统讲述、学生逐字记录的方式运用到教学中来。然而,迄今为止,历史学研究生课程更多的仍是满堂灌的教学方式,教师主导课堂,围绕一个主题灌输、发表自己的看法,或者是布置学生读相关书籍,间有讨论、交流和答疑解惑。

就《中华民国史》课程而论,一般课程教学基本上围绕时间线索为中心,从辛亥革命讲到北洋军阀政府,再讲到北伐,继而是南京国民政府时期的历史。在时间线索的基础上,我们又不断细化对于各问题研究成果的讲授。这种传统的教学方法一直被沿用,不曾有太多的改变,它对于中国近现代史专业或专门史专业硕士生的知识结构型塑发挥了极其重要的作用,学生对于某一问题的认识能够细化,继而深化。但是,我们忽视了一个非常大的问题:如何保证研究生在接受知识的同时,更好地、更高效地理解这些看似常识的学术问题。

正如有学者言,国内通行的近代史话语模式将1842年视为近代元年,在那之前的中国被视为"封建社会",在那之后的中国被定义为"半殖民地半封建社会"。直至1949年毛泽东宣布中华人民共和国成立,中国才告别"旧社会",步入"新社会"。数千年中国历史,都是"旧社会"的历史,而近代100多年有新有旧,却充满屈辱。在这样一种"悲情叙事"或政治叙事的统摄下,不同时期历史上的人对历史事件的观察和感受将被消解,历史的复杂性往往很难呈现出来。①

在《中华民国史》的教学中,我们一方面要关注国民党和南京国民政府的历史,另一方面我们也需要关注中国共产党成长的光辉历程。但在旧有的"悲情叙事"或政治叙事下,许多复杂性被遮蔽。正

① 马勇:《中国确实应该重写近代史》,《新浪专栏·新史记》,http://history.sina.com.cn/his/zl/2013-08-09/155351226.shtml。

如黄道炫在《张力与限界：中央苏区的革命（1931—1934）》中分析第五次反"围剿"和中央苏区左倾路线导致革命失败时所指出，当我们重复当年更多的是基于政治考虑的结论，以"左"的错误为这次失败定性时，往往忽视了其中包含的历史的、社会的诸多因素。政治定性的高屋建瓴后面，被断送的可能是一个个正在具体影响着社会历史的细节，历史离开了细节，总让人想到博物馆那一具具人体骨骼。"的确，那是人，但那真的还是人吗？"

对于国民党和南京国民政府的历史知识传授时，以旧有"悲情叙事"来分析中华民国史的观点亦非常多。如对于蒋介石的认识，大陆传统的知识结构中多以"大地主大资产阶级的代表人物"冠之，且蒋所驾驭的派系政治直接导致了南京国民政府的覆灭。

当然，民族独立和国家繁荣富强，这是摆在近代中国人民面前的两大历史任务。在中国革命进入最艰难时期，历史选择了马克思主义、中国共产党和社会主义，这就是中国近代史发展的道路，历史研究即应对已经发生的历史事件进行客观分析。[①] 数十年以来，学界关于国民党如何溃败，已有较为丰富的研究，在此笔者亦不再赘述。然而，问题同样产生，在"悲情叙事"下，对于蒋个人"大地主大资产阶级"的定性将使我们无法认清历史人物的血和肉。他有他的儿时成长史，他在历史上作出历史抉择时有着复杂的历史情境，他更有他的情爱和婚姻生活。对于这些问题，我们在研究生教学中，与第五次反"围剿"失利一样，并未给学生呈现深入的分析。笔者认为，其中的症结在于许多研究生课程教学过多强调历史脉络的继续梳理和知识传授的细化，并未引导学生阅读鲜活史料。对于这些问题皆有非常翔实的研究，而我们却较少将这些鲜活的史料和研究呈现在课堂上。有鉴于此，笔者将在下一节中以蒋介石研究为中心，结合史料教学的重要魅力，展现笔者在《中华民国史》教学改革中的若干心得。

---

① 张剑平：《中国近代史"重写"之论可以休矣》，《中国社会科学报》2015 年 3 月 9 日，http：//www.cssn.cn/zx/201503/t20150309_1537742.shtml。

二　以蒋介石研究为中心谈《中华民国史》教学改革

　　笔者在《中华民国史》选修课程的教学实践中，讲至南京国民政府时期时无法绕开的一个政治人物即是蒋介石。为清楚地呈现蒋介石的历史形象，笔者专设"第四讲：档案和日记等史料解构下的蒋介石"，该讲力图结合最新关于蒋介石的研究成果，分四个问题设置教学过程：第一部分讲述蒋介石在历史上的形象与变迁。围绕着特殊时期国共折冲，蒋介石的形象发生了巨大变化，作为历史研究者，在避免堕入历史虚无主义错误的前提下，我们有必要深入了解蒋介石的"血"和"肉"——即找寻真实蒋介石的历史。故从第二部分开始便通过史料来呈现蒋介石的真实形象。第二部分结合相关研究，讲授蒋介石的恋母情结。第三部分讲授与蒋介石情爱和婚姻世界紧密相关的四位女性。第四部分讲述蒋介石的用人哲学。笔者之所以这样设计讲课内容，意在正式进入南京国民政府时期学习之前对蒋介石人物形象进行形象而具体讲授，让学生意会其中的研究价值。

　　本课程教学改革最大的特点即以史料带动学生的研究兴趣，促进学生吸收知识的高效性，增强学生阅读史料、推动研究的助动力。对于蒋介石研究方面的教学而言，我们将用到的史料主要有以下几种：第一、《先总统蒋公言论总集》；第二、《总统蒋公大事长编初稿》；[①]第三、《蒋中正总统档案·事略稿本》；第四、斯坦福大学胡佛研究中心所藏"蒋介石日记"；第五、台北"国史馆"所藏"蒋档"和大陆公开出版或各档案馆所藏档案。

　　在第一部分里，我们主要讲述蒋介石形象的变迁。我们首先找出民国时期美国《时代周刊》以蒋介石为封面的图片展现给大家，并解读其中蒋介石的民国形象。其次，我们再讲到在国共内战时期蒋介石

---

　　①　秦孝仪总撰：《总统蒋公大事长编初稿》，台北财团法人中正文教基金会，2003 年。

的形象变化，这直接影响了蒋在中华人民共和国建国后 50 年的历史形象。这其中展现的一段史料是陈伯达在《人民公敌蒋介石》一书中的表达，同时也呈现了该书连环画版的一段表述："人民公敌蒋介石，一八八七年出生在盐商、讼棍的家庭。他的祖父是一个阴险狠毒，伙同官厅压榨人民血汗的盐商，他的父亲是个贪婪狡诈的讼棍。蒋介石从小受的就是这种阴险狠毒、贪财害民的'家庭教育'。"① 而《中国四大家族》、冯玉祥回忆录等史料更进一步加深了蒋的一些形象。再次，我们将分析近年来，尤其是两岸关系正常化以来，有关蒋介石研究的突破以及蒋介石形象的逐步变迁。

在第二部分里，笔者重点引用了北京大学王奇生教授的一篇论文《蒋介石的早年成长经历与个性特质》来讲述蒋的个人成长史。② 这篇文章曾在学界引起了不小的争议，然而，笔者认为，王奇生先生在文章中引用的关于蒋"恋母"的史料足以引起学生们的兴趣。该部分的课件设计从蒋求学中的顽劣到蒋母王采玉对蒋的规训，再讲到蒋如何与母亲"孤儿寡母"相依为命以及后来其在政治失意时"恋母"的极致表现，从中可以看出作为国家元首的蒋介石如何在日记等史料中自我描绘，这些都可以成为我们分析蒋的成长史及其处置国家大事的重要参考。本部分最后引用了笔者搜集的一则史料，加深学生们对蒋介石形象的了解：

晚，手撰少时轶事一则。其文曰："当余十岁时，侍先母王太夫人往游鄞阿育王寺与镇海灵峰，时适佛期，四方来礼拜者甚众，而山径偪仄，行步艰难。入夜途穷，险象堪虞，乃在途中雇篮舆一乘，请母乘舆而行，余则步行随其后，形同护卫。回至小白河头船中，时已午夜。其余同伴盖步行犹未回也。方是时，余母子二人，茕茕然相依以为命。先母怜余甚切，问儿寒乎？足力疲乏乎？其慈祥之色蔼然见于颜面，而奖赞不肖之情，尤不可言

---

① 陈伯达：《人民公敌蒋介石》，华中新华书店 1949 年 4 月版，第 4 页。

② 王奇生：《蒋介石的早年成长经历与个性特质》，编入汪朝光主编：《蒋介石的人际网络》，社会科学文献出版社 2011 年版，第 3—21 页。

喻。犹忆先母赞余曰：此洵佳儿也。其后数数言之。呜呼，至今乃不可复闻矣。"①

第三部分主要引用有关研究蒋介石情爱婚姻方面的成果对蒋的私人生活进行深入挖掘。其中分别讲述其与原配毛福梅以及姚冶诚、陈洁如、夫人宋美龄之间的历史。由于宋美龄在民国历史上的重要地位，故本部分讲述尤以宋美龄为最，夫人政治是其中的讲授重点。

建国以来，学术界对于蒋介石所驾驭的派系对于民国政治产生的消极影响多有论述，近年来，随着蒋介石研究的升温和趋热，多有学者对其用人政治进行深入探讨。如金以林、刘维开、吕芳上等学者皆撰有专文论述。② 因此，本讲第四部分重点将继续结合最新研究成果，通过"蒋介石日记"等史料讲授蒋介石的政治生活。本部分将重点参考金以林：《国民党高层的派系政治：蒋介石"最高领袖"地位是如何确立的》以及其他学者著作进行讲授，结合台北"国史馆"出版的有关陈诚档案史料等进行详细讲述。笔者近年来亦在搜集相关蒋介石处置派系政治方面的史料，亦通过相关史料进行呈现，该部分极大地调动了学生听讲和研究的积极性。在笔者看来，这种针对相关论题结合史料激发学生探究能力的教学方法，即史料启迪法，在教学实践中有着良好效果，促进了师生互动。

三　从史料到历史：研究生教学改革的重要路径

著名历史学家严耕望在《治史三书》中重点提及了如何阅读史料以及利用史料的重要方法，这是严先生对于史学研究者的殷切期望，

---

① 《事略稿本》第 18 册，1933 年 1 月 18 日。

② 金以林：《国民党高层的派系政治：蒋介石"最高领袖"地位是如何确立的》，社会科学文献出版社 2009 年版；汪朝光、王奇生、金以林：《天下得失：蒋介石的人生》，山西人民出版社 2012 年版；刘维开：《蒋中正在军事方面的人际关系网络》，汪朝光主编：《蒋介石的人际网络》，社会科学文献出版社 2011 年版。

笔者认为，史料在研究生教学过程的价值同样重要。以《中华民国史》的教学实践为例，笔者除适用上述史料启迪法之外，还采取过另外一些措施来激发学生学习该课程的兴趣，促进课堂教学的高效性。

第一，史料研读系列。依托于浙江省民国浙江史研究中心的平台，主修《中华民国史》课程的学生皆对 1927—1937 年国共两党历史充满兴趣。2011 年，笔者曾搜集到一份史料，即 1930 年 10 月浙江国民党县党部、区党部、区分部以及直属区分部的分布图，资料共分 11 个府进行彩绘。从交通上看，分布于官道、道路、汽车道、水路、铁路等周围；从分布地大小上看，各党部分别分布于县城、市镇或村庄中。笔者通过研究发现，国民党的党部分布与当时同时进行的中共浙江革命分布有着某种重要的关联，二者党部之间并不具有高度重合性。因此，在教学过程中，笔者要求学生到原籍去探析自己家乡国共两党的分布特点，学生们在探析过程中，搜集各方史料，并结合历史地理和人类学的方法，展开了对乡土历史的研究。在探究过程中，同学们相继带着哪些人构成了国共两党党部的成员、他们与地方社会关系何在的问题进行研究，这一教学方法的改革引发了同学们的浓厚兴趣。目前该项教学探索尚在进行当中。

第二，学术沙龙系列。进入新世纪以来，"史学沙龙"系列越来越受到学术界的欢迎和青睐。各校皆开展各种各样的沙龙，如邀请国内外学者为历史系相关专业学生讲座，学者们围绕相关主题，深入浅出、妙趣横生地与学生进行互动。这种形式便于挖掘导师和研究生双方的学理潜能，达到学术交流的最佳效果，既可以开阔研究生们的学术视野和知识面，了解最新的学术信息与动态，又可以让学生在体认学问艰辛的同时，欣赏学术研究的魅力和学术规范的重要性。① 笔者针对这一教学方法进行改革，要求每位同学在选定一个相关兴趣主题后，在认真研读史料的基础上在课堂上进行报告，听课师生针对其报告内容展开批评，并提出修改意见，以便围绕这些史料形成系统性的

---

① 夏泉：《史学沙龙与研究生教学方式的创新》，《学位与研究生教育》2004 年第 31 期。

观点和认识。该项教学方法一方面可以帮助学生进行硕士论文选题，另一方面对于锻炼口头和书面表达具有较大助益。

经过两年以来的教学探索，笔者认为，以史料这一旧有媒介进行新利用，对于《中华民国史》和近现代史其他相关课程的教学探索，具有一定助益。一方面，教师可以利用一些激发学生兴趣的史料展开对相关主题的讲述，提高课堂教学的高效性；另一方面，以核心史料为线索，调动学生科学研究的积极性。

（作者王才友：杭州师范大学人文学院历史系副教授，浙江杭州）

教学方法篇

"菜单式"教学法在高中历史"学困点"突破中的实施策略研究

徐百存

一 "菜单式"教学法提出的背景

（一）基于学生

我校是一所农村普通高中，地处余杭西北山区，95%的学生来自农村。由于地理位置、区域经济及办学条件的限制，生源基础比较薄弱，学生家长的文化层次相对较低，使学生从小缺少良好的家庭学习环境，因而学生学习习惯的养成不够，学习的热忱不高，缺乏学习的主动性和自觉性，并具有较强的随意性，所以"偏科""偏点"现象严重，且受主客观因素制约不能及时采取补救措施，以致出现弱势更弱、强势不强的现象，形成木桶效应，影响了整体学习水平的提高和学生的进一步发展。

（二）基于教师

我校现有在编在职历史教师7人，其中两人兼任行政职务，另有两人身体状态不佳，不能承担全额工作量。而我校现有32个行政教学班，共计1600余名学生，历史学科师资力量与学校班额和学生数量明显不能匹配，近几年来几位青年教师一直是超负荷运转，经常是疲惫不堪、疲于应对，对于学生个体的辅优补差工作很难开展。在现有的会考、高考学业评价体制大环境下，如何实现历史教学效益的更大化和更优化，成为我们必须要面对的课题和亟待解决的问题。

（三）基于学校

近年来，由于主客观多种因素的作用，我校的教育教学业绩整体处于踟蹰不前的状态，严重制约了学校的科学发展。自 2010 年起，我校以"科研兴校，科研兴教"为指导思想，以立足"校本"开展教科研活动为基本原则，通过教科研挖掘教师的教学潜力与科研潜能，进而推动学校教学力和科研力的提升，以充实学校发展的内涵力量，提升学校的综合实力，为办人民满意的教育保驾护航。为此，我们把《农村普通高中薄弱学科提升策略研究》这一大课题在全校范围推广，并将这一课题申报为余杭区教育科研规划课题，引导鼓励教师结合本学科特点和现状开展研究活动，这就为我们结合校情开展教科研活动提供了适当的平台和良好的环境。

（四）基于国内研究现状

国内目前对"学困"研究的着眼点主要聚焦到"学困生"这一课题上，并且侧重于将"学困生"研究绑架到德育课题上开展研究，而对于"学困点"的研究却鲜有涉猎。其实对学生"学困点"的突破是对"学困生"转化的一项基础研究，突破"学困点"也是实现"学困生"转化的一条有效路径。

二 研究内容

（一）学生"学困点"的诊断研究

学生整体上在"学困点"上具有较强的同一性，在教育教学实践中，结合高中历史学科特点，学生心智发展阶段特点和水平，寻找到学生共性的普遍的"学困点"，从而为提高教育教学的针对性和有效性提供借鉴和依据。

作为个体的学生在"学困点"上又具有较强的差异性，在教育教学实践中，根据学生个体的不同特点和素养，寻找到学生个体的"学困点"，从而在教学中有的放矢，研究制定教学策略，促进学生在原有基础上的更大发展。

（二）学生"学困点"的治疗研究

基于学生"学困点"的诊断研究成果，探索突破学生"学困点"的策略，适时列出科学合理的"菜单"，并指导学生根据自身的特点选择"菜单"，同时在教育教学实践中做好"配菜"和"烧菜"工作。

（三）学生"学困点"的诊疗跟踪研究

学生的"学困点"具有一定的稳定性，同时也具有一定的动态性，教师在对学生"学困点"进行诊断和治疗的过程中，往往倾向于某一时期或某一阶段的"学困点"的关注，要克服这一弊端，需要及时发现和掌握学生"学困点"的诊疗效果和变化情况，并根据矛盾的发展和变化情况及时调整和改进治疗方案。

三　核心概念的界定

（一）"菜单式"教学法

"菜单式"教学法的主旨是"以学生为本"，坚持"依需定学，因需施教"的原则。过去的教学，忽视了学生需求的差异性、个性化特征，在教学内容上，"给什么，吃什么"，"一锅菜"；而"菜单式"教学则趋向"点什么，吃什么"，变"一灶制"为"多灶制"，使学生能够相对各取所需，从而进一步提高教学效率和学习效益。

（二）学困点

学生的学困点是指学生在某一学科或某一模块知识的学习过程

中发生的不能接受、理解或不能充分接受理解的知识点，此概念关注的重点是薄弱的知识点或知识环节。"学困点"不同于"学困生"，"学困生"是指那些在知识、本领、品格、方法、体质等方面存在着偏离常规的难题，智力得不到正常开发，不可以达到教学大纲规定的基本要求，必须经过有针对性的教育对策或医疗对策给予补救或矫治的学生，此概念的关注点在学生整体状况，是个体化的学生。当学生的"学困点"不断积累却得不到及时有效的解决时，存在"学困点"的学生就朝着"学困生"方向在转化了。可见，及时发现学生的"学困点"并采取积极有效的措施解决学生的"学困点"是减少生成"学困生"的有效途径，也是推进学生全面发展的有效举措。

四 实施策略

（一）学生"学困点"的诊断

此项工作是推行"菜单式教学法"的前提和基础。

基于学生在"学困点"上具有较强的同一性和差异性特点，我选择了问卷调查法进行诊断。为了全面了解学生"学困点"的分布情况，我设计了调查问卷，以班级为单位，以学生个体为调查对象进行了问卷调查，问卷如下：

历史学科"学困点"诊断问卷调查

请你结合自身的历史学习体验客观回答如下问题，谢谢合作！

一、选择

1. 你对历史感兴趣吗？（单选）（　）

A. 感兴趣　B. 不感兴趣　C. 很平淡　D. 说不清楚

2. 你喜欢历史课吗？（单选）（　）

A. 喜欢　B. 不喜欢　C. 很平淡　D. 说不清楚

3. 你对历史课好恶的最主要原因是（　　）

A. 学科成绩优劣的影响　B. 家庭环境的影响

C. 学科教师的影响　D. 学科社会价值的影响　E. 教材体系的影响

4. 从成绩和学习体验看，历史是你的优势、劣势还是平平淡淡的学科？（　　）

A. 优势学科　B. 劣势学科　C. 平平淡淡

5. 你认为学习历史的最大难点是什么（　　）

A. 历史知识点的识记　B. 历史知识体系的构建

C. 具体知识点的理解　D. 知识的应用

6. 你在历史学习过程中最薄弱的环节是哪一项（　　）

A. 历史知识点的识记　B. 历史知识体系的构建

C. 学科知识的理解　D. 学科知识的应用

7. 在解题过程中你认为自己最不擅长解决哪种题型（　　）

A. 选择题　B. 材料解析题

8. 从模块知识角度看，你认为自己最不擅长的是哪个模块（　　）

A. 政治文明史　B. 经济文明史　C. 思想文化史

9. 学科测试过程中，你认为自己丢分的主要原因是（　　）

A. 知识点的识记不到位　B. 对某些知识点的理解偏差

C. 解题方法、技巧的欠缺　D. 马虎大意

二、问答

10. 请你列举出你最薄弱的六个专题（必修一、二、三各列举两个专题）

必修一：

必修二：

必修三：

11. 请为你的历史老师提些中肯的意见或建议

高三某班 51 位同学问卷调查结果汇总表

1. 选择题问卷调查结果汇总表（1—9）

序号、选项	A	B	C	D	E
1	40	8		3	
2	40	9		2	
3	28	2	15	4	2
4	15	9	27		
5	22	14	2	13	
6	18	11	4	18	
7	14	37			
8	11	24	16		
9	17	5	19	10	

2. 第 10 题问卷调查汇总表

必修 1		必修 2		必修 3	
专题一	21	专题一	25	专题一	27
专题二	2	专题二	27	专题二	5
专题三	16	专题三	3	专题三	18
专题四	3	专题四	1	专题四	7
专题五	5	专题五	6	专题五	3
专题六	12	专题六	20	专题六	31
专题七	30	专题七	13	专题七	5
专题八	3	专题八	7	专题八	6
专题九	9				

3. 第 11 题调查问卷汇总

历史作业本要适当答疑或批改；适当看些视频；多讲些典型题目；讲解选择题解题方法；总是记不住，希望讲些记忆方法；适当使用多媒体；带我们出去玩一玩，比如爬窑山、南山；重视些细节的讲解；老师，我想和你谈谈……

基于问卷调查结果的诊断

1. 学生对历史学科兴趣普遍较高，但在学习方法、学习能力、解题技巧、识记方法、知识体系构建和知识应用等方面是比较薄弱或欠缺的。

2. 学业成绩和教师的个人素养与魅力对学生学习兴趣影响较大。

3. 在必修一、二、三这三本教材中，学生的学习均存在较大问题，尤其是必修二的经济文明史模块学生的"学困点"比较集中。

4. 学生的马虎大意是丢分的重要原因之一，教学中应重视学生良好学习习惯的养成。

5. 对于必修一的政治文明史模块，学生"学困点"的分布主要集中在专题一（古代中国的政治制度）、专题三（近代中国的民主革命）、专题七（近代西方民主政治的确立与发展）三个专题。

6. 对于必修二的经济文明史模块，学生"学困点"的分布主要集中在专题一（古代中国经济的基本结构与特点）、专题二（近代中国资本主义的曲折发展）、专题六（罗斯福新政与当代资本主义）三个专题。

7. 对于必修三的思想文明史模块，学生"学困点"的分布主要集中在专题一（中国传统文化主流思想的演变）、专题三（近代中国思想解放的潮流）、专题六（西方人文精神的起源与发展）三个专题。

8. 学生知识点上的"学困点"主要分布在理论性较强的专题内容上，教师教学中应注意学生历史学习的理论修养的培养，并尽量将复杂的理论用通俗化、简单化的模式呈现。

9. 教师日常教学中应注意加强教学常规的落实，并重视与学生之间的情感互动和个体关注。

（二）基于"学困点"的治疗

在了解病症、分析病因的基础上，最重要的就是确定治疗方案。基于以上分析，我采取了互逆的两种方式进行治疗。

1. 教师开菜单，学生点菜

在学生"学困点"诊断研究的基础上，教师针对学生学习中存在的问题来配药，列出解决方案的菜单供学生参考和选择。通常这类菜单有两种，一种是针对学习习惯养成、学习方法指导、学习技巧提升方面的指导意见或解决方案，比如对学习习惯养成我推出了阅读、理解、实战、反思、总结五步学习法的药方；对学习方法存在问题的同学，我开出了囊括标题、导语、前言、正文、注解、图表、链接于一体的立体阅读法的药方；针对学生对历史时间、事件等要素的记忆困难，我开出了谐音记忆法、比较记忆法、组合记忆法等药方。这些药方在坚持及时、对症的前提下还要注意表达的通俗化和趣味性，避免给学生带来新的负担。另一种是针对知识点问题而设计的菜单，此类菜单对学生而言是比较受欢迎的，点菜率比较高。在诊断研究基础上我针对必修一开出了如下菜单：分封制与宗法制的内涵与联系、君主专制中央集权制度的再认识、19世纪中期的中国与世界、《权利法案》《1787年宪法》《法兰西第三共和国宪法》《德意志帝国宪法》的比较认知共四道菜。针对必修二我列出了如下菜单：古代中国经济政策对经济结构的影响、近代中国资本主义经济发展的七个阶段、罗斯福新政与当代资本主义的新变化三道菜。针对必修三我列出了儒学的发展历程、思想解放与近代化的中国、文艺复兴与启蒙运动的比较三道菜。要求学生结合自身实际情况自主选择，但最多只能选择其中三道菜品尝，以避免出现"大锅菜"现象。待学生选择好后，经过统计分类，结合学生选课情况，列出课表，在自修课或假日活动时间进行开课，以小班化教学辅导的形式灵活而及时地解决了学生学习中存在的问题。

2. 学生列菜单，教师配菜、烧菜

在我任教的每个班级都专门推选了4位历史课代表，并按每组1位编排，其中有1位同学担任总课代表。每次我上课前通常会收到总课代表为我提供的一张答疑菜单，菜单上详细列明了自上次历史课结束后或某一单元学习完成后学生存在的疑问及课后作业中遇到的问题。这张菜单制定的过程是学生学习、发现、解惑、反思的过程，我鼓励学生在学习过程中遇到问题时不要直接去问老师，而是先思考再请教同学，对于同学之间无法解决的问题则提交到本组课代表手中登记，之后每个课代表会在规定的时限内将本组收集到的疑问上交总课代表并形成答疑菜单，再之后总课代表会在历史课前将这张菜单交到我手上。这张菜单是在经历了学生个体思考、彼此讨论、思想碰撞之后形成的，对教和学中存在的问题具有比较强的指向性和代表性，我会在即将开始的课堂上拿出 3 分钟左右的时间解答学生的疑问。如果问题较多，我会不定期选择完整的一节课用于答疑，这样既可以及时发现学生学习中存在的问题，又可迅速高效地解决学生疑难，节约了时间、降低了成本、提高了效率，也为学生养成良好学习习惯提供了平台。

（三）学生"学困点"的诊疗跟踪研究

学生的"学困点"具有一定的稳定性，同时也具有一定的动态性，教师在对学生"学困点"进行诊断和治疗的过程中，往往倾向于某一时期或某一阶段的"学困点"的关注，要克服这一弊端，需要及时发现和掌握学生"学困点"的诊疗效果和变化情况，并根据矛盾的发展和变化情况及时调整和改进治疗方案。

在定期和不定期的学业评价基础上，我将学生的评价试卷进行收集和整理，制订一张学业评价结果反馈表，通过反馈表的制订可以清晰呈现出学生学习中存在的"学困点"分布情况，然后再对"学困点"进行梳理归类，研究出学生是在哪些方面的学习中出现了什么类型的"学困点"，比如是知识性的"学困点"？还是方法技巧上的"学困点"？或是史观上的"学困点"？亦或是学习习惯上出了问题？在分析研究的基础上，对于同一类型"学困点"比较集中的学生进行小班化的指导，对于"学困点"比较分散的学生则采用个别交流的形式予以辅导和促动。

五　收获与反思

（一）学生的"学困点"分布具有稳定性、动态性和不均衡性特点，"菜单"的制订需要及时调整与变化，以适应学生新的发展。

（二）"菜单"的制订与调整必须建立在调查研究的基础上，"想当然"的方式往往容易偏离学生的发展方向，降低教学的有效性。

（三）"菜单式"教学法在学生"学困点"突破中发挥了及时、准确、有效的功能，对于推动学生学习与教学有效性方面起到了重要作用，而且强化了对学生的人文关怀，具有一定的推广价值。

（四）"菜单式"教学法的应用给教师的发展提供了新的路径，过程中推动了教师对学生的研究、对教材的研究以及对教师本人的研究，对于教师的个人业务水平和科研能力均提出了新的挑战。

（五）"菜单式"教学法的实施需要建立在教学场地的落实、教学时间的科学编排、教学经费的保障、校长教育理念的引领、学校教研氛围的创设等多种客观条件健全的基础之上，此法的科学实施需要学生、教师、学校三方的联动、配合与努力。

（作者徐百存，杭州市瓶窑中学教师，浙江杭州）

大历史"在地化"的课堂教学探索

——以《新民主主义革命》一课为例

朱　婷

现行高中历史采取"专题式"教学模式，是基于初中通史的教学模式。在缺乏初中课程基础的背景下进行专题教学，学生就会形成"碎片化"的历史。再加上教师"以考定教"的教学思路和学生"以背代学"的学习模式等问题，导致历史学科魅力逐渐丧失。

大历史的"在地化"课堂教学研究，力图借鉴黄仁宇立足当时历史进程，进行宏观分析、概括的研究视野，对教材内容进行重组，结合梳理整合后的相关地方课程资源，使学生通过可见、可闻、可感的人物、事件、遗址等"在地化"教学素材，形成对历史脉络、规律的整体认识，让学生完成"宏观—微观—宏观"的历史认知过程。本文将选取《新民主主义革命》一课教学案例，探索大历史"在地化"这一课堂教学模式。

一　教学主题确定：大历史视野下重组教材

"教学主题"是历史课堂的灵魂，可以串联知识的主要结构体系与反映的内涵、特性方向。大历史的"在地化"教学本身还是一种"主题式"教学模式，即在教学设计过程中，将琐碎的历史知识通过"在地化"生动的教学素材展现出来并围绕"主题"进行知识结构的展示、知识内涵的理解分析及在大历史观的方法引导下的领悟升华。

根据"大历史"的概念，必须先将新民主主义革命（1919年五四运动—1949年新中国成立）的30年历史进行压缩整合，然后研究教学主题。我们可以从历史发展脉络和特点的角度着手，确定大致思路：新民主主义革命作为唯物史观下中国近代史中的核心内容，是中国的民主主义革命在经历了农民阶级领导的太平天国运动和资产阶级领导的辛亥革命的失败后，新的阶级开始担负起中国复兴任务并取得重大成功的历史。

从课标上来看，《学科教学指导意见》中要求："概述五四运动和中国共产党成立的史实，认识其对中国社会变革的影响。"其实已指明了要学习的内容，即：五四运动和中国共产党成立这两个重大事件发生的背景、经过及影响。《学科教学指导意见》还要求："概述中国共产党领导的新民主主义革命的主要史实，认识新民主主义革命胜利的伟大意义。"这里明确了在新民主主义革命发展过程中，中国共产党发挥了积极的领导作用，新民主主义革命最终取得了胜利，具有伟大的历史意义。

从教材上来看，本课分为"五四运动和中国共产党的成立"、"国民革命"、"'农村包围城市'道路的开辟"、"中国新民主主义革命的伟大胜利"四个子目录。五四运动的爆发是中国新旧民主主义革命的分水岭，中国共产党的成立是中国历史上开天辟地的大事，从此中国革命的面貌就焕然一新了。国共第一次合作的实现，随即开展了轰轰烈烈的国民大革命，中国共产党领导中国人民开辟了"农村包围城市"的革命道路，不断探索和斗争，最终取得了新民主主义革命的胜利。

基于以上两点，我们试图运用"大历史"的宏观方法，重新观察这段历史。在分析、压缩新民主主义革命的大量史料的基础上，针对这段历史的脉络发展特点，我们对概念重新进行定位和解析。中国民主革命之所以成功，是得益于中国共产党的领导；而中国共产党的生命力，源于它不断的自我完善与创新。新民主主义革命取得了五个"新"突破：新的领导、新的核心、新的形式、新的道路和新的成功。从而完成了反帝反封建革命任务。

通过之前对知识内涵的把握，我们把教学主题确定为"中国梦新篇章"，探讨杭州是如何承载和见证中国复兴这个伟大的民族梦的实现的。教学主题凸显是大历史"在地化"教学的关键。这就需要教师在"在地化"的研究中寻找合适的载体，有目的地修剪相关信息，使教学素材最大程度地为教学主题服务。

二 教学主线的串联："在地化"资源中整合素材

"在地化"，即在大历史视野下对地方资源的重组以及通过这种重组来折射出大历史发展轨迹的过程。大历史"在地化"的课堂教学，必须结合"在地化"的概念，重新审视杭州地方史。如何把具有杭州地方特色的历史文化内涵渗透到重大历史事件之中，并体现其对历史发展的影响，这一问题是我们研究的另一个重点。"在地化"课程资源最大限度地为"大历史"教学主题服务，是整合教学素材并形成教学主线的关键。

"教学主线"不是脱离课堂教学而存在的纯客观环境，而是在各个教学要素的言语活动过程中，整体解读的视点与一系列相关因素交融后逐步形成的一种课堂结构。教学主线，既是课本知识核心价值的载体，又是教学活动的黏合剂，还是学生走进历史情境的线路指南，更是激活学生参与课堂的关键所在，它具有逐渐清晰、不断丰富、动态生成的活力。

《新民主主义革命》课例中，针对大历史下的五个"新"的内容，对照寻找同一时期杭州历史的发展足迹。通过史料搜寻，无论人物、事件，还是遗址、遗迹等等，新民主主义革命的各个时期都在杭州留下印记。杭州市定位为全国文化旅游城市，许多历史遗址的保存、开发工作做得比较好。于是，我们就结合现在的杭州历史遗存，寻找各种相关素材，并结合大历史的内容进行典型素材的锁定，大致如下：

五四运动印记：在五四运动的影响下，杭州的学生掀起了著名的"一师风潮"。而这次学生运动的主要发起者和倡导者——浙江第一师范学校，其遗址就保留在现今的杭高校园内。

党的诞生印记：中国共产党杭州小组诞生在素有"红色街巷"之称的小营巷，由江浙地区第一位工人党员徐梅坤在中央的帮助下组织建立。今天在小营巷仍有中共杭州党小组成立的纪念碑和纪念馆承载着这段红色记忆。

国民革命印记：杭州南高峰上的血园陵是国民革命军第二十一师北伐阵亡将士墓。建于1927年4月至7月间，是原国民革命军二十一师师长严重主持修建的，"文化大革命"时遭到严重破坏。2013年重修的"血陵园"现已开放为遗址公园。

土地革命印记：缺失。

抗日战争印记：被称为"桥坚强"的钱塘江大桥于1937年落成，至今服役81年，曾在抗日战争中为切断日军的交通命脉而被炸多次。钱塘江大桥几度被炸毁和重建见证着抗日战争时期杭州人民与日军不屈不挠的抗争。

解放战争印记：渡江战役之后，中共解放杭州的战役于1949年5月3日打响，解放军于下午3点占领杭州。为纪念这一时刻，53年后的5月3日，钱塘江畔，杭州解放纪念碑正式落成。

教育学专家盛群力认为："（教育的有效性）应该包括三个方面：教学的效果、教学的效率、教学的吸引力。"从"在地化"的教学探索中发现，只要利用好地方史中大量生活化的、身边的、亲切的素材，化抽象为具体，就能给学生以代入感，提高学生的学习参与性、积极性和主动性。这就需要教师能够有一双慧眼，有一颗慧心，留意生活，不时地把身边的丰富的、新鲜的教学素材收集起来，充实课堂教学，服务于教学目标，关键还要常换常新。

三　教学环节的设计：《新民主主义革命》课堂教学

以下是《新民主主义革命》课堂教学环节的设计过程：

（一）教学目标

知识与能力：掌握新民主主义革命期间重大历史史实，明确阶段发展脉络特征。

过程与方法：史料运用；合作学习；课外探究。

情感态度与价值观：通过杭州城市印记的寻找，加深学生对杭州的了解与热爱；通过学习中国共产党 28 年的革命斗争，培养学生不屈不挠的品质。

（二）教学主题

"杭州城@中国梦——新民主主义革命巡礼"，通过新民主主义革命期间杭州城市活动踪迹，探讨杭州是如何承载、见证着中华民族伟大复兴的民族梦的实现。

（三）教学主线

以杭州城市印记（同一情境教学素材）的寻找、展示

（四）教学过程

1. 全文定位：中国梦是民族复兴之梦，而新民主主义革命的胜利是民族复兴的第一步，完成了反帝反封建的伟大历史任务，是梦之缘起。

2. 导入：开始就以三张武林门的照片（1916 年、1949 年、2014 年）进行对照。作为杭州地标的武林门，在前天、昨天和今天的巨大变化，把抽象的概念具体化，让学生来感受，印证杭州在中国梦实现过程中所经历的巨大变化，导入"中国梦新篇章"这个主题。

3. 课堂主体分为四个部分。

第一部分是"寻迹杭州城"

设计思路：把新民主主义革命的五个重要的历史时期，分别对应寻找城市印记，分别寻找最能体现该历史时期的杭州红色记忆，以独具杭州味道的地方史教学素材为主体，说明杭州城是如何见证并承载起中国复兴这一伟大梦想的。把"在地化"的史料运用到课堂教学中去，给学生以"历史就在身边"的切身感受，以次线引领课堂。

教学过程：教师引领，展现素材，学生参与。（参见前"教学主题的确定""教学主线的串联"部分）

第二部分是"心怀中国梦"

设计思路：从小历史走向大历史，从次线回到主线。以杭州印记为线索回味新民主主义革命的历程和重大历史事件，同时让学生对主线与次线进行对照、比较。这里教学设计的亮点在于"历史的玩笑"——土地革命这段重要历史在杭州城市印记中的缺失，展开充分的讨论是"疏忽"还是"刻意"，强化教学的重点"农村包围城市"革命道路的内容，加深学生对于重点知识的理解。通过这种比较、讨论，充分让大历史主线和地方史次线在碰撞过程中有机交融。

培养能力：合作学习能力

活动设计 1：整理

请你结合杭州新民主主义革命的相关历史内容，快速阅读课本内容，找出新民主主义革命时期重大的历史事件。（给出时间轴）

活动设计 2：分期

根据重大历史事件表，对新民主主义革命进行分期并说明理由。（明确阶段特征）

活动设计 3：讨论

对照中国新民主主义革命的历史，我们不难发现，我们今天的这段杭州寻迹之旅中少了一个重要的阶段。思考：

（1）寻迹杭州城的过程中，我们少了新民主主义革命哪个重要阶段？

（2）为什么杭州会少了这个阶段？是我们的疏忽还是杭州城的缺失？

第三部分是"破译梦密码"

设计思路：这一部分的设计是主题知识的升华，对于中国新民主主义革命进行深入剖析。从概念破译到地理破译再到历史破译，三个层次逐级加深，把课本知识在主线基础上进一步升华。

培养能力：概括分析能力

活动设计 4：概括能力。根据表格，结合分期，思考如何定义新民主主义革命的概念。（给出提示词：领导阶级、革命主力、革命任务）

概念：无产阶级领导的广大人民群众参与的反帝反封建的民主主义革命。

活动设计5：定位能力。给出中国地图，结合表格内容，进行地理定位。

定位：从北京开始到北京结束，最终形成火炬形象，加深历史印象。

活动设计6：综合能力。结合本专题民主主义革命的历程和结果，你能得出什么认识？

认识：新民主主义革命到社会主义革命是历史的必然。

第四部分是"照亮梦现实"

设计思路：这一部分的教学目的是尝试从课堂走进生活，对历史课程进行延展，试图实现历史为现实服务，尝试培养学生实践和研究的能力，也试图唤起学生在课外对于家乡、对于生活、对于历史的关心，与寻找杭州城市更多地承载中国梦的印记。

培养能力：实践拓展能力

请学生以新民主主义革命为主题，结合你所了解的杭州历史名胜古迹，选择其中任意一个景点，请你为这个景点写解说词。给出范例——杨虎城故居解说词，展示撰写解说词的要点。

4. 课堂结尾：中国梦的延续，中国梦在此只完成了伟大复兴的第一个阶段。在中国强大的未来需要每个学生承担起中国梦的实现。"民族兴，中国梦！杭城梦，大家梦！时不止，梦不息！"

四　教学实践的思考：大历史"在地化"的是是非非

通过《新民主主义革命》课堂实践，我们发现大历史的教学有利于学生明确把握历史发展的脉络与进程，"在地化"的教学素材能极大地激发学生的课堂参与性，这种教学有利于知识重点、难点的突破，课堂活动环节的设置，增强学生合作学习的意识与能力。

但是，根据《新民主主义革命》课堂教学实践中出现的问题，也为大历史"在地化"进一步的探索，留下一些思考方向。

第一，"在地化"课程资源的整合问题。是不是每一个"大历史"主题设想，都能找到"在地化"课程资源来承载？以及如何挑选有效的、典型性的、具有发展性的课程资源来为主题服务。

第二，课本具体知识点的落实问题。大历史"在地化"教学可能会侧重历史脉络和整体框架，完成重点和难点的突破，而具体知识点落实就要靠学生在课后的学习。对于普高、优高的学生来说，如何在这个方面加强落实？

第三，大历史"在地化"的典型性问题。是不是所有的必修课程都能进行"在地化"教学？如何确定"在地化"的教学范围以及如何把"在地化"教学系统化、完善化。

小 结

大历史的"在地化"教学，最大的特点是历史教学与学生的日常体验相结合。学生能够从认识身边到认识历史，从认识中国到认识世界，反之也同样。双线索交叉融合，有利于加深学生对历史的认识和感悟，从而为学科教学中的情感道德教育打下扎实的基础。随着大历史"在地化"研究在高中历史教学中的探索与实践的深入，应该会对历史有效性教学提供一种系统的全新的思路和途径。

参考文献

［1］胡炜：《握住历史课的灵魂——基于"专题模块"体例的"主题式"教学设计的思路》，富阳二中。

［2］李文生：《高中历史教学与包头地方史结合初探》，硕士学位论文，内蒙古师范大学，2007年。

［3］任尚茹：《充分挖掘地方史资源，积极开发校本课程》，《牡丹江教育学院学报》2001年第4期。

［4］盛群力：《现代教学设计论》，浙江教育出版社1998年版。

［5］席隆乾：《有机建构主义教育》，社会科学文献出版社2013年版。

［6］朱可：《高中历史课堂教学内容应该如何取舍？——以"近代科学之父牛顿"一课为例》，《历史教学》2013年第7期。

［7］《浙江省普通高中新课程实验学科实施意见》，浙江教育出版社2006年版。

［8］《浙江省普通高中新课程历史学科教学指导意见》，浙江教育出版社2009年版。

（作者朱婷，杭州第二中学东河校区教师，浙江杭州）

问题导引式"四步教学法"课堂实践研究

方　群

一　问题提出

(一) 形势发展需要教师转变教育教学观念

随着课程改革实验工作全面启动和新一轮课改的推进，每一位教师都经历着从理念到行动的全新改革，越来越多的教师认识到传统的教学已经不适应新形势的需要，必须加快转变教学观念、教学手段，做到以学生为主体。但实际教学中传统的教学模式还占据重要地位。大家都试图获取一种科学有效的方法，力求更加切合实际、准确有效的教育教学途径。

(二) 学生的学习状况分析

在教学实践过程中，对学生历史课程的学习状况进行了分析，开展了问卷调查。绝大多数学生对历史这门学科是感兴趣的，他们是愿意学习的。但学生对历史记忆感觉困难或不喜欢，他们希望掌握对历史知识的思考、分析、归纳能力，并能对历史材料进行处理。学生们对于历史的学习有点盲目，对学习历史的意义和目的不够明确。学生在历史学科的学习中还有许多误解。把他们从历史只是死记硬背的这种误区中引导出来，改变课堂教学呆板、枯燥、乏味的局面，使历史课变得生动、活泼、有趣，从而激发学生的学习兴趣，培养他们在历史学习中归纳、比较、概括、分析的能力，显得越来越重要。

（三）教学实践的反思

来自于中学历史教学第一线的老师都碰到过这样的抱怨：学生对历史课不重视，该掌握的知识点没掌握，该完成的作业不认真或不完成。历史课是副课，课堂上除了讲故事时或听到感兴趣的内容时学生还比较积极以外，其他的时候不认真。这些抱怨的产生从另一个角度反映了历史教学存在的问题，如何改变教学手段，提高学生的学习积极性，让学生参与到学习中来，亲身体验获取知识的过程，从被动受教到主动学习，体验自己探寻和解决问题后的成功和快感，从而提高教学的效率，自然需要我们教师去思考和行动。

二　概念阐释

问题导引：指的是在教学过程中学生的课前预习、课中的重难点突破、知识的迁移运用、课堂的及时巩固均以问题为主要推进手段，问题的提出和生成与问题的阐释破解并进。

四步教学法：指完成教学目标任务的四个主要环节：寻疑—析疑—生疑—破疑。即第一环节学生针对学习目标任务自主学习，提出疑难问题；第二环节教师根据学生的学情及提出的疑难问题进行教学设计，在课堂上引导学生通过各种手段剖析疑难问题；第三环节引导学生在已学知识的基础上设计生成新的问题，进行知识的迁移运用；第四环节针对所学知识进行巩固学习式的问题检测，最终解决问题，完成课堂教学任务。

三　理论依据

问题导引式"四步教学法"注重两个方面：一是从人本主义出发，注意发挥学生的主体性，以培养学生的学习能力为目标。教师在教学中根据学生的最近发展，布置一些有关新教学内容的学习任务，组织学生自学，在自学之后让学生交流讨论，发现他们所遇到的困难，然后教师根据这些情况对学生进行点拨和启发，总结出规律。二是注重以问题解决为中心的探究式教学，注重学生的独立活动，着眼于学生的思维能力的培养，建立一个民主宽容的教学环境，充分发挥学生的思维能力。在这里人本主义理论与建构主义教学观为我们提供了很好的理论依据和指导。

四　实践探索

（一）自主学习，提出问题

这是教学的第一个环节，属于自学辅导式的教学环节，是在教师的指导下学生自己独立进行学习的阶段。

本文主要做法是以导学案的方式进行"学前导"。学生依据教师设计的导学案先进行自主学习，通过阅读书本、翻阅参考书籍、上网查询资料、学习小组讨论等方式，学习所学内容的基本脉络和知识要点，梳理基本知识框架，在此基础上，对于学习的疑难点以问题的形式提出，由学习小组的学科长汇总给任课教师。教师根据学生的自主学习情况，了解学生对教材的把握及疑难所在，有针对性地处理教材，将教材与学生的学情有机整合，精心设计，合理调控"教""学"，提高课堂教学效率。学生通过自主、合作、探究、交流等学习活动，成为学习的主人。

这一环节需要特别注意的是，用于学生自主学习的导学案的设计要精心，课标的要求是什么？学生需要做什么？教师对学生的要求是什么？这些问题一定要明确，导学案的设计就需要包含这些内容。导学案的编制设计也需要依据教学内容的特点采用不同的模式，一般包含学习目标、自主预习、找出疑难问题三大块，其中自主预习包括概念阐释、知识梳理、问题探究、知识整合、学习拓展等内容。但根据不同章节内容设计有不同的侧重。

学生的学习过程也是方法形成的过程，导学案中我们还设计了一些"方法活动"环节，教会学生如何看书、交流、合作。例如：参考教材第几页，动手画一画知识框架、边阅读边识记，动动手标注在书本上，结合材料回答问题等等。

在导学案自主学习的基础上，针对预习内容中的一些难点、不懂的知识点或需要老师进一步讲解的内容，以问题的形式写出来，学习小组先互相交流，能自行解决的先解决，仍然解决不了的，以学习小组为单位，由小组学科长负责记录汇总，交给课代表，统一交给教师，以此作为教师了解学生先学情况的依据。教师对各小组汇总的疑难问题进行删选、归类、合并，并做成课件，作为课堂上使用的材料。

（二）合作探究，剖析问题

基本程序：（1）展示学生自主预习后提出的疑难问题，并附上学生的姓名或学习小组名，以示表扬，调动学生学习的积极性。疑难问题中具有拓展性的问题放到教学的第三环节，教师根据教材内容设计增加一些解决重难点知识的问题，与学生的疑难问题放在一起来学习；（2）以学习小组为单位申请一至两个疑难问题，分学习小组进行讨论，教师巡视指导；（3）每个学习小组派出代表对申请的问题进行分析阐述，其他小组可提出质疑或进一步补充发言，教师进行引导、点拨或运用一些教学资源进一步阐释，解决疑难问题。

这一环节特别要注意的是，教师要对学生提出的疑难问题选择、整合、加工，结合所要学习的内容进行一定的教学设计，补充需突破重难点知识讲解而刻意设计的问题，使这一环节的课堂教学能围绕教学的核心目标而进行，精心设计课堂教学，充分调动学生的参与积极性，以完成教学目标任务为导向，最终增强学生自主学习的能力。

梁启超曾说："教员不是拿所得的结果教人，最重要的是拿怎样得出结果的方法教人。"教师的责任不仅仅是向学生传授知识，更重要的是培养学生的能力，更应该重视学生自己对各种现象的理解，倾听他们的看法，思考他们这些想法的由来，并以此为据，引导学生丰富或调整自己的解释，这是提高课堂教学效果的有效途径之一。

（三）激活思维，生成问题

学起于思而源于疑，问题是思维的起点，也是思维的动力。在课堂教学中，恰当运用课堂设问，诱发学生的思维火花，会使学生自觉进入探索者、发现者、创造者的角色，充分发挥其在课堂中的主体地位，积极思考，主动参与。

在同学们的自主发言和热烈讨论了二十几分钟后，疑难问题基本解决后，教师对所学内容的基本知识点进一步进行梳理，形成基本的知识框架。为进一步深入学习，教师要引导学生在已学知识的基础上加以概括，设计出一些具有探究性的新问题来进一步探讨和深化。于是可以先展示自主预习时同学们提出的一些属于拓展性思维的问题，给学生做个示范，要求同学们结合本节课的内容，针对刚才同学们的讨论再设计新问题。可以单独完成，可以几个同学合作，设计者可以就自己设计的问题提问班级的任何同学，遇到难点还可以提问老师。课堂气氛热烈起来，学生的探究思维进一步被激活。同学们马上行动起来，设计的问题评议后选取几个，进一步展开讨论。

课堂上，对设计的新问题，展开进一步的讨论。探讨这些问题时，教师要加以适时的引导。通过这个环节的活动，一方面让这种学生积极参与的课堂继续进行，另一方面及时引导，巧妙地对课时内容的重难点问题进一步进行探讨和解决。宽松、和谐、民主的课堂气氛容易使学生迸发出思维的火花，也敢于发表自己独到的见解。

（四）全员参与，破解问题

通过课前自主预习，提出问题；课中探究剖析问题，进一步激活思维；探究生成新问题，解决新问题的教学三环节，教学目标已经基本完成，需要在教师引导下对所学内容进行总体的梳理和回顾，进一步设计问题进行巩固性检测，通过巩固性检测，发现漏洞，矫正性学习。

　　检测的形式也可以多种多样，可以纯题目检测、可以随机抽答、可以设置情景题巩固、也可以以学习小组为单位竞赛。以学习小组为单位的竞赛形式比较受学生欢迎，通过以小组成员设计提出问题和正确回答别的小组问题的多少分别作为计分项，设计的问题质量好，回答正确问题多，最后总分高者为胜出小组和个人。分别评出小组和个人前三名，获得五颗五角星奖励，计入平时的学习量化加分中，以示鼓励。要注意的是，这一环节，教师的引导作用很重要，需要对课堂进行总体把控，以免偏离课堂和太过于散漫。以竞赛形式、学生出题和小组为单位的检测，激发了学生的合作意识、竞争意识及参与积极性，主体作用进一步得到体现和肯定。

五　几点思考

　　（一）提高课堂教学实效已经成为大家的共识，但课堂教学是个充满互动变化的过程，任何课堂教学都不可能只有单一的手段和方式方法，也没有绝对固定的格式，更多时候是多种教学方式和手段的结合运用，只不过以哪种为主而已，所以不能背离基本的教育教学规律，否则都不可能很好地完成教育教学目标任务。

　　（二）充分发挥学生的主体作用，绝不能忽视教师的引导作用。及时引导，及时应对，不能让课堂漫无边际，完全游离于课程之外。组织课堂教学，调控课堂进程，引导课堂学习，适时发表自己的观点，与同学们进行亲切的交流，这样才能更好地把握课堂教学。

　　（三）教师需要投入更多精力钻研课程标准，钻研教材，阅读收集更多的参考资料，认真备课，整合教学，精心设计，关注教学的每个环节，并要充分预测可能出现的问题，考虑如何应对，给予学生更多的指导。

　　（四）学生问题的设计，四个环节的操作，要事先给学生一些指导，一些示范，开始的时候也许效果不理想，要及时反思和矫正，先易后难，多肯定，多表扬，不断提高。

"教学有法，教无定法"，只有选择适当的教学方法，才能使我们的课堂教学环节优化、过程动化、问题探究化、交流互动化、体验有效化，从而激发学生积极参与学习的全过程，成为学习的主人，提高课堂教学效果。

参考文献

［1］陈佩君：《"以学定教，先学后教"教学策略的探讨》，《教学研究》2012 年 2 月。

［2］陈晓端：《当代教学理论与实践问题研究》，中国社会科学出版社 2007 年版。

［3］高文才：《高中历史课堂教学效果研究》，2012 年 12 月 。

（作者方群，浙江省淳安中学教师，浙江杭州）

"补短"更应"扬长"

——非优质生源普高历史课堂用逻辑思维简化教学的研究

孙　琳

一　历史学习的"飞短流长"现状

（一）认知心理学关于陈述性知识与程序性知识的区分

普通高中历史课程标准中将课程目标定位为"通过学习，扩大掌握历史知识的范围，深入地了解历史发展的基本线索；对历史唯物主义的基本理论和方法有所了解，初步认识人类社会发展的基本规律，学会运用科学的理论和方法认识历史和现实问题，逐步形成科学的世界观和历史观；梳理不断完善自我、为祖国社会主义现代化建设做贡献和关注民族与人类命运的人生理想。"[1]这与认知心理学中将事实性知识目标与能力目标加以区分的原则相吻合。前者称为陈述性知识目标，后者称为程序性知识目标。"所谓陈述性知识是个人有意识的提取线索，因而能直接陈述的知识；程序性知识是指个人无意识的提取线索，因而其存在只能借助某种作业形式间接推测的知识。"[2]陈述性知识大多属于注重记忆与理解的知识，而程序性知识在历史学科中又可归纳为两类：一是注重历史事实背后的历史智慧、思维方式和发展规律；二是注重历史事实中的情感升华和价值观塑造。

（二）陈述性知识的"短"

作为一所普通的高中，学生的生源并非所谓意义上的优质。与

"优质生源"相比，两者最大的区别并非智力水平上，而是学习方法、学习习惯和学习内驱力上。他们在学习上更多的是处于被动的学习状态。而高中历史学科的学习，陈述性知识仍是根基，它是以历史事实为主，需要理解和记忆的知识。没有陈述性知识做基础，以分析、综合、比较等为核心的程序性知识也无用武之地。

1. 认知水平和遗忘规律造成的"短"

（1）认知水平的局限

从发展心理学的观点看，高中阶段又可称为学龄晚期或青年初期。这一阶段他们的思维能力、感知觉、记忆力和注意力都得到了极大的发展，但由于他们刚刚进入成熟期，心理发展并没有完全成熟，尤其是高一的学生，与成人相比其稳定性和认知水平仍有一定差距。往往在教师看来易于理解和记忆的内容，学生可能不能轻松理解，于是便会转换为硬性的死记。例如在讲解中国古代政治史中"郡县制的建立是官僚政治取代贵族政治的重要标志"时，学生对"官僚政治"不理解，甚至对"官僚"一词都是模糊概念时，为了考试，他们的本能反应是将这句话背下，势必会造成记忆痛苦，且对郡县制的理解仍然不清。

（2）遗忘规律的作用

艾宾浩斯的"遗忘曲线"表明遗忘在学习之后立即开始，而且遗忘的进程并不是均匀的。最初遗忘速度很快，以后逐渐缓慢。输入的信息在经过人的注意过程的学习后，便成为了人的短时的记忆，但是如果不经过及时的复习，这些记住过的东西就会遗忘，而经过了及时的复习，这些短时的记忆就会成为了人的一种长时的记忆，从而在大脑中保存着很长的时间。如果历史的学习只是单线性的、片段式的学习，那么这些知识在没有及时复习的情况下便会很快被遗忘，也就是学生常抱怨的"背了也记不住"。教师在上课时可以将原有知识和新学知识进行逻辑整合，那么在学习这课内容可以刺激以往记忆，那些原本的短时的记忆便能在无形中得以巩固，于无声处促记忆。

2. 兴趣动因造成的"短"

歌德说过："哪里没有兴趣，哪里就没有记忆。"

（1）教材方面因素

高中新课程历史教材在编写上突破了朝代编年而以模块为框架、以专题为基本单元，乍一看组织性和跳跃性强、知识的横向联系和综合程度有所提高。而对于高一的学生来说这样的排列显得知识点较为杂乱，结构较为松散。学生把握不好，对学习理不清头绪，便丧失了学习和复习的兴趣。

（2）对历史理解不当

笔者在与学生交流的过程中发现，学生对于课外的历史知识有着浓厚的兴趣。但一提到课本、会考、高考的历史，学生总有一种观念：历史学习就是死记硬背。从而导致对知识点学习的兴趣不高，表现在做题时不愿做材料题，理由就是"不会做"，一看到那么长的材料就觉得头痛。因此，这种内驱力降低导致他们成绩肯定提不高，兴趣肯定会下降。

3. 外围创设的"短"

将历史的智慧纳入历史教学并不是一件容易的事。教师在日常教学过程中为了实现三维目标的设定，教学手段和方法上也日趋多样化。但这样的多样化有时并未克服学生在记忆上的"短"。例如在讲解新中国初期外交时，可以举出万隆会议"求同存异"方针在处理国际关系时的智慧的例子。老师想象着自己精彩的讲解肯定会使学生们得到历史中的智慧。其假设的心理基础是：我讲的是充满智慧的历史事件，听的学生当然也就应该掌握那些智慧了！这种观念忽视了学生个体理解的差异，将教师的理解当作教学的根本，从而违背了教育的初衷。

（三）程序性知识的"长"

1. 新课程机遇下对程序性知识关注的"长"

《普通高中历史课程标准（实验）》在前言中便强调了历史课程的性质，"是用历史唯物主义观点阐释人类历史发展进程和规律，进一步培养和提高学生的历史意识、文化素质和人文素养，促进学生全面发展的一门基础课程"[3]。赋予了历史教育与教师厚重的社会人文价值观和思维能力培养的责任。

历史学科是在两纲教育中具有独特魅力的学科，它具有先天的人文性，承载着有关生命认识、生命价值、生命质量相关内容的诠释。历史作为一门古老的学科，潜藏着厚重、深刻与哲理，其鲜活的学科知识使历史课堂丰富多彩、趣味盎然，而且能够引起思想交融、心灵共鸣。新课程改革的推进过程中也更加注重倡导自主、合作、探究的学习方式，更加重视师生互动的教学过程和学生思维、应用能力、情感态度价值观方面的培育。也就是说，在当前的情况下，对学生程序性知识培养的关注度加强，成为一种外部支持的"长"。

2. 非优质生源学生的潜力

相比于陈述性知识的"短"，程序性知识"长"并非体现在事实上，也就是说对于非优质生源的学生来说，他们并不是说有更强的分析、综合、比较等方面的能力，而更多地体现在他们有这样的思维潜力和兴趣。

高中生的思维发展达到了新的水平，具有更高的抽象概括性、反省性和监控性的特点。他们能够用理论作指导分析综合各种材料，以不断加深对事物发展规律的认识，抽象逻辑思维趋向理论型。到高中二年级，这种理论型思维发展趋于成熟并基本定型。各种思维成分趋于稳定状态，这给高中学生辩证思维的发展做好了准备。

通过对学生的观察我发现，所谓的"平庸生"和"学优生"更多的差异体现在学习方法和学习习惯上，在智力方面其实并没有很多差异。甚至，他们在思维能力和实践智力上可能更加活跃，即所谓的程序性知识的"长"。

二 "补短" 更应 "扬长" 的重要性

当代国际著名的教育心理学家罗伯特·斯滕伯格曾提出了关于"成功智力"的教育理论，"特别强调了发挥优势，扬长补短，扬长避短。每一个人都有其长处和短处，重要的是要适应、塑造和选择环境，以调节自己的思维和行为。"[4]

原为薄弱初中的上海市闸北八中"偏爱差生"，强调每个学生都有成功的可能性，帮助学生成功，使他们在成功的体验中建立积极的心态，主动学习，开发潜能，创造了当代教育史上的一个奇迹。树立了"给学生寻找成功的契机，体验成功教育"的教育理念。

我们的学生在陈述性知识上的缺失，更需要发挥他们在程序性知识方面的潜力，将他们的长处发挥出来，用逻辑思维为历史教学做减法，帮助学生更有效地记忆，从而避免陷入低效的单纯的记忆中。

三　历史学习的"逻辑助学"策略

逻辑是人的一种抽象思维，是人通过概念、判断、推理、论证来理解和区分客观世界的思维过程。而历史课堂教学中的逻辑主要从以下三方面探讨：

（一）从历史发展的内在逻辑简化理解

历史课堂的教学内容主要是过去的人与事，即通常说的狭义历史。毫无疑问，历史事件都是由背景（原因）、内容（过程）、影响（结果）构成的，所以说，历史都是有逻辑的。这种逻辑可以称为"事实逻辑"，"主要体现为客观的、必然的历史顺序，以及前后的因果联系，是历史学科逻辑的重要部分。"[5]而思想史也是一个不断否定之否定的过程，有其内在的理路。

一位老师在《宋明理学》一课的设计上就很好地体现了对理学思想发展的逻辑梳理：从宋明理学产生的背景来看，由于孔子在创立儒学之初未能构建完备的哲学思想体系，还在后来成为受佛、道两家强烈冲击的主要弱点，因此宋代的士大夫便着手在借鉴佛、道理论的条件下，将儒家的传统道德提升到"天理"的高度，从而形成了一整套囊括天人关系的严密思想体系，其实质是经哲学体系化包装的儒学思想，是在弥补儒学自身缺陷的基础上对儒学的继承与发展。也就是说从逻辑角度上，宋明理学要做以下几件事去弥补自身缺陷：

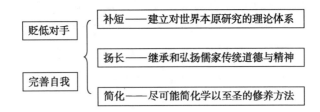

这样的设计解决了长期以来宋明理学晦涩难懂的问题，使学生很容易掌握，从而引发理学和心学的内容，知识条理一目了然，自然记忆也更加深刻。

（二）从课程实施的教学逻辑重构框架

"如果只能按课文或历史本身的发展逻辑来讲历史，就很难满足中学生的学习需要，也就很难奏效"[6]，"好的逻辑"还包括在复习时能整合教材和课程资源，达到专题内和专题之间的逻辑整合，以助于简化复习，深化理解，达到更好的记忆效果。

在复习高一"中国的宪法发展"这一主题内容时，我将书本的知识点进行有效整合，突出内在的事实逻辑：

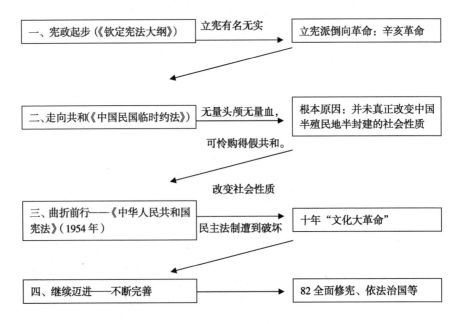

通过这样的逻辑梳理，学生在复习过程中减轻了记忆的负担，将片段式的知识内容连接起来，形成一环紧扣一环的教学逻辑，同时也深化了对复习内容的理解。

（三）从学生的认知逻辑拆分识记

历史教学还必须遵从学生的"认知逻辑"，主要体现为学生在元知识上的逐步构建，在逐渐丰富的史实上的归纳与抽象。在处理知识内容的时候可以通过巧妙的教学设计拆分识记。

四 结语

每个学生都是独特的个体，学生的优势能力不是一成不变的，希望在历史课堂中能尊重并相信学生，发挥学生的优势潜力——逻辑思维的方式，为学生的劣势——陈述性知识的识记作"减法"，从中发现他们自己的强项特质，培养自信乐观的学习态度，用我们的人文关怀唤出他们潜在的独特能力。

参考文献

［1］《普通高中历史课程标准（实验）》，人民教育出版社。

［2］皮连生：《智育心理学》，人民教育出版社1996年版。

［3］《普通高中历史课程标准（实验）》，人民教育出版社。

［4］马兰、盛群力等编著：《课堂教学设计——整体化取向》，浙江教育出版社2011年版。

［5］冯波：《也说"好课要有好的逻辑"——以孟子思想的理路为个案》，《历史教学》2013年第4期。

［6］徐赐成：《好课要有好的逻辑——以〈辛亥革命〉一课为例》，《历史教学》2012年第11期。

（作者孙琳，杭州高级中学，浙江杭州）

复习备考篇

谈高三历史二轮复习的几种学习方式

方华新　　方科文

一般在高三第二个学期的第二个月，或者是离高考还有百日左右的时间，以"基本知识和基本技能"为核心（贯穿过程与方法、情感态度与价值观）的高三历史第一轮复习结束，进入高三历史第二轮复习。第一轮复习按部就班，重基础，重基本技能，大多数历史老师意见总体统一，只是在具体的教学方式上各有各的处理，各有各的特色，各有各的效果。但如何进行第二轮复习，仁者见仁，智者见智，分歧很大，许多老师也感到很迷茫，不知道怎么样的教学安排是合理的，很难说哪种办法是最有效的。在实际操作中，还经常会发生不是非常合理的教学安排：一是以练代教，主要是练习——讲解为主；二是炒冷饭，总体按照第一轮的复习模式，带着学生再复习一遍，线条粗一些，速度快一些，重点突出一些，目标还在于基础知识和基本技能；三是依赖资料，订一份外来的所谓二轮复习资料，完全依据资料复习，学生学资料，老师讲资料，课外做配套的资料练习；三是以讲代学，按照高考考纲，将专题改成通史，老师讲线索，讲阶段特征，讲重点知识，学生被动地学；四是无序复习，东一榔头西一棒槌，想到什么复习什么，复习到哪里算哪里，如此等等，这些做法效果肯定都不会很好。所以，研究与尝试二轮复习的学习方式，很有必要。

要提高二轮复习的效果，首先要考虑教学的立意暨明确二轮复习的目标是什么？目标明确了，然后再根据目标来思考教学的方式方法，这叫有备而来。笔者认为，高三历史二轮复习的主要目标复习是应考，立意就应该是"以标定教、以考定教和以学定教"：围绕课程标准和高考的命题特点和知识、能力要求，结合学生一轮复习的实际情况，通过通史知识结构的完整建立、主题式重点专题知识的适当拓展、解题能力的有效培养、学生自主复习意识和习惯的进一步培养等途径，来提升学生历史应考水平。依据这样的理解，结合多年来的教学实践，提出如下三种二轮复习的学习方式，仅供参考，欢迎讨论。

一　一段一理多视角——以通史阶段知识线索建构为核心的复习思路

在第一轮专题复习中，通过必修和选修教材的学习，学生从政治、经济、文化思想、人物、战争与和平的角度初步掌握了相关专题知识，了解了中外历史发展的专题脉络，培养了一定的学科思维能力与解题能力。但我们也明显感觉到学生缺乏通史知识，所以对历史的了解时序混乱，知识之间的联系很困难，东拉西扯，笑话不断，老师没办法，学生很烦恼。所以，第二轮复习就要解决学生通史知识的建构问题，况且，高考考试说明也是按照通史的体系来展开的。为此，我们采取以通史阶段知识线索建构为核心的复习思路，称之为"一段一理多视角"，这是二轮复习的主要部分。

（一）明确划分几个阶段。

一般，我们把历史分为中国古代史、世界古代史、世界近代史、中国近代史、世界现代史、中国现代史六个阶段。

（二）分阶段建立知识结构体系。

如中国近代史可以简单地梳理如下：

（三）对应教材章节

以中国近代史为例：

教材章节有：必修 1 专题二《近代中国维护国家主权的斗争》、专题三《近代中国的民主革命》，必修 2 专题二《近代中国资本主义的曲折发展》、专题四《中国近现代社会生活的变迁》部分相关内容，必修 3 专题三《近代中国思想解放的潮流》、专题四《20 世纪以来中

旧民主主义革命
- 19世纪40—60年代：清朝开始沦为半殖民地半封建社会
- 19世纪60年代到20世纪初：民族资本主义产生发展和中国半殖民地半封建社会完全形成
- 20世纪初到五四运动前：资产阶级民主革命和北洋军阀的统治

近代中国

新民主主义革命
- 1919—1927年：新民主主义开端到国民大革命、第一次国内革命
- 1927—1937：国共十年对峙、土地革命战争时期、第二次国内革命战争时期
- 1937—1945：抗日战争时期
- 1945—1949年10月：解放战争时期、第三次国内革命

国重大思想理论成果》相关内容；选修4第四单元第一课《中国民主革命的先行者孙中山》，第五单元第四课《新中国的缔造者毛泽东》相关内容。

（四）多视角解剖阶段特征。

以中国近代史为例：

1. 阶段特征（以近代化为主题）

第一阶段：中国近代化的孕育：（1840—1860）

【阶段特征】这是中国开始沦为半殖民地半封建社会和旧式农民战争时期。基本历史特征：在外国资本主义的侵略下，在西方文明的冲击下，中国社会发生巨大变革，由农耕文明时代开始向工业文明时代演进，即中国开始沦为半殖民地半封建社会。要通过中外各方面对比分析巨变原因。

经济：列强对华进行商品输出，外资企业出现。中国传统的自然经济逐步解体，新的经济因素处于萌发状态。

政治：封建制度日益衰落，两次鸦片战争。鸦片战争标志着中国半殖民地半封建社会的开始。第二次鸦片战争使半殖民地化加深，也使清政府权力结构发生变化。人民反侵略反封建的斗争不断增强。太平天国运动是旧式农民战争的最高峰，又呈现出新的时代特点，在反封建的同时又反侵略，维护中国的独立与主权。

思想：先进的中国人逐渐认识到中国落后，开始主张学习西方，开启了民智。向西方学习成为社会思潮。

外交：闭关锁国的局面逐渐被打破，中国被迫对外开放。

社会生活的变革：实质是东西方文化的激烈碰撞，结果是中西文化逐渐融合，且保留了中华文明的文化特色。

第二阶段：中国近代化的启动（1860—1901）：略

第三阶段：中国近代化的整体发展阶段（1895—1927）：略

第四阶段：中国近代化的曲折前进阶段（1927—1949）：略

2. 不同视角下的中国近代史演变

旧民主主义革命：
- 19世纪40—60年代：清朝开始沦为半殖民地半封建社会
- 工业资本主义阶段：英国工业革命完成和扩展，欧美崛起，市场初步形成；争夺市场和原料，商品输出，加紧扩张
- 19世纪60年代到20世纪初：民族资本主义产生发展和中国半殖民地半封建社会完全形成
- 第二次工业革命展开；列强进入帝国主义；资本输出，瓜分世界；世界市场最终形成
- 20世纪初到五四运动前：资产阶级民主革命和北洋军阀的统治
- 一战前后：争夺殖民地和世界霸主的矛盾激化，引发一战；十月社会主义革命成功，建立世界首个社会主义国家

新民主主义革命：
- 1919到1927年：新民主主义开端到国民大革命
- 凡—华体系形成；中国逐渐恢复到帝国主义共同统治的局面；苏俄政权得以巩固
- 1927—1937：国共十年对峙、土地革命战争时期
- 30年代经济大危机；苏联工业化和农业集体化；法西斯局部侵略
- 1937—1945：抗日战争时期
- 由局部战争走向世界大战：侵略、绥靖和中立自保、局部反抗、二战（世界人民反法西斯战争）
- 1945—1949年10月：解放战争时期
- 雅尔塔体系形成和两级格局对峙

（1）国家政府的变迁角度

晚清时期（政府）、民国时期（南京临时政府、北洋军阀政府、南京国民政府）

（2）中国历史发展的世界视野（中国历史的国际背景）

（3）近代经济结构与经济发展情况（略）

（4）思想变迁的角度（即近代中国思想解放的潮流，略）

（5）社会生活变迁的角度（略）

（6）近代中国的政治民主化历程（略）

通过不同角度的归纳，从总体上把握历史阶段特征，既弥补专题式教学下学生时序混乱的问题，又从通史角度加深对历史知识、历史概念、历史发展规律的理解。

二　一点一联细探寻——以高考考点的拓展深化为核心的复习思路

在学生对阶段历史有了一定的了解后，第二轮复习还是要回到考点上来。所以，笔者要求学生对照考试说明与学科指导意见，对每一个知识点进行扫描，夯实基础，提高复习的效率，采取以高考考点的拓展深化为核心的复习思路，称之为"一点一联细探寻"。具体如下：

第一，熟悉考点。

第二，从要素角度解读考点知识。

第三，联系其他相关知识点，进行对比研究。

以世界古代史内容为例（教学案）：

（一）教材章节

必修 1 专题六；必修 3 专题六第一节、《人物》的亚里士多德。

要求：对照书本、课堂笔记认真复习，夯实基础。

（二）考试说明及指导意见

1. 雅典民主政治 2. 罗马法	专题六　古代希腊、罗马的政治文明 梭伦改革的主要内容和作用；雅典民主政治确立的标志；伯里克利时代雅典民主政治的主要表现；雅典民主政治的得与失。雅典民主政治对人类文明发展产生的积极影响。 罗马法的主要内容及其在维系罗马帝国统治中的作用；罗马法高度成熟的标志。罗马法在人类文明发展史中的价值。

续表

1. 西方人文精神的起源 亚里士多德	专题六　西方人文精神的起源与发展 了解人文精神的起源；了解古代希腊智者学派和苏格拉底等人对人的价值的阐述；理解人文精神的内涵。感受苏格拉底为追求真理而献身的精神。 知道亚里士多德的生平事迹：师从柏拉图、从事科学研究、教育亚历山大、在雅典讲学，感受其追求真理的不懈探索精神。认识亚里士多德对世界思想文化的贡献。

（三）问题探究

以第一框"雅典民主政治"为例，笔者要求学生掌握并探究以下问题：

1. 雅典民主政治形成的原因、过程、特点、评价。

2. 雅典三大改革的背景、内容、影响。

3. 概括并用内容说明克利斯提尼改革与梭伦改革相比的发展之处。

4. 概括并用内容说明与克利斯提尼与伯利克里改革相比的发展之处。

5. 雅典民主制度开西方民主政治之先河，指出近代民主政治（美国为例）对雅典民主政治的传承与发展之处。

6. 对比雅典民主政治与中国春秋战国时期政治发展的特点，分析造成不同的原因。

7. 其他学生自主探究的问题……

（四）概念解读

如以第一框"雅典民主政治"为例，笔者要求学生掌握并探究以下概念：城邦政治、公民、直接民主、主权在民、解负令、公民大会、五百人会议、十将军委员会等。

三　一练一评巧拓展——以练习后重点试题讲评为核心的复习思路

在第二轮复习中，综合性的练习会增加，模考也会定期举行，如何把每次练习的功能发挥好，也会在很大程度上影响二轮复习效率。笔者采取以练习后重点试题讲评为核心的复习思路，看似进行试卷讲评，实际上是结合试题进行主题式专题拓展，称之为"一练一评巧拓展"。具体如下：

（一）统计学生选择题正确率。选择学生错误率高的选择题作为课堂重点讲解题，一般三道以内。

（二）在讲解选择题过程中，要贯穿方法与相关知识的指导。

（三）着重选择一道主题式的非选择题，除了分析解题技巧，重在主题式专题重点知识的敲打。

　　如：一次练习后，我着重讲解下面这道非选择题，主题是"全球化"：

　　题目：（26分）新航路的开辟，成为全球化的起点，不同地区、国家、民族之间的相互碰撞冲突、相互影响渗透乃至交融互动的历史大幕由此在人类共同发展的大舞台上拉开了。

　　阅读材料，回答下列问题：

　　材料一：多数学者认为，经济全球化的历程经历了以下五个阶段：

　　[1] 15世纪，新航路开辟，世界市场开始出现。

　　[2] _____。

　　[3] 19世纪末20世纪初，经过第二次工业革命，列强将资本主义经济关系网撒向全球，世界市场最终形成。

　　[4] 二战后，随着第三次科技革命迅猛发展，世界经济开始朝着经济全球化的方向发展。

　　[5] 20世纪80年代末90年代初以来，随着工业时代向信息时代的巨变，世界经济真正进入全球化时代。

　　材料二：美国华盛顿大学国际事务和政治科学罗西璐教授认为，从工业主义向后工业主义秩序的转变正在改变全球人类的状况。因此他证明人类已经脱离国际政治学的时代——在这个时代民族国家占据着世界舞台——而后国家政治学时代已经来临——

在这个时代民族国家必须与国际组织，跨国合作和跨国运动共享世界舞台，国家因此不再是世界事务的主要单元。

材料三：

（1）请按材料一所提供的例式，补充完整经济全球化的第二阶段。20世纪上半期，在被动卷入世界市场的过程中，甘地与孙中山所作出的回应有什么不同？（8分）

（2）材料二的核心观点是什么？20世纪后半期以来，世界政治经济发展的哪些史实可以用于证明这一论述？（8分）

（3）根据上述材料，并结合所学知识，评价世界经济的全球化进程。（10分）

在进行解题技巧的指导同时，我提出如下一组问题供学生思考讨论：

1. 什么是全球化？造成全球化的原因是什么？全球化的实质是什么？

2. 写出经济全球化的五个阶段。

3. 在全球化的五个阶段，用具体史实说明当时的中国是如何应对的？结果如何？甘地与孙中山的回应有不同，造成不同的因素有哪些？

4. 试题要求我们回答20世纪后半期以来，世界政治经济发展的哪些史实可以用于证明"国家因此不再是世界事务的主要单元"这一观点，请结合材料与所学知识评论这种观点。

5. 全面评价全球化（利弊；对发展中国家、对发达国家、对世界的影响等）。

通过对这道试题的解读，并比较系统地帮助学生理解有关

"全球化"的问题，既提高了学生的解题能力，更加深了学生对重点核心专题知识的理解。

以上三种学习方法各有侧重，学习目标也不一样，需要在二轮复习中轮流使用。同时，无论何种学习方式，都需要教学相长，需要学生的自主性，需要采取问题教学。当然，如果以上三种学习方式能够运用好，笔者认为，二轮复习的效果一定会更加好一些。

（作者方华新、方科文，浙江省淳安中学教师，浙江杭州）

高中历史材料型试题的复习指导策略探讨

夏安腊

近年来，全国各地的高考历史试题，大多以材料形式——如文字材料、数字材料、图形材料、图片等，组成了一种新的问题情景，既考查知识，又考查观点和能力。笔者把这类试题界定为材料型试题。在考察浙江近年的新课程高考文综历史部分试题之后，笔者发现，材料型试题在试卷中占据了相当大的比例。材料型试题之所以能在较短的时间内得到命题专家们的青睐，一是由于该试题形式符合新课改的基本精神，能够考查考生的基本能力以及培养考生情感、态度与价值观；二是体现了历史学科作为实证科学的本质属性；三是能为高考命题提供大量的命题素材和广阔的前景。为此，笔者结合近些年尤其是2013年浙江历史卷的部分试题及平时的部分实例，不揣浅陋，以期对高考历史材料型习题的解题教学有所助益。

一 有效解题之前提，精准释读图文材料

一切历史的智慧均来自对历史信息的研究，获取图文材料中包含的历史信息也成为历史学科的第一能力。分析2009年以来的各地高考历史试题，不难得出图片、表格、文字、比喻等各种形式的历史素材得到广泛运用这一结论。当然，材料型试题的功能并不仅仅在于通过提供材料引导考生回忆教材，更在于考生可以从材料中提炼有效信息，并结合所学知识对有关问题进行说明论证。这意味着我们在复习中应把对图文材料的释读教学视为重中之重，甚至不惜对教材进行材料化的处理，以期提高学生对材料的释读能力。

（一）关注时空，切入联系。

近年的历史高考题，以图片材料为依托考查基本史实，或以文字材料为载体，考查学生的历史研究性学习能力，或以文字材料为基础，考查学生对基本历史概念的把握。历史学科首先是一门关乎时间和空间的学问，这是我们在释读历史材料时，首先要注意的两个关键，关注历史时空与阶段特征，引导考生按照一定的时间和空间思考历史。

【例1】清乾隆年间苏州《吴县永禁官吏占用钱江（杭州）会馆碑》记载，"商贾捐资，建设会馆，所以便往还而通贸易，或货存于斯，或客栖于斯，诚为集商经营交易时不可缺之所"。下列说法中错误的是（B）

    A. 该碑文反映出苏杭之间的商贸联系   B. 会馆为商人出资建造的地方商业中心

    C. 会馆为旅居异地的同乡商人所组建   D. 会馆为同一地域商人活动的重要场所

本例中，关于时间的表述是"清乾隆年间"，即清朝中期，或者是18世纪中后期；空间则是"苏州（吴县）"和"钱江（杭州）"；历史事件是什么呢？根据《吴县永禁官吏占用钱江会馆碑》可知，是禁止官吏占用钱江会馆。这至少得分析三个问题：一是谁"禁"？二是禁什么？三是永禁说明了什么？第一，因为碑刻具有可永久保存的特点，往往用来记录某些政府行为，比如古巴比伦的《汉谟拉比法典》、秦朝的《琅琊记功石刻》，因此"禁"的主体是官府。第二，禁什么？禁止官吏占用会馆。这说明当时存在着官吏占用会馆的情况，结合古代司法不告不理之原则，当时应该有过杭州商人的申诉。第三，"永禁"所隐含的信息。这说明当时杭州商人具有较大的势力和活动能力，能够做到让官府"永禁"某种行为；此外，也能说明当时官府也并未严禁商业活动。另从材料可知会馆建设的资金来源是

"商贾捐资"，而"所以便往还而通贸易，或货存于斯，或客栖于斯，诚为集商经营交易时不可缺之所"则主要是交代了会馆的地位和作用，是集宾馆、货仓、会所于一体的综合性商旅场所。

（二）直接释读，对接联系。

准确释读试题的历史图文材料，固然因为它是正确解题的前提条件，更有助于提升学生的分析能力，增进学生对基础知识和基本概念的理解和把握。

【例2】（节选）阅读下列材料，根据要求回答问题。

正如阿里·马兹鲁伊（英）所说："在政坛上，'我们'和'他们'相对立的趋势几乎无所不在。"在当代世界，"他们"越来越可能是不同文明的人。冷战的结束并未结束冲突，反而产生了基于文化的新认同以及不同文化集团之间冲突的新模式……共同的文化也促进了共有那种文化的国家或集团之间的合作，这可以从正在出现的国家间区域联盟的模式中看出，特别是在经济领域。——塞缪尔·亨廷顿《文明的冲突与世界秩序的重建》

（1）结合所学知识指出"我们"和"他们"的含义。

本题是直接考查考生对所引材料中关键语汇的理解与把握的。从材料中搜索相关信息可知，"我们"和"他们"应该是"不同文明的人"，而且对立的角度是在"政坛"上（即政治上），基于同一文化背景的国家之间具有更好的建立合作关系的条件，而不同文化背景的国家之间更容易发生冲突。因此，"我们"指的是西方国家或西方文明；"他们"指的是非西方国家或非西方文明。

（三）化繁为简，简化联系。

近年历史高考材料型试题的设问，往往是一题多问，如果不将问题进行细致化的处理，要么会漏答问题，要么会漏答知识点。因此，在遇到问题的时候，首先要将问题进行化简处理，总结起来就是两句话：复杂问题简单化，简单问题程序化。首先通读试题，弄清楚题目包含几问，然后进行化简。下面以下题为例进行讲解。

【例3】阅读下列材料，根据要求回答问题。

材料一 春秋战国时期，按"官有能而禄有功"的原则，废除血缘世袭的贵族制，建立起官僚行政制度。秦至汉初，秉承法家理念，功与能为官吏升迁任免的主要依据。汉武帝以后，儒生出身的官吏地位上升，官吏个人品行对于引导、教化百姓的功用日益受到重视。东汉时，士大夫追逐基于德行的"名"，官吏矫情虚伪而无实际才能成为普遍现象。曹操执政，强调"唯才是举"，功、能者优先，"不官无功之臣，不赏不战之士"。西魏北周选任官吏，突出思想品行的重要性："凡所求材艺者，为其可以治民。"强调对官员的品行和政绩考核："其志行善者，则举之；其志行不善者，则去之……凡求贤之路，自非一途。然所以得之审者，必由任而试之，考而察之。"——摘编自翦伯赞《中国史纲要》

材料二 唐代将品德与任职态度方面的"四善"作为考查官员最重要的内容："一曰德义有闻，二曰清慎明著，三曰公平可称，四曰恪勤匪懈。"同时规定各类职务的最佳业绩标准，称作"最"。每年考核，公示结果。考核分为九等："一最四善为上上，一最三善为上中，一最二善为上下……居官饰诈，贪浊有状，为下下。""善"是获得薪酬奖励与迅速提升的关键。——据《新唐书》

根据材料一、二并结合所学知识，概括秦至唐官员选拔所体现的"德""才"观的变化并简析其原因。

通过阅读，我们发现，该问题包含两部分：一是要求回答秦至唐官员选拔所体现的"德""才"观的变化的史实；二是根据这些史实，结合时代背景，分析变化的原因。这样我们就可以将其化简为以下几个问题：（1）秦至汉武帝时选拔官员的"德""才"观；（2）汉武帝以后选拔官员的"德""才"观；（3）曹操（三国时期）选拔官员的"德""才"观；（4）西魏北周时期选拔官员的"德""才"观；（5）唐代选拔官员的"德""才"观；（6）"德""才"观变化的原因。经过化简后，按照分成的两个部分进行答题，这样就不会遗漏知识点了。化简之后，问题就变得简单了。这个时候要注意不要因为问题简单而掉以轻心。简单的问题更需要认真作答，那就是把每一个简单的问题按照一定的程序进行解答。具体来说，就是要标清序号（或者用分号间隔），精练语言，使阅卷老师一目了然。

参考答案：

变化：秦至汉武帝时，以功勋、能力为选拔官吏的主要依据；

汉武帝以后，选拔官吏越来越注重官吏的个人品行；曹操强调"唯才是举"；西魏北周时强调德行优先，同时注重能力考查；唐代形成一套完善的德才兼顾、以德优先的考核制度。

原因：儒家思想对制度建设的影响日益深入；具体历史背景影响人才选拔的标准；建设高素质的官吏队伍。

化繁为简，简化联系，我们对问题的把握更加细致，这样就排除了漏答问题的可能。同时由于对简单的问题采取程序化作答，使得答案一目了然。

二　有效解题之关键，熟知基础史实概念

历史学科的生命是史实。史实是能力培养的前提与载体，高考试题评价报告曾提出，史实的考查"永远是最基本、最重要的内容之一"。因此，教师在平时教学中需以落实基础知识、厘清基本概念为关键。而历史学科知识的整体性、系统性决定了教师必须努力使学生真正理解和掌握历史事实、历史现象、历史概念、历史发展线索、历史阶段特征和历史发展规律。这就要求教师，一要讲透主干知识包括显性知识和隐性知识；二是讲明历史概念注意内涵与外延。

（一）基础史实，直接考查

近年来，考查基础史实的试题不少。如例四和例五。

【例4】瓷器是中国古代文明的象征之一。图8是宋代部分名窑分布示意图，符合钧窑、定窑、景德镇窑、耀州窑排列顺序的是（D）
　　A.①②③④　B.①③④②
　　C.②①④③　D.③②④①

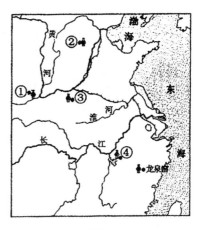

图8

这是一道直接考查基础史实的试题。高中历史必修二第15页有"河北定窑、河南钧窑、江西景德镇窑、浙江龙泉窑、陕西耀州窑等名窑以其产品的质量闻名天下"的明确记载。因此，考生在平时复习中要准确记忆课文中提及的基础史实。在四年来的各地高考卷中，频繁出现考查基础史实的试题，这必须在高三历史复习中给予足够的重视。

（二）间接史实，探究考查

除了直接考查之外，另有数题是间接考查基础史实的，如例五。这就要求考生不仅要熟记基础史实，更要准确地释读题中的相关图文材料，只有两者科学地结合起来，才能真正做到有效解题。

【例5】右边漫画提供了丰富的历史信息，其中不能读出的是
　　A."霸王行动"开始，欧洲第二战场开辟
　　B. 盟军登陆西西里岛，墨索里尼政府垮台
　　C. 被困于突尼斯的德意军队投降，北非战争结束

D. 斯大林格勒保卫战和库尔斯克战役沉重打击德国

本题通过图片提供关键信息，考查基础知识。图中最为关键的信息是图片左上角的"MAP OF EUROPE 1943"，备选项中，盟军登陆西西里岛、墨索里尼政府垮台；被困于北非的德意军队投降，北非战事结束；斯大林格勒战役和库尔斯克战役均发生于 1943 年。"1944 年 6 月'霸王行动'开始，欧洲第二战场开辟"。故选。

（三）概念史实，立体考查

除了基础史实之外，另一个十分重要的教学内容，就是基本历史概念。基本历史概念教学，固然要完整地阐释该概念的内涵和外延，更要结合习题进行讲解，不然学生就会陷入死记历史概念、缺乏灵活变通之窠臼。

【例 6】顾名思义是概念研习的重要方法之一。中国历史上，某一朝代的地方一级行政机构同时具有中央派出机构的特点，体现了古人的制度创新。该制度是（D）

A. 秦代的郡县制　　B. 汉代的刺史制

C. 唐代的三省制　　D. 元朝的行省制

本题主要考查考生对下列一组基本概念的把握程度：封建中央集权制度、郡县制、刺史制、三省制和行省制。中央集权，本质上是属于中央对地方的管理制度，它是中央垂直管理地方的一种政治手段。由此，可以排除三省制，因为后者是隋唐时期的中央官制，是属于君主专制强化范畴的历史概念。"行省"的全称为"行中书省",其构词类似"行宫",指的是中央政府中的中书省在地方上的派出机构。

三　有效解题之良方,排除概括推理综合

(一)　全面比较,善于排除

做选择题首选排除法。根据笔者多年命题的经验,命题人员在命制选择题时,往往会考虑直选法和排除法都能指向同一答案,而后者由于知识的覆盖面更广,又往往成为命题人员的首选。排除法大体可以分为如下五类:史实排除法、概念排除法、常识排除法、逻辑排除法和综合排除法。

【例7】中国古代学术史上曾发生过一次著名的理学家辩论,甲方批评乙方做学问"支离",乙方批评甲方做学问"太简"。下列各项中,属于当时甲方代表人物主要观点的是

A. 格物致知　　B. 发明本心

C. 知行合一　　D. 万物皆只是一个天理

所谓理学家"做学问"的过程,就是一个寻求"天理"的过程。在程朱理学看来,理是一种客观的精神存在,如何达到"天理"呢?需要日积月累和循序渐进,即"深思明辨,格物致知"。因此乙方是指程朱理学。甲方则属于陆王心学,因为心学的核心命题是"心即理也"。A项属于程朱理学的观点;D项属于理学的共同主张;B、C两项都属于心学的观点,相较而言,B项更是"主要观点"。

(二)　有效整合,适当概括。

笔者将材料型试题中的"概括"分为直接概括和间接概括。所谓直接概括,指的是可以从材料中直接概括出试题的有效信息,提问语

往往是"根据材料概括指出",要求考生从材料中充分提炼有效信息并写出答案;所谓间接概括,指的是除了运用所给材料之外,还可从其他途径概括出试题答案,提问语往往是"根据材料结合所学知识""结合材料""结合所学知识"等。

【例8】海洋文明是人类历史上主要因特有的海洋文化而取得的社会文明状态,而古代大河流域往往发展起农业文明。阅读下列材料,根据要求回答问题。(28分)

材料一:马克思在分析古代希腊、罗马对外殖民的原因时指出:"这两个国家的整个制度都是建立在人口的一定限度上的,超过这个限度,古代文明就有毁灭的危险。……由于生产的不够发展,公民权要由一种不可违反的一定的数量对比关系来决定。那时,唯一的出路就是强迫移民"。

(1)根据材料一指出古代希腊、罗马文明的特点,并分析其成因。结合史实说明公元前后中华文明和地中海文明之间的交往。(8分)(着重号为笔者所加)

本题属于直接概括类试题。直接概括时,要注意充分提炼材料所直接体现的或隐含的信息。从材料一中可以直接找到"古希腊、罗马对外殖民"的字样,"对外殖民""唯一出路"等信息隐含了该文明具有扩张性的特点。关于成因,从"两个国家的整个制度都是建立在人口的一定限度上的,超过这个限度,古代文明就有毁灭的危险",反映出当时生产力水平低,不足以养活日益增长的人口。为什么生产力水平低不足以养活日益增长的人口呢?一个重要原因就是地理环境因素。此外,从省略号之后(省略号是分割引文的重要信息)"公民权要由一种不可违反的一定的数量对比关系来决定"可知,由于这两个国家都实行直接民主(注:城邦时代罗马也曾经实行直接民主),而直接民主只适合小国寡民的城邦,人口一旦膨胀,超过了直接民主的可操作的限度——直接民主往往只适合人口总数相对较低的情况——就会造成民主政治的崩溃。所以,一方面由于地理环境的因素造成了生产力水平相对低下和人口压力过大；另一方面，直接民主的制约也是重要因素。

另举一道属于间接概括的试题。

  材料二：经过夏的初创、商的扩张、西周政治制度的巩固，东周（注：春秋战国时期）思想理论的完善，中华文明已大致完成了自身的系统整合，在农牧经济的基础上建立起来的村居生活、城市生活、国家社会……都融入这一宏伟体系之中并各就其位。

  ——摘编自《中华文明的特点及延续至今的原因小论》

  （2）据材料二指出中华文明形成的基础。结合所学知识从当时人们对自然、社会的认识这两个角度概括"东周思想理论的完善"的表现。（14分）（着重号为笔者所加）

间接概括的试题设计，既源于材料而又高于材料，解答此类问题，一定要注意把材料和课文知识紧密结合起来，从材料和问题的角度对课文知识进行适度重构。本例中，"当时"应该属于东周时期；"思想理论的完善"的含义首先应该有哲学体系——冯友兰先生曾说，哲学是民族文化的最高形态，而抽象的哲学讨论的是两大问题：世界的本源、人生存的意义。当然，当时的人们对人与人、人与社会的关系也进行了许多实用的思考。有了抽象的哲学，有了实用的社会学，东周时期我国思想理论体系已经臻于完善。

（三）找准联系，科学推理。

历史试题中的推理能力，指的是考生运用给出的信息和已掌握的知识，综合运用理解、分析、综合、判断、归纳等方法，引出历史概念、寻求历史规律，对历史事物间关系或历史事件的走向趋势做出合理判断与分析，确定解决问题的途径和方法。

  【例9】有学者根据材料一"昔卞都数百万家，尽仰石炭（煤），无一家燃薪（木柴）者"，得出宋代开封生活燃料用煤取代木柴的结论；又有学者根据材料二"赐在京官员柴、炭各有差，柴 578 万，炭 585 万"，对上述结论予以反驳。下列说法中最为合理的是

    A. 两位学者所用材料相互矛盾，结论不能成立

    B. 材料二否定了材料一，仅用材料一得出的结论难以成立

    C. 无论材料一还是材料二，都必须得到考古学支持才能成立

    D. 材料一指的是民众，材料二指的是官员

本题属于考查过程与方法层面的试题，旨在考查考生的历史学科研究性学习能力。在本题中，材料一显然有夸张的情况，这就涉及对选取的材料可信还是不可信，是全部可信还是部分可信的判断。由于引用的材料一和材料二的相互矛盾，造成"孤证不立"或"孤证难立"。而从历史学理论的角度看，任何文字记载都不是信史，只有在文字记载和考古学证据相互支持的时候，文字记载方成其为信史，这又是一个直接史料和间接史料的命题。

（四）总分结合，精准归纳。

对材料型历史试题来说，所谓综合指的是将历史概念分解为若干历史要素，进行综合的方法。综合与分析是不可分割的，综合的前提是对试题的分析。就历史学科而言，历史人物概念一般可分解为国籍、时代、称谓、主要活动、评价诸要素；历史事件概念和历史现象概念分解为背景、时间、地点（地域）、主体、经过（主要表现）、评价诸要素；历史制度（著作、文献）概念分解为背景、制定者（机构）、主要内容、评价诸要素；历史物品概念分解为时间、特点（用途）、评价诸要素。将历史概念进行分类并解剖它们的构成要素，是为把整体分为局部铺路搭桥，以使分析更为全面。

【例 10】社会学家费孝通回忆参加北平市第一次各界人民代表会议时说，"踏进会场，就看见很多人，穿制服的，穿工装的，穿短衫的，穿旗袍的，穿西服的，穿长袍的，还有位戴瓜帽

的——这许多一望而知不同的人物，会在一个会场里一起讨论问题，在我说是生平第一次。"从中可以熟悉（D）

A. 费孝通是北京市第一届人民代表大会代表

B. 会议召开匆忙，代表们还来不及换上正装

C. 出席会议的普通工人代表占绝大多数

D. 人民代表会议具有广泛的代表性

本题考查考生的分析综合能力，分析能力是综合能力的前提。从题干中"北平"可以获悉，该材料反映的时间是民国时期（或解放前），从"穿制服的，穿工装的，穿短衫的，穿旗袍的，穿西服的，穿长袍的，戴瓜帽的"可以得出这次各界人民代表会议代表属于各个阶层这一结论，因此该会议具有广泛的代表性。

在高三复习中，有针对性地开展材料型习题的解题教学是非常有必要和有效的。对材料型历史试题的解题来说，有效解题之前提必然是获取和解读信息；从历年考卷的命题特点看来，有效解题之关键无疑是落实基础史实、厘清基本概念；对考生的有效解题来说，有几种能力是必须加强的：排除、概括、推理、分析和综合能力。

（作者夏安腊，浙江省严州中学教师，浙江建德）

以考定教

——以能力为目标定位高三历史一轮复习的课堂教学

王康霞

高三教学的指挥棒最重要的就是高考，高考试卷怎么考，高三教学就怎么教。从 2009 年到 2013 年浙江已经 5 年单独进行高考命题。这 5 年中，浙江高考历史试题中都考了些什么？怎样考的？我们只有弄清楚这些内容，才能更好地把握住高三一轮复习课堂的目标与方向。

但以往我们高三课堂教学更关注的是高考的考试内容即考点，根据这些基本知识和主干知识进行重复的复习，并以此来划分一轮、二轮甚至三轮。结果往往导致高三历史课堂出现了知识点"面面俱到"或"炒冷饭"或知识点挖掘太深的无效课堂现象。以知识点作为目标进行高考复习，其实是违背了新课程的核心思想，也违背了《课程标准》的基本思想。其实基础知识和考点只是一种呈现的形式，是可以改变的，而不变的是应该具备的基本能力和文化人文素养。

一 高考是如何"考"的。浙江高考主要依据《课程标准》和《考试说明》

（一）《课程标准》指出，"普通高中的历史课程，是用历史唯物主义观点阐释人类历史发展进程和规律，进一步培养和提高学生的历史意识、文化素养和人文素养，促进学生全面发展的一门基础课程。"这也就是说在高中历史学习中学生要掌握历史的基本知识、基本概念、基本方法、基本线索和规律，即我们常说的三维目标中的知识与能力的目标。而且这些知识与能力是要求学生通过一定的学习方法而掌握这些基本的知识和能力，如论从史出、史论结合、从不同角度去解决问题的探究性学习、通过比较概括和阐述并形成自己见解的独立学习、和他人合作交流的合作学习等学习方法。在这个学习的过程中，培养自己的历史意识，提升自己的文化素养和人文素养。如爱国主义、民族精神，将个人命运与民族和人类发展相结合，在内心中形成开放、认同、尊重、合作、发展之全面而且开放的情感。

可见《课程标准》中历史教与学要达成知识与能力、过程与方法、情感态度和价值观的目标。这些目标实现并非是教师"教"出来的，而是学生通过"学"，进而实现的历史的基本能力目标的达成。

（二）《浙江省普通高中高考考试说明》中第一部分首先指出的就是考核目标与要求。也就是说浙江高考达成的目标和要求是从这里展现出来的。

考核目标和要求包括以下四个方面：获取和解读信息；调动和运用知识；描述和阐释事物与人物；论证和探讨问题。从四个方面的表述中，我们可以看出，它是按着历史研究程序的由表及里、由浅到深的顺序提出的各种能力的要求。每一个环节中都体现了不同层次的能力。

1. 获取和解读信息。

（1）理解试题所提供的材料和答题要求。（2）整理材料，最大限度地获取有效信息。（3）对有效信息进行完整、准确、合理的解读。

这一要求是考核了学生"材料处理"的能力，这其中包括了历史材料阅读理解、整理并最大限度地获取有效信息，在此基础上并结合所学知识对有关问题进行说明、论证。

2. 调动和运用知识。

（1）辨别历史事实，作出历史解释。（2）理解历史事实，分析历史结论。（3）说明和证明历史现象和历史观点。

这首先要求学生"再认、再现历史知识"，即再认、再现重要的历史事实、历史概念和历史结论、历史阶级特征、基本线索和发展过程。

　　其次还要在把握这些基础知识的基础上，具有把历史事件、人物、观点放在特定的历史条件下进行分析和评价及史论结合的能力。

　　3. 描述和阐释事物与人物。

　　（1）客观叙述历史事物，概括历史人物的活动。（2）准确描述和解释历史事物的特征或评价历史人物。（3）认识历史事物的本质和规律，并作出正确阐释。

　　这一要求主要考核了学生"历史阐释"能力。包括：（1）归纳、比较和概括历史知识。（2）把历史事件、人物、观点放在特定的历史条件下进行分析和评价。（3）初步运用辩证唯物主义和历史唯物主义的基本观点分析历史现象和历史事物的本质，揭示其本质，阐述历史发展的规律。

　　4. 论证和探讨问题。

　　（1）运用判断、比较、归纳的方法论证历史问题。（2）使用批判、借鉴、引用的方式评论历史观点。（3）独立地对历史问题和历史观点提出自己的看法。

　　这一要求充分考核了学生的（1）归纳、比较和概括历史知识；（2）把历史事件、人物、观点放在特定的历史条件下进行分析和评价；（3）史论结合；（4）语言准确、逻辑严谨的文字表达能力。

　　概括起来就如高等学校招生全国统一考试《历史科说明》所说的四大能力十项小能力。

　　1. 再认、再现历史知识。

　　（1）再认、再现重要的历史事实、历史概念和历史结论。

　　（2）再认、再现历史阶级特征、基本线索和发展过程。

　　2. 材料处理。

　　（3）阅读理解历史材料。

　　（4）对材料进行去粗取精、去伪存真、由表及里、由此及彼的整理，最大限度地获取有效信息。

　　（5）充分利用有效信息，并结合所学知识对有关问题进行说明、论证。

3. 历史阐释。

（6）归纳、比较和概括历史知识。

（7）把历史事件、人物、观点放在特定的历史条件下进行分析和评价。

（8）初步运用辩证唯物主义和历史唯物主义的基本观点分析历史现象和历史事物的本质，揭示其本质，阐述历史发展的规律。

（9）史论结合。

4. 文字表达。

（10）语言准确，逻辑严谨。

（三）以 2013 年浙江高考历史试卷主观题为例说明。

1. 再认、再现历史知识。38（1）指出、说明；39（1）列举史实、历史意义

2. 材料处理。38（1）阅读概括；38（2）阅读材料二；38（3）阅读材料三；39（2）参考材料一、二；39（3）材料中观点

3. 历史阐释。

（6）归纳、比较和概括历史知识。38（3）概括影响

（7）把历史事件、人物、观点放在特定的历史条件下进行分析和评价。38（2）结合时代分析

（8）初步运用辩证唯物主义和历史唯物主义的基本观点分析历史现象和历史事物的本质，揭示其本质，阐述历史发展的规律。39（2）概括历史发展特征

（9）史论结合。39（3）说明理由

4. 文字表达。38、39

（10）语言准确，逻辑严谨。

两个主观题中，每道题共三小问题。每一道题都基本上考核了四大方面的能力，而且它们是以能力从低到高的梯度形式呈现出来的。

综合上面三个方面，我们可以深刻感受到培养学生基本的历史学科能力在高三历史课堂教学中是非常重要的。其实最近几年高三历史教学中，我们以历史基础知识为中心教学的同时，也开始关注学生能力的培养了。但如果有意识地去培养，或者说以培养能力为核心进行

高三教学，那么高三历史课堂有效性肯定会有更大的提升。

二　高三一轮复习中如何"教"

以能力培养进行定位，也不能"一刀切"，我们也要根据不同学校的学生和不同阶段的学生进行针对性的设定，在每个阶段的教学应该有不同的能力培养要求。以我们春晖学生为例，我认为在高三一轮复习中教学重点应该侧重培养的基本历史能力包括：1. 再认、再现历史知识能力。2. 材料处理能力，应该把握"阅读理解历史材料和最大限度地获取有效信息"的程度。3. 在以这两项能力为主的基础上，使学生初步具备历史阐释能力。如（6）归纳、比较和概括历史知识；（7）把历史事件、人物、观点放在特定的历史条件下进行分析和评价；（8）初步运用辩证唯物主义和历史唯物主义的基本观点分析历史现象和历史事物的本质，揭示其本质，阐述历史发展的规律；（9）史论结合。而在二轮复习的时候，可以在一轮基础上进行完善和深入的培养。

（一）针对"再认、再现历史知识"历史能力。

1. 第一个层次：把握住历史教学中的重要的历史事实、历史概念和历史结论，概括历史阶级特征、基本线索和发展过程。

如对片面最惠国待遇、七七事变、维新运动期间报刊的作用、戴维营协议等这类的历史知识进行重点把握。

2. 第二个层次：增强学生的能够再认、再现的能力。也就是说学生可以理解、调动和运用这些基础知识。

a 把握住历史事实、历史概念中的本质内容，如背景、过程、影响等。

b 通过把历史事件、人物、观点放在特定的历史条件下进行理解。如把历史知识通过单元知识结构体系的建构、捋顺每节知识各框架之间的关系等方式。

c 通过历史事实或历史概念进行归纳、比较和概括。归纳，如古代中国各朝代的民族关系；主张私学教育的主要思想家和历史人物；比较如分封制、宗法制、世官制的关系；分封制和专制主义中央集权制度的异同等。

d 通过史论结合的方式，增强对历史结论、历史特征等的理解和认识，如 20 世纪时代特征把握等。

只有理解了，学生才能调动和运用，才能达到"再认、再现历史知识"的目标。

（二）针对"材料处理"能力的突破，我认为一轮复习阶段，学生在这个能力上至少要达到"阅读理解历史材料、整理和最大限度地获取有效信息"的程度。

1. 第一个层次，掌握"材料处理"的基本方法。

a 有意识地对教材上文字、图片、表格、地图等材料进行阅读。大声朗读、带着思考研读，或通过问题的设置进行分析解读等。

b 对历史事实、历史概念，有意识地用历史材料进行呈现。引导学生对有效的历史信息进行提取、整理、归纳等。第一满足问题要求的信息都是有效历史信息，故找到有效信息的第一步就是把握"审题"方法。其次提取有效消息，包括对材料的仔细研读、对材料的注解、引者按、引文出处、作者、时间、试题主旨的把握等。

2. 第二层次是在第一层次基础上能运用辩证唯物主义和历史唯物主义的观点和原理分析历史材料，并能得出正确的结论。

这可以通过一些典型例题的训练来达到目标。

a 引导学生把握材料中反映的时代特征。

b 对某一历史事物或历史人物价值高低的判断具有很强的主观性，是建立在一定的史观和一定立场的基础之上的，也要受到历史事物或历史人物所处的时代的制约，因此很少有绝对的对或绝对的错，故多采用积极和消极的"两分法"。

3. 第三层次是把已掌握的历史知识与原理迁移到新材料、新情境中去解决新问题。

a 针对同一历史事实或历史人物从多角度整理材料，展现给学生。如工业革命的影响，生产力、生产关系、阶级关系、社会习俗、教育及给社会带来的消极影响等多个角度。

b针对同一段材料分析内部呈现的不同的历史知识信息。

c通过学生自主命题，增强学生对基础知识和历史材料之间的联系及对"材料处理"的能力。

在以上述两项能力培养为主的基础上，学生也初步具备历史阐释能力。其实对于"文字表达"能力的培养也可以进行初步的渗透。如上课学生回答问题的时候，可以引导学生用规范的语言、历史性的语言等。

总之，以能力培养为主进行高三的历史教学，对于当前存在的一些问题是一个改善的有效办法。

（作者王康霞，上虞春晖中学教师，浙江上虞）

新课标下高三历史教学运用多元史观
构建四位一体复习模式的尝试

刘晓军

"普通高中历史课程，是用历史唯物主义观点阐释人类历史发展进程和规律，进一步培养和提高学生的历史意识、文化素质和人文素养，促进学生全面发展的一门基础课程。""通过普通高中历史课程学习……逐步形成科学的世界观和历史观"。

——《历史课程标准》

自从上世纪末推行课程改革以来，高中历史教学的历史观也发生很大的变化。传统教学以革命史观和阶级斗争史观来构建历史教学体系，而且浙教版教材的必修 1 政治模块、必修 2 经济模块、必修 3 思想文化模块、选修 3 战争与和平模块、选修 4 人物评说模块按专题或单元形式编排，往往单个内容切割成多份。新课改从文明史观、现代化史观、全球史观和整体史观等视角考察人类历史进程，已是我国史学界近年来的总体趋势，因此也成为综合能力测试改革以来的重要命题指导思想之一。近几年的高考题纷纷体现了这一特点和趋势。以浙江文综卷为例，2012 年浙江文综卷第 39 题"辛亥革命"题，2013 年浙江文综卷第 38 题"江南经济发展"问题，第 39 题"中西文明对比"问题。以上试题都同时考查多种史观，同时当今学术研究中的文明史观、整体史观、近代化视角也呈现日趋活跃的态势。因此高考复习备考时要高度重视，应该根据教学实际引入，并构建相应的专题史，凸现多元史观，构建四位一体的高三历史复习模式，对教材内容重新进行整合，从而更有助于学生的理解和把握。

四位一体复习模式的含义：在新课程背景下，为迎合高考命题趋势，打破传统高三历史教学以阶级斗争史观构筑的教材复习体系，重新整合浙教版现行教材的专题章节编排体系，综合运用革命史观、全球史观（整体史观）、文明史观、现代化史观等多元史观构筑高三历史复习新的知识体系，从而达到高三历史复习效果的优化。

一 革命史观范式

什么叫革命？在政治上，革命就是一个阶级推翻另一个阶级，一个政权推翻另一个政权。通常是进步的推翻落后的。在经济上，新的经济体系取代旧的经济体系。在技术上，新技术取代旧技术。在思想上，新思想取代旧思想。在文化上，新文化取代旧文化。阶级斗争观点，是根据阶级斗争的规律，对人类历史作出科学的解释。它包括两层含义，一则阶级斗争是历史发展的重要动力，二则用阶级分析的方法对历史作出评价。

作为传统历史教学的观点，革命史观（阶级斗争史观）一直占据主导地位。由此可见，革命史观的长期存在必然有它的必要之处，不能全盘推翻。例如必修 1 专题 2 "近代中国维护国家主权的斗争"、必修 1 专题 3 "近代中国的民主革命"、必修 1 专题 8 "解放人类的阳光大道"、选修 4 第 5 单元 "无产阶级革命家" 等专题运用革命史观进行分析，学生比较容易理解。因此在今天高三历史基础知识的复习中依然应该让学生接触并理解这一观点，构建相应的复习专题。如依据革命史观，打破现行教材的编排，从五大模块中构建中国革命史的复习专题，并进行以下整合：

★革命的准备阶段：1840—1894 年，太平天国革命（必修 1 专题 3 第一课）

★资产阶级革命阶段：1894—1919 年辛亥革命创建共和、捍卫共和；（必修 1 专题 3 第二课；必修 3 专题 4 第一课；选修 4 第四单元第一课）

★向新民主主义革命过渡阶段：1919—1927 年，中共诞生、国民大革命；（必修 1 专题 3 第三课；必修 3 专题 4 第二课；选修 4 第五单元第四课）

★无产阶级独立领导新民主革命阶段：1927—1949 年，土地革命、解放战争；（必修 1 专题 3 第三课；必修 3 专题 4 第二课；选修 4 第五单元第四课）

★社会主义革命阶段：1949—1956 年，三大改造，社会主义制度确立。（必修 2 专题 3 第三课；必修 3 专题 4 第二课；选修 4 第五单元第四课）

通过学习，学生明确农民阶级、资产阶级、无产阶级在中国近代历史中对推动民族独立、国家富强中的作用，感受不同阶级在危急关头的斗争精神，更理解中国革命由旧民主主义革命向新民主主义革命、由新民主主义革命向社会主义革命转变，是中国近代历史发展的必然。

二　全球史观（整体史观）范式

"全球史观"是将人类社会的历史作为一个整体来看待，又称为整体史观，它从世界历史的整体发展和统一性考察历史，认为人类历史由各地区间的相互闭塞到逐步开放，由彼此分散到逐步联系密切，终于发展成为整体的世界历史的客观过程。从"整体史观"的角度看问题，"圈"的限制被资本主义突破了，历史继续其"从分散到整体"的发展。这一转变开始于 15 世纪末 16 世纪初的新航路的开辟，到 19 世纪末 20 世纪初资本主义世界体系的形成标志其基本完成。这个过程至今仍在延续，这就是所谓的"全球化"和"区域化"。

浙教版教材将中西历史知识完全割裂开来进行编排，都是前半部分为中国史相关专题，后半部分为世界史相关专题，为此在高三复习时如果按教材章节顺序复习，学生很难形成整体史观。教师按照全球史观可以根据自己的复习需要将五大模块有机地整理成新的复习专题。

如以东西方的思想演变为主题整理以下专题：

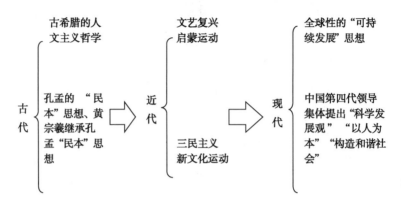

从上述可知，世界性的"可持续发展"策略、中国的"科学发展观""构造和谐社会"等发展思路明显受到了"人文主义"思潮的影响，从而使学生明白"人文主义"知识点的重要性。上述整理将古代、近代、现代的历史知识有机地整合在一起，既有横向的联系（同一时期中西方对比），又有纵向联系（不同时期同一文明的发展进步），从全球史观角度可以看出东西方思想的异曲同工之妙。

三　文明史观范式

文明史观认为，人类社会发展的历史就是人类文明演进的历史。历史演进的基本线索是人类文明的发展以及人类自身的文明化。历史的基本内容是人类创造文明和积累文明的过程及其所获得的成果。

按照文明史观内涵，浙教版五大模块内容都可以囊括在该史观之下，为此高三历史教学可以以文明史观作为构建复习专题的主线。

以古今中外的政治文明为例，可以做如下整合：

	在人类政治文明中的创新与贡献
古希腊	民主制为人类提供了一种集体管理的新形式，创造出法治基础上任期制、议会制、差额选举制、比例代表制等民主的运作方式。（必修 1 专题 6 第二课）

	在人类政治文明中的创新与贡献
古罗马	创造出世界史上内容最丰富、体系最完善、对后世影响最广泛的古代法律，罗马法成为近代许多欧洲国家的法律基础，陪审团制度、律师制度和某些诉讼法原则也直接源于罗马法。（必修 1 专题 6 第三课）
古代中国	创立专制主义中央集权制度，权力集中，皇权至上，中央机构职责分明、权力制衡、相互补充，中央有效节制地方。有利于统一的多民族国家、农耕经济的稳定与发展；有利于文化的繁荣。（必修 1 专题 1）
近代英国	君主立宪、议会主权、责任内阁、政党政治（必修 1 专题 7 第一课）
近代美国	联邦制、总统共和制、分权制衡、民主制、政党政治（必修 1 专题 7 第二课）
新中国	以民主集中制为原则的人民代表大会制度、中国共产党领导下的多党合作制和政治协商制度、少数民族当家作主的民族区域自治（必修 1 专题 4 第一课）

有关中国近现代史的相关内容，按照文明史观可以整理为以下三大复习版块。

政治文明版块：包括反抗侵略历程（必修 1 专题 2），民主革命历程（必修 1 专题 3），民主政治发展历程（必修 1 专题 4），外交关系历程（必修 1 专题 5）

物质文明版块：经济建设历程（必修 2 专题 3），社会生活变迁历程（必修 2 专题 4）

精神文明版块：思想解放与理论创新历程（必修 3 专题 3 和专题 4），科技文化历程（必修 3 专题 5）

"历史学科是关于人类社会过去的学科，它的时代性不仅表现在关注社会热点上，主要是反映在随时代发展提出的新的历史理念和学术观点上。"（考试中心）近几年的高考命题都呈现出这样的特点：反映社会现实，紧跟时代主流，显性或隐性地折射社会热点问题。如 2008 年全国文综卷（Ⅰ）第 39 题"土尔扈特部的回归"体现当今的民族团结和祖国统一热点。如 2008 年广东卷第 26 题"西汉农民家庭经济与商业繁荣的关系"，体现农民问题与当前社会经济发展的关系热点。因此依据文明史观，结合当前时事热点，高三历史复习可以构筑许多打破教材体系的新专题。

四　现代化史观范式

大约从 16 世纪起，人类社会开始由农业社会向工业社会转变，这一转变称为现代化。从本质上说，现代化缔造了一种新的文明，即工业文明。现代化的目标和内容在不同的领域有不同的表现。政治方面的特点是民主化和法制化；经济方面的特点是工业化、市场化和专业化；思想文化方面的特点为科学化、理性化和经济主义；社会方面表现为城市化、福利化和流动化；个人方面则表现为开放、参与、独立和平等的特点。

有关中国社会近代化系列问题应该是高三历史复习的一个核心区域。为此将教材相关内容重新处理确定为下列五个主题：

主题——中国近代化的发展历程及阶段特征

萌发——1840—1860 年，师夷长技论、资政新篇

开始——1860—1894 年，洋务运动、资本主义产生和初步发展

深化——1894—1919 年，戊戌变法、辛亥革命、新文化运动，资本主义春天

转向——1919—1949 年，转向以俄为师，先独立后社会主义现代化

快速——1949—2006 年，社会主义现代化快速发展新时代

主题二　中国近代化之经济近代化（工业化）历程（必修 2 专题1、2、3，选修 4 第 4 单元"孙中山"、第 5 单元"毛泽东""邓小平"）

主题三　中国近代化之政治民主化的进程（必修 1 专题 1、3、4，选修 4 第 4 单元"孙中山"、第 5 单元"毛泽东""邓小平"）

主题四　中国近代化之思想近代化（必修 3 专题 3、4，选修 4 第 4 单元"孙中山"、第 5 单元"毛泽东""邓小平"）

主题五　中国近代化之社会生活近代化（必修 2 专题 5，必修 3 专题 5）

如在复习必修 2 专题 4 "中国近现代社会生活的变迁"时，常常

会觉得不像在上历史课，而像是讲语文、艺术、物理、化学等学科的内容。要把这一类型的专题内容讲述得赋有历史科的学科特点，就必须要将其与经济、政治、文化背景相联系，要将其当作整个人类文明的一部分去理解。可以概括为：

（1）中国近现代社会生活的变迁，既属于中国近代化（现代化）进程的组成部分（生产、生活方式和思想观念的变化），又推动了中国近代化的历史进程。

（2）中国近现代社会生活的变迁，既体现了近代西方工业文明对人们生活和思想观念的深刻影响，又体现了中国近代工业发展、中西方文化碰撞和交汇的特点。

上面的概述中，既把"社会生活"的内容放入纵向的"中国近代化"的历史进程，又与横向的"西方工业文明"相联系，自然赋予了其历史科的学科特色，也培养了学生的全球史观。

五　综合史观范式

近几年的高考命题趋势，考查某个知识点或某个专题往往从多个史观角度出题。如 2004 年全国文综试题（Ⅰ）第 37 题"经济全球化"问题，该题从整体史观角度立意，同时又考查了文明史观和现代化史观。我们在高三历史教学过程中也可以同时从多个史观角度分析某个知识点。

如以选修 4《中外历史人物评说》中的孙中山的评价为例。

第一，从革命史观进行分析可以归纳为：孙中山先生是中国民主革命的先行者——从孙中山的斗争实践分析，从广州起义到辛亥革命、二次革命再到国民会议运动，体现了孙中山先生百折不挠和不懈奋斗的精神与和平愿望。

第二，从现代化史观分析可以归纳为：孙中山先生是中国现代化的光辉先驱——领导辛亥革命推翻清朝统治，扫除了资本主义发展的部分障碍；中华民国南京临时政府颁布的政策法令对近代化整体推进的意义（《中华民国临时约法》的突破：运用法国的启蒙思想、美国的三权分立的共和体制并结合中国国情），在中国近代化过程中具有里程碑式的意义。

第三，从文明史观分析可以归纳为：孙中山先生是中国近代文明的杰出建设者——1919 年《建国方略》中《实业计划》提出掌控主权前提下力引外资、应国民最需、期抵抗最少、交通运输放首位。

第四，从整体史观分析可以归纳为：孙中山先生是影响亚洲和世界历史发展的杰出的资产阶级政治家——推动亚洲觉醒、开创亚洲第一共和国。

综上分析，新课程高三历史教学在注重基础知识、基本能力之上，要注重史观的变化，以及学会在不同的史观语境下评价历史事件、历史人物和历史活动，只有这样才能真正形成多元思维，培养全面看问题的能力，形成整体的历史观。同时，在教学中还应当加强唯物史观指导下对人类共同追求的价值的思考。历史教学所展示的多姿多彩的世界里，对于历史的解释是多元的，通过从不同角度思考历史与社会，培养学生广阔的视野和包容的心胸，这一点是新课改和新高考共同追求的人才培养目标。

参考文献

［1］教育部：《普通高中历史课程标准》，人民教育出版社 2006 年版。

［2］林沙沙：《全球史观下构建"三过程一体化"高三复习模式的初探》，《中学历史教学》2007 年第 8 期。

［3］人民教育出版社课程教材研究所：《普通高中课程标准实验教科书·历史选修》（选修 4、选修 3），人民教育出版社 2011 年版。

［4］杨甘霖：《文明史观指导下的新课程近代历史部分复习》。

［5］杨宁一：《新课标下高中历史学科考试测量命题改革》。

［6］浙江省教育厅：《浙江省普通高中新课程实验历史学科教学指导意见》，浙江教育出版社 2012 年版。

［7］朱汉国：《普通高中课程标准实验教科书·历史必修》（第

一、二、三册），人民出版社 2010 年版。

［8］朱世光:《新课改文综高考趋向分析新高考历史教学策略例谈》，2008 年版。

（作者刘晓军，建德市新安江中学教师，浙江建德）

尝试教学在课堂复习中的有效性初探

——以九年级《建国后乡村发展之路》为例

叶　璇

随着教育理念的不断发展，人们越来越关注教学的有效性。而究竟什么样的教学才能称为有效的呢？针对这样一个问题，当前学术界还没有形成一致的定论。有些学者认为有效教学就是在有效课堂教学上，让学生在学业上获得进步、在情感上体验幸福，并最终实现全面发展。① 还有人认为："有效教学也就是教学中教师通过一系列的教学行为或方式对学生施以影响，从而促进学生的学习进步和教学目标的达成。"② 本文主要以以下的三个目标作为历史教学有效性评价标准：第一，是否有利于激发学生的兴趣，调动学生的积极性；第二，教师在引导过程中，突出学生的主体地位；第三，通过课堂的教学最终能促进学生能力的发展，让学生学会学习。当前，在历史学科关于有效教学的研究也在不断深化。但学术界大部分的研究都从宏观的角度来探讨该使用哪些方法来提高教学的有效性。③ 笔者的切入点相对较小，以一节初中历史专题复习课入手，从尝试教学的角度来探讨历史教学的有效性。

邱学华是中国较早进行尝试教学实验的人物，他指出："尝试教学就是教师不要先讲，让学生先试一试，以'先练后讲，先学后教'

---

① 顾之川：《教学的有效性》，《上海教育科研》1995 年第 5 期。

② 熊文中：《理念下的有效教学教师如何作为》，《辽宁教育》2006 年第 1 期。

③ 张雪美：《初中历史课堂"有效教学"初探》，《中学历史教学研究》2008 年第 4 期；王刚：《如何提高初中历史教学的有效性》，《新课程·中旬》2013 年第 4 期；方定、唐南雁：《新课程改革下提高历史教学有效性刍议》，何志龙等主编：《新课程背景下的教师教育发展研究》，电子科技大学出版社 2008 年版。

为特征的教学理念。"① 尝试教学法最早成功实践于小学数学课堂，后来不断拓展到中小学的其他学科，但应用于复习课堂，特别是初中历史复习课堂相对较少。笔者在聆听《建国后乡村发展之路》专题复习课时，有幸领略教师在历史专题复习中采用尝试教学法。本文主要探讨该方法是否适用于历史学科，特别是历史专题复习的课堂，它是真正的有效，还是仅流于形式呢？

一　考虑历史学科的特殊性

正如布鲁纳在《教育过程》中指出的："按照理想，学习的最好刺激，乃是对所学材料的兴趣。"② 学生一旦对所学材料产生兴趣，就易更好的激发学生的学习动机。初中历史与社会学科是一门综合性学科，其中的历史知识本身就比较琐碎，新课教授已属不易。进行专题复习时，需要学生把知识点融会贯通，再加上知识已经失去了新鲜感，因此在历史复习课上激发学生的学习兴趣，调动课堂的气氛更为困难。

而九年级《建国后乡村发展之路》这个主题下的知识点内容多，包括建国后的土地改革、三大改造中的农业社会主义改造、"大跃进"和"农村人民公社化运动"以及"家庭联产承包制"等。据笔者在课前的了解，学生认为这些知识非常枯燥，缺乏兴趣点。但在本堂复习课中，其中一位老师在学生自主学习的任务单中出示《王老农书稿》的片段，学生通过阅读资料填写历史事件，了解到所有的专题知识点。利用资料确实能激发学生的学习兴趣，更易接受这些知识，活跃了课堂的气氛。

然而，这里须考虑到历史教学的特殊性，历史教学须先遵循其真实性。葛剑雄在《历史学是什么》中指出："就相对历史研究而言，

① 邱学华：《尝试教学研究 50 年》，《课程·教材·教法》2013 年第 33 卷第 4 期。
② 布鲁纳：《教育过程》，上海人民出版社 1973 年版，第 10 页。

无论出于什么目的，处于什么条件之下，对真实的追求是绝对的、无条件的；而在运用研究成果时，可以有所选择或取舍，但还是必须以不违背真实性为前提。"① 历史的真实性不仅仅存在于历史研究当中，作为一名教师在引导学生学习历史时，更应该遵循历史的真实性。比如教师采取《王老农书稿》这样一条主线来展示建国后乡村发展之路，从纵向来讲知识点的时间顺序非常清晰，但是从横向来看，还存在一点问题。D 片段的书稿，指出"虽说地是挺好的，只是我们孤儿寡母的，连件像样的农具都没有，连老天爷也不知帮忙，不是旱就是涝的，忙乎一年都没啥收成。我当时想如果有人来帮帮我们就好了。没想到，没过多久，我烦恼的问题就解决了。"这样一则假设材料确实形象地表达了建国后土改实行后，农村依然存在一定的问题。就笔者看来，学生看到这样一则材料是否会把中国进行农业社会主义改造的原因仅归因于旱涝灾害的出现、农具的缺乏。而且很多学生在课后提出异议，王老农一家是孤儿寡母，才出现这样的状况，他能代表了中国整个农村的状况吗？很多时候这种虚拟人物、故事材料往往会给历史教学带来一定的问题。当然这并不是否定虚拟情节的存在，很多时候历史的教学还需要一些想象的情节让其更加丰满、生动。葛兆光也提过："历史学家就是要穿透历史的帷幕，重新让遗迹和文物复活，重新想象和经验过去，他不可能只是归纳文献、展览遗物……历史研究是要有想象和经验的掺入，对历史总是要重新解读的。"② 但是这里历史情节、材料的想象和虚拟还是需要在尊重历史真实性的基础上，在不会让学生对知识产生异议的情况下进行。

　　《历史课程标准》明确规定：要"激发学生学习历史的兴趣，转变学生被动接受、死记硬背的学习方式、拓展学生学习和探究历史问题的空间。"③ 尝试教学为了激发学生的兴趣，提供一些资料，让学生

---

① 葛剑雄、周筱赟：《历史学是什么》，北京大学出版社 2007 年版，第 246 页。

② 葛兆光、张瑞龙：《新思想史研究、历史教科书编纂及其他——葛兆光教授访谈录》，《历史教学》2005 年第 2 期。

③ 教育部制订：《全日制义务教育历史课程标准（实验稿）》，北京师范大学出版社 2001 年版。

自主学习，如爱因斯坦所说的一样："使提供的东西让学生作为一种宝贵的礼物来接受，而不是作为一种艰苦的任务要他去负担。"① 基于历史学科的特殊性，要保证资料的真实可信，如需想象、虚拟也要避免学生产生异议。因此，尝试性学习，让学生先阅读资料、先做练习的这样一种方式，确实能够激发学生学习的兴趣，但还是要考虑到历史学科的特殊性。

二 关注学生生活，重视乡土资源

有学者认为，以学生为主体的教学就是"让每个儿童持有自己的课题，相互探究，相互交流，相互启发，我将之称为'活动的、合作的、反思的'学习。"② 尝试教学一直在倡导学生在尝试中学习，在尝试中成功。"是先由教师提出问题，学生在旧知识的基础上，自学课本和互相讨论，依靠自己的努力，通过尝试练习去初步解决问题，最后教师根据学生尝试练习中的难点和教材的重点，有针对性地进行讲解。"③ 这样的一种模式确实能够充分体现学生在课堂教学中的主体地位以及教师的引导作用。

但是，在实际操作中，特别是在此次初中历史《建国后乡村发展之路》复习课中却出现了一些问题。老师确实给予学生自主的时间让他们自己去探究、合作，比如一开始就要求学生自主尝试，结合所学知识，完成学案第一板块"阅读书稿，找出同书稿片段相关的历史事件"以及第四板块"把相关历史事件填在时间轴上方的方框内"，完成之后，如有疑问可以和同学交流讨论。在第二板块让学生为老农的新书设计附赠明信片，目的在于让学生去描述每一个不同的历史事件。第三板块为新书选定章节名称，练习做题。所有的环节设计全都

① 许良英等编译：《爱因斯坦文集》（第三卷），商务印书馆 1979 年版，第 145 页。

② ［日］佐藤学：《静悄悄的革命——创造活动、合作、反思的综合学习课程》，李季湄译，长春出版社 2003 年版，第 41 页。

③ 邱学华：《尝试教学理论的实质与教学模式》，《中国教育学刊》1997 年第 6 期。

让学生去主动探究，展开讨论，巩固自己所学习的内容，在一定程度上确实体现了学生的主体性地位。

然而就笔者看来，学生的主体性地位不仅体现在自主、探究和学习，还应该体现教师在引导过程中，关注学生身边的生活，关注学生的家乡，重视乡土资源。

据一些学生反映，他们对于建国后乡村发展之路涉及的知识点兴趣不大，有些学生表示兴趣不大的原因在于他们觉得知识离自己的生活太遥远了，特别是很多城里孩子觉得脱离了他们的生活实际。这就需要老师在设计环节时考虑学情。这里是否把王老农出书改成以爷爷、爸爸和我这样三代人的口述来表达每个不同年代农村的变化会更好一点呢[①]？口述史材料应用于课堂是一个很好的创新，能让学生兴趣更加浓厚，同时拉近学生同知识的距离，另外一方面也培养了学生在日常生活中关注历史的意识。据笔者的了解，学生们指出曾经听过爷爷奶奶讲过"大跃进"运动等，所以拉近知识点同他们的距离，学生可以自己讲出很多相关的事实，更好地理解较为艰涩难懂的知识点。"学生的生活世界，强调与现实生活的密切结合，是新课程改革的一个重要理念。特别应充分开放和利用身边富有生活气息的乡土教学资源，让学生在学习间接经验的同时，亲历一下直接经验。"[②] 丰富的乡土资源实际也应是学生关注的一部分，也是体现学生主体性的一方面。

比如本次复习课的另外一位教师在课堂的最后同样采用了自主尝试的方式，给予大家两段材料分别是华西村以及衢州七里乡，让学生自主选择阅读，讲述自己阅读材料后的感受。七里乡是衢州非常著名的生态旅游之地，因此涉及此项材料，学生会感觉农村的发展离他们的生活并不遥远，学生还可以从自己对于七里乡的感受说起，切实领会中国农村的发展需要不断地改革创新。

尝试教学法从理论上来说较好地体现了学生为主体的教育理念，

---

① 丁贤勇主编：《三代人·六十年：中国乡土社会的 40 个故事》，中国社会科学出版社 2013 年版。

② 邵永福：《历史与社会开放式教学初探》，《读与写杂志》第 4 卷第 7 期。

但是在实际操作的过程中可能还会忽略一些凸显学生主体性的关键，比如教师在课堂引导过程中，在教学设计时一定要关注学生的生活，关注学生的家乡，从乡土资源入手，促使学生从自己的实践经验出发分析问题，展示自己才是课堂"主人"的风采。

三　提高学生的学习能力

教学的最终目的是提高学生的能力，让学生学会学习。陶行知先生提到"先生的责任不在教，而在教学，而在教学生学"。[①] 其实这也是衡量一堂有效课堂的标准之一，看看是否促进学生学习能力的提高，是否有利于学生思维能力的提升。

自主尝试教学强调的就是学生在自主学习、摸索、探究的过程中，促进学生学习能力的提高。在这一方面做得比较成功的可能还是美国。据一位美国教授曾撰文阐述对美国教育的感受："美国的教育太重视让学生亲自去尝试。他们决不把庞杂的知识先入为主地在课堂上硬塞给学生，而是注重让学生自己通过观察、分析或动手操作，在尝试中获得认识。也许，他们会对你侃侃而谈从常识中所得到的理性认识。"[②] 相比中国，一直采用的是老师讲授、学生听课的模式，而不是学生自己通过自身的探索学懂的方式。即使现在实行的尝试教学，仍然会因为很多现实原因，使培养学生能力的效果大打折扣。

比如因为学生基础参差不齐，程度较低的学生可能难以完成学习任务，但因课堂时间有限，老师为了完成课堂教学任务，给予的时间对于一些程度较差的学生来说相对比较短。像本堂复习课中所展示的，教师让学生撰写明信片，原本的目的是想提高学生事件描述的能力，并与当前中考命题趋势相接轨。但教师在描述事件之前，展示了一个范本，虽然一再强调学生发挥想象采取不同的描述方式。但是，

---

① 顾明远、边守正主编：《陶行知选集》（三卷本）第 1 卷，教育科学出版社 2011 年版，第 487 页。

② 刘京海：《刘京海成功教育随笔》，上海教育出版社 2008 年版，第 93 页。

学生的思维其实已深受老师提示模式的限制，最后多数学生展示的形式与老师雷同，这意味着培养学生思维能力的效果大打折扣。

正如当前非常流行的一句话："未来的文盲不是不识字的人，而是不会学习的人"。[1] 尝试教学在一定程度上促进学生能力的培养，因其在课堂的过程中强调学生自己的先学、先练，就像美国华盛顿大学的横幅展示的一样："我听见了，就忘记了；我看见了，就领会了；我做过了，就理解了"，只有真正自己实践过，学生才能真正学会学习的能力，真正理解所学习的内容。教师要明确在学生自主尝试的过程中，不要进行不必要的干预，从而促使他们逐渐形成自己的思维方式以及学习的能力。

四　结论

复习课有其特殊性，教师采用的教学方式一定得让学生在兴趣的驱使下，成为课堂的主体，促进学习能力和思维能力的提高，达到有效课堂的目标。此次《建国后乡村发展之路》复习课采用尝试教学模式，是历史课堂复习的创新，一定程度上实现了有效课堂的目标。而这相对比较新的模式，还是存在一些问题。教师还需不断摸索和探究，在实践中总结出更加有利于学生发展的方式。针对此堂课，笔者提出了一些尝试教学在以后初中历史复习课中应该注意的问题：

第一，采用一些激发学生兴趣的资料时，应该体现历史学科的特殊性，多考虑资料的真实性。

第二，体现学生主体地位的过程中，要意识到学生的主体地位还应体现在教师的引导中，关注学生的生活，关注乡土资源，学生不仅能从间接经验中得到知识，更能够从直接经验中获得更深刻的认识。在有条件的情况下，历史课堂中关注口述史应该是一个不错的选择。

第三，给学生时间练习，先学后练、先学后讲是尝试教学的特

---

[1]　郭斯萍、曾红主编：《超越中间层》，暨南大学出版社 2006 年版，第 286 页。

点，但是这里的先学后讲应该是学生先学、先练、先讲，老师再加以引导和指正。当然对于思维能力的培养不是一天就能成功的，长久的积累才能让学生形成这种惯性思维能力。正如刘京海指出："在'尝试'氛围的营造过程中，学生也会从习惯于被动地接受教师传授的知识，转向逐渐主动自觉地独立尝试和探求知识。可以相信，如果能够坚持这样一个正确的方向，那么，学生一定会在尝试实践中使自己的头脑变得更加聪明。"① 老师在平常教学中不断培养学生的思维能力，让学生成为一个会学习的人，而不是仅会听课的人。

课堂是学校教育的主要场所，同样是学生不断健康成长的场所。作为一线教师，为了让学生全面发展、健康成长，需要在不断实践的过程中选择最适合学生不断成长的教学方式。尝试教学的目的是让学生在尝试中学习，在尝试中成功，在尝试中成长。虽然，在历史复习教学中，这一方法还较为稚嫩，但笔者认为，随着大家不断创新实践，一定会变得更加成熟，成为高效历史复习课堂不可或缺的方式之一。

（作者叶璇，衢州市实验学校中学教师，浙江衢州）

---

① 刘京海：《刘京海成功教育随笔》，上海教育出版社 2008 年版，第 94 页。

跟着考纲走，抓住"历史思维"的手

——以《顺乎世界之潮流》一课为例

周莉花

在高考备考中，学生普遍觉得历史学科难度最大。其难度，不仅仅体现为高考试题的考查要求和课程内容的丰富庞杂，而且具有决定性的是历史学科知识蕴含丰富的思想内涵，学好历史学科需要较强的思维能力。所以在复习备考中，我们按照考纲的要求，从不同层面去培养、训练学生的历史思维能力。所谓的"历史思维能力"即依据历史事实，分析历史逻辑、挖掘历史智慧的能力。它包括分析、概括、比较、归纳、评价、论证等能力，也包括历史的眼光、观念和方法。具体到高考中，即是"考试大纲"中提出的三个方面的能力：识记、理解、应用。所以在历史备考中重视历史思维能力的培养和提升是不可动摇的方向，这不仅是历史学科的本质要求，也是历史高考的现实要求。在教学实践中，我们要善于抓住一些关键点，提高培养学生历史思维能力的效率和效果。现以《顺乎世界之潮流》一课为例来谈谈如何在日常教学中抓住那些关键点。

一 概念解剖：培养学生历史思维的准确性

历史概念是构成历史知识的细胞，是进行判断、推理、运用历史知识解答问题的基本知识要素。我们在解剖概念的时候要注意把握好历史概念的内涵和外延。其中概念的内涵是指事物的内部结构，是事物的特有属性，即"是什么"的问题。这是它区别于其他的独特性质；概念的外延就是概念的外部联系，主要包括背景（原因、条件等）、与之相关事件（事物）的联系、性质、作用和影响等评价要素。

高考对历史概念外延的考查一般采用不完全列举的方式，通常的设问方式是"下列某某属于或不属于某概念"。

本课"潮流"的定义就是流行趋势的动向，引申意思是社会变动或发展的趋势。"顺乎世界之潮流"即要求中国社会的发展变动要符合世界发展的趋势：政治上民主化、法制化；经济上工业化；思想上解放，达到科学化、理性化；社会生活上逐渐地走向开放化。

本节课是必修3第三专题的起始课，所以讲清这个概念对于学生理解这一单元有着不可估量的作用。作为思想史的"潮流"，那就是要做到思想解放。那什么是真正的思想解放呢？我们又该如何正确地理解它呢？在这里，我选用了梁启超在《思想解放》中的一段话来加深学生对"思想解放"的理解。他说："要个性解放，必须从思想解放入手。怎样叫思想解放呢？无论什么人向我说什么道理，我总在穷原竟委想过一番，求得个真知灼见。当运用思想的时候，绝不许有丝毫'先入不主'的意见束缚自己。经过思想之后，觉得对，我便信从，觉得不对，我便反抗。"

根据学生回答进行引导，从而归纳出所谓的"思想解放"第一步是为"冲破束缚"，第二步是为"思想升华"，第三步才是"指导实践"。中国先进的知识分子们正是朝着这个方向试图改变中国，进行着救亡图存的种种斗争。

二　内容整合：培养学生历史思维的缜密性

历史复习的关键步骤是要从整体上把握知识结构和理清基本线索，孤立地、零碎地记忆知识点就只能疲于奔命。因为历史发展是有其内在联系和规律的，只有梳理好历史发展的基本脉络和知识间的内在联系，记忆某个知识点才会游刃有余，对于各种问题解决起来也会得心应手。只有把具体的知识点放在知识结构中，才能看出它所具有的历史定位和价值。所以在本课复习的过程中我选择如下的一些契合教材内容的历史情境，把本课零碎的、孤立的知识点串联起来，培养学生历史思维的缜密性。

（材料1）1923年，经历了中国早期现代化大半历程的梁启超先生（1873—1929）出版《五十年中国进化概论》，论述到："近五十年来，中国人渐渐知道自己的不足了……第一期，先从器物上感觉不足……第二期，是从制度上感觉不足……第三期，便是从文化根本上感觉不足。"

总结：近代思想演变，经历了从地主阶级抵抗派的"师夷长技以制夷"，地主阶级洋务派的"中体西用""求富""求强"，资产阶级维新派的维新变法的思想，资产阶级革命派的民主革命思想、三民主义，资产阶级激进派的民主与科学思想等，都是先进中国人向西方学习的产物。随着新文化运动的不断发展，到后期出现了新的变化。

（材料2）从受压迫的青年和受压迫的妇女——激进分子们在他们的刊物上予以全面详尽论述的话题——到受压迫的劳工大众，激进分子们注意焦点的这一转变结果形成了他们与劳工大众的一种新的认同……不久，年轻的激进分子们就被劝告要到劳动人民中去工作，而且他们当中有人这样做了——彭湃在海丰的农民中间，张国焘和邓中夏在北方的铁路工人中间，毛泽东在长沙的工人中间，还有恽代英在武汉的工人中间。——费正清《剑桥中华民国史》（上卷）

根据学生回答引导、小结：

马克思主义（无） （以俄为师）	→	启蒙思想（资） （以欧美为师）

（材料3）毛泽东活着就是以铲除所有的不平等、让社会进入一个新时代为使命……近代以来，中国的爱国者出国寻求到了使苦难中国获得新生的手段吗？毛泽东从欧洲借来的不是机器、宗教或自由制度的蓝本，而是共产主义。他借助于技术和灵活性，对症下药，使一位病入膏肓的病人——中国起死回生。——摘自（美）罗斯·特里尔《毛泽东全传》

思考：毛泽东实现国家富强的关键是什么？对当时的中国产生了怎样的影响？

根据学生回答引导、小结：

马克思主义中国化（走自己的道路）→ 马克思主义教条化（走俄国人的路）

综合上述三则材料，学生通过阅读和分析，都能总结出如下的认识：近代的思想解放或思想进步，就是一个向西方学习逐步深入的过程。学习西方，西学的内涵在近代中国思想进化中是个不断发展变化的过程。最终让学生的思维建立起一个整体的架构，形成如下的一个比较缜密的知识体系：

时间	阶级	冲破束缚	思想升华	指导实践
19世纪四五十年代	地主阶级	从鄙夷到师夷（器物）	师夷长技	
19世纪60至90年代				洋务运动
19世纪末	资产阶级	从学习西方器物到学习西方制度	维新思想	维新变法
20世纪初			三民主义	辛亥革命
1915—1917年		从学习制度到学习思想	民主科学	新文化运动
1917—1919年	无产阶级	从以欧美为师到以俄为师	马克思主义	
1919—1927年				新民主主义革命
1927—1949年		从走俄国人的路到走自己的路	毛泽东思想	

三　观点碰撞：培养学生历史思维的深刻性

新课程的高考命题一般都重视联系史学研究的新成果和学术观点的新变化，以考查学生的历史思维能力和探究历史问题的能力。此种高考试题在近年来的各省卷中频繁出现，比如2010年江苏卷第22题以及2012年新课标全国卷第41题。

　　基于这种情况，我们老师要善于学习与借鉴，进而指导学生关注史学研究的新成果，培养其史学研究意识和探究历史问题的能力，以逐步掌握解答这类探究题的基本思想和方法。

　　在《顺乎世界之潮流》教学中，我采用了陈旭麓先生《近代中国的新陈代谢》的观点来整合本课，以达到训练学生思维的深刻性的目的。

　　通过这一环节的复习，就是让学生明白要从三种史观去认识近代中国的思想解放。从革命史观角度看，近代中国的思想解放，是以中国学习西方以寻求强国御侮之道为核心，学习西方与抵制侵略相联系、启蒙与救亡相联系，体现了强烈的反封建反侵略要求的运动。从文明史观角度看，近代中国思想进化本质上是两种文明的交汇与碰撞，西方文化具有明显优势，学习西方，西学东渐，是近代思想进化的必然。从现代化史观看，近代中国思想解放是思想文化现代化（经济领域的工业化和城市化，政治领域的民主化和法制化，文化领域的理性化和科学化）的过程。

四　细节巧用：培养学生历史思维的丰富性

　　历史本身是一汪情趣荡漾的湖海，而教科书限于篇幅，不可能把所有知识都呈现出来，有些是"浅尝辄止"，有些是"若隐若现"，有些甚至是"犹抱琵琶半遮面"。这种历史的细节就需要我们在教学过程中给予关注。让这些细节去引导、促进学生对历史的理解和认识。新课改背景下历史命题的趋势，往往"景"在教材外，"意"在教材中，更是突显了对历史细节的关注。本课的内容由于涉及的人物众多，而且每个历史人物都在历史的长河中留下了许多鲜活的细节，为命题者留下了许多命题的空间。比如2012年山东卷第28题以严复的人生经历为载体，考查了资产阶级维新派出现的社会背景、与洋务派的比较及分析为什么维新派的主张无法实现的客观原因。

　　针对以上的情况，我在复习本课的过程中运用了一些细节来拓展本课的知识体系，让学生深刻地体会到中国的思想解放在古老的中国是如此不易。而正是这些中国有识之士的坚持和努力才让我们的国家一步一步地挣脱"天朝上国"的迷梦，一步一步艰难地走向近代化。也更深刻地体会到思想的落后是制约我们前进步伐最重要的枷锁，更新观念，与时俱进是刻不容缓的事情。

五　热点关注：培养学生历史思维的活跃性

《普通高中历史课程标准（实验）》明确规定："（普通高中历史课程）在内容的选择上，应坚持基础性、时代性，应密切与现实生活和社会发展的联系，关注学生生活，关注学生全面发展。"其"课程目标"之一，就是要学生"学会运用科学的理论和方法认识历史和现实问题，逐步形成科学的世界观和历史观；树立不断完善自我、为祖国社会主义现代化建设做贡献和关注民族与人类命运的人生理想。"

在《顺乎世界之潮流》教学中，我认为近代思想发展是近代社会进步、民族进化的一个重要标志，也是我们的民族精神、民族文化发展演变的集中体现。因此，通过近代思想的学习，既可以在认识人类思想文化多样性的基础上理解和尊重世界各地区、各国家、各民族的文化传统，又可以增强对祖国传统思想文化的认同感，并将那个时代的民族精神加以升华，设计如下：

通过本课的学习，我们知道近代思想发展的历程就是学习西方的过程，但同时还有一个重要问题，就是我们在学习外来文化过程中如何对待传统文化的问题。

（1）请根据提示和自己的认识完成表格。

社会思潮	对待传统文化态度	主要原因
洋务思潮		
维新思潮		
新文化运动		
文艺复兴		

（2）关于近代中国文化发展，一种观点认为，新文化"应以传统文化为基础"；另一种观点认为，新文化"应以现代西方文明为基础"。请你谈谈应该如何建设新文化？

从某种意义上说，现实是历史的延伸，历史是现实的源头。面对纷繁复杂的现实，我们可以从历史经验中获得智慧和启迪。本课中通过各个派别及东西方对待传统文化的态度的对比，就更能寻找到我们前进的方向。在高三历史复习中，我们要有意识地从现实的角度去探寻历史，总结历史经验教训，培养学生"以史鉴今"的历史思维素养。

高三历史复习教学，要依据考纲的要求，设计些能打动学生心灵的活动，通过活动从而实现灵魂的洗礼、思维的提升。只有这样复习课堂才能摆脱枯燥呆板、索然无味的尴尬境地，使高三历史课堂鲜活起来，并在潜移默化中提高学生的应考能力。

参考文献

［1］陈旭麓：《近代中国社会的新陈代谢》，中国人民大学出版社 2012 年版。

［2］李付堂：《思想的力量》，《中学历史教学参考》2012 年第1—2 期。

［3］徐赐成：《历史高考能力考查取向与塑造》，《中学历史教学参考》2012 年第 1—2 期。

［4］徐中约：《中国近代史：中国的奋斗》，世界图书出版社2008 年版。

［5］许纪霖、陈达凯主编：《中国现代化史 1800—1949》，学林出版社 2006 年版。

（作者周莉花，建德市新安江中学教师，浙江建德）

情感教育篇

随风潜入夜，润物细无声

——高中历史教学中情感教育的实践与思考

包训国

源起：一石激起千层浪。

在教学必修 3 专题一"中国传统文化主流思想的演变"《四 明末清初的思想活跃局面》时，我设计用清史专家阎崇年对清史研究传统观点的批驳作为导入，意在让学生了解学术上的百家争鸣。随着导入的开展，情况出人意料，我甚至有些尴尬。

导入语：2008 年 10 月 5 日下午，74 岁高龄的清史专家阎崇年在无锡签名售书。忽然，一名高个子年轻男子冲到阎先生跟前，掌掴其脸部。打人者自述是对阎先生提出的"满清统治者削发易服是促进民族融合、否认大屠杀、认为文字狱维持了社会稳定"等观点极不赞同。

"阎先生到底该不该被打？"没想到，我这一设问"一石激起千层浪"！教室里沸腾了，有同学说该打，有同学说不该打，双方言辞激烈，争执不下。

看到学生热情很高，我索性把他们按观点分组，赞成该打的有二分之一，不赞成的占四分之一，还有四分之一的同学不表明观点。这令我吃惊！赞成"该打"的同学阐述了理由：历史原本不是这样子的，老家伙玷污历史，哗众取宠，被打是罪有应得。赞成"不该打"的同学认为这是学术问题，学术争论是很自然的，也应是自由的。中国古代春秋战国时期，就是百家争鸣的嘛。

学生发言后，我总结：有同学说阎先生是对历史真实的扭曲，你怎么知道阎先生的观点是对真实的歪曲和胡说呢？有谁知道历史的真实究竟是怎样的呢？阎先生是清史专家，他依据占有的史料并结合史学研究方法得出结论，虽然有可能被认为合理或不合理，但是若对学术问题诉诸暴力的话，这严重偏离了理性规范。启蒙运动领袖伏尔泰不是说过嘛：“我虽然不赞成你的观点，但我誓死捍卫你说话的权利。”言论自由、思想自由，神圣不可侵犯啊。

那么多同学认为打人是合理而应该的，不仅令我感到很震惊，也促我深度反思！从教二十多年，作为一线教师，对当今中学生情感的严重缺失深有体会：路遇自己的老师，面无表情，昂首而过的；烦于父母管教过严与父母大吵大叫的；对老师的教育不屑一顾甚至大打出手的；读书无用，及时行乐的……诸如此类，不可具举。面对这一切，我真的很纠结、很痛心。痛心之余，我更深刻地领悟了新课程加强情感教育的必要性和重大意义之所在。

高中历史情感教学是有一定的路径可以遵循的，即以人本主义，以建构主义教育理论为指导思想，以学生的综合发展为中心，以情感互动为主线，以对教材的理解为根基，以培育学生的文化认识为中心所构成的稳定的系统简明的教学构造框架。在近几年的教学实践中，我将历史教师情感教育的一般程序归纳为：课前“备情”、课上“启情”、课后“留情”。

一　课前“备情”

课前“备情”，就是在备课时要充分挖掘历史教学资源中蕴涵的情感因素，以培养学生的人文精神，提升学生的道德认识。白居易说：“感人心者，莫先乎情。”当代教育的核心就是“以人为本”，教学必然要顺乎人性。历史学科有取之不尽的资源，从“政治文明历程”“经济成长历程”到“文化发展历程”无不打上人性底色，为我们塑造学生的灵魂提供了丰富的素材。备课时，在钻研和理解教材的基础上，教师应多方阅读资料，将教材抽象的内容具体化，枯燥的材料生动化，激发学生的兴趣与热情，让学生在思想上达到一个新的境界。

（一）"备情"，首先要"掘情"

"掘情"就要关注历史上人的因素。历史教育说到底是人的教育，挖掘历史人物背后的故事，体会他们的高尚情操和精神品质，更能够打动学生的心灵，使学生与历史人物产生共鸣。

聂幼犁教授说："教材是教育的基本用语之一。它在课程与教学的理论和实践中占有举足轻重的地位。每位教育工作者，无论他是教师，还是教育、教学研究者，都必须树立正确的教材观"。教科书是以课程标准为依据，按照教学规律，由学科专家编写，经全国中小学教材审定委员会审查通过，供学校施教使用的文本教学材料。教科书是学生直接的学习对象，是实现课程目标的最主要媒介。历史教科书内容极具思想性和典型性，是源远流长的历史长河的沉淀，每一位历史教师都必须在教学中贯穿历史课程标准的基本理念，积极挖掘历史教科书中的情感教育因素。如学习屈原、杜甫的诗歌，不讲其忧国忧民的故事就不能理解《离骚》中孤芳自赏的无奈和《春望》中的字字血泪；学习中国近代史，不讲左宗棠"抬棺出战"的故事和光绪帝给邓世昌的挽联"今日漫挥天下泪，有公足壮海军威"，就不能理解历史的豪情，也就激不起学生的满腔爱国之情……这些历史人物以勤奋的努力、高尚的追求、积极进取的人生态度，为青年学生树立了做人的楷模。教学中挖掘他们伟岸的形象激发学生的情感，自然而然能够引起学生的心灵共鸣，情感教育水到渠成。

"掘情"就要挖掘教学内容，汲取中华传统文化思想的养分。中国传统文化思想崇尚刚健自强、刻苦勤奋的精神，提倡天下大同、克己奉公的政治理想，强调身心和谐的人际关系，鼓舞人们向心凝聚、忠于民族的爱国精神……从孔子的"仁者爱人"到孟子的"仁政""养浩然之气"，既是对仁君和社会和谐的期盼，也是对我们每个人的做人要求。法家的"以法治国""变法革新"等思想至今仍是我们的治国理念；道家的"无为而无不为"的"积极无为"仍然启示我们顺其自然、待时而动；墨家的"尚贤""节俭"仍符合当今的生活观念；兵家的"知己知彼，方能百战不殆"也是当今处世竞争的基本信条；佛教引人向善，教人宽容大度。用这些传统文化的营养来滋养学生心性，必能造就兰心蕙质的女儿、豪气冲天的男儿，道德认识自然也能得到升华。

（二）"备情"，还要"备景"

教学要突出情境熏陶、情感体验。中国古代就讲"情景交融""披文以入情"。程少堂先生说："课堂教学的氛围美就是这样一种心理环境，它能促进师生之间、学生之间感情和信息的无障碍交流。这种心理环境主要体现在一种师生关系美。在其乐融融的师生关系中，教师教得神采飞扬，学生学得兴致高涨，师生双方都全身心投入，这时课堂上就会出现庄周梦蝶般的现象：学生没有意识到自己是学生，教师没有意识到自己是教师，不知道是学生变成了教师，还是教师变成了学生，教师、学生、教材、教法、教学环境之间融为一体。"

"备景"，首先可以运用多媒体把影视技术引入课堂，用情景渲染气氛。影视对中学生的影响是深刻而持久的，运用影视技术的教学效果自然是远非原来单纯的说教能比及的。孔子听韶乐"三月不知肉味"，这个过程就是心灵与韶乐同步振荡和产生共鸣的过程。在讲五四运动导火线时，我截取了电影《我的1919》的片段，年轻的外交官顾维钧的"中国不能失去山东，就如西方不能失去耶路撒冷一样"掷地有声的话震撼了学生的心灵，达到了很好的情感教育效果。

"备景"，其次要重视课文中插图的作用，生动的插图可以唤醒学生的情感。历史插图是对历史知识的某些片段、侧面的状态和形貌的"写真"，是对某一历史事件、人物活动和历史现象的"空间描述"，是形状化、立体化的历史教材。教学中，合理利用课本插图，不仅可以使学生形成清晰的历史表象，激发他们的兴趣，还可以通过引导学生讲图，培养学生的综合能力。如必修3《孙中山的三民主义》有6幅插图，课前我逐一研读，认真领悟，设计出若干问题，编写在导学案上，要求学生回答，以激发学生热爱祖国、崇尚民主、与时俱进的情感。

"备景"，还要寻找到历史与学生生活的关联。教师在处理历史教育、学生生活与社会生活三者关系时，关注的是历史借鉴功能，如讲授苏联的改革就会联系到我国的改革开放。然而，学生一回到日常生活中处理身边事情时，历史的借鉴功能就没有多少用武之地了。所以，教师在历史教学中，要自觉把历史借鉴功能与学生生活相联系，使历史学习对学生全面发展发挥更有效的作用。

最后，历史教育还应通过恰当的方法培养学生健康的德育观。我们依托身边可利用的素材因势利导、潜移默化地影响教育学生的人生观、世界观和价值观，让学生对人和事的看法趋于人性化、客观化、全面化。

二　课上"启情"

历史情感教学，要求教师在课堂教学中注重"启情"，即上课要有饱满的激情，对学生动之以情，必要时还要煽情，实现情感教育全面融入课堂。

（一）"启情"就要留意情感投入，以情激情

李大钊说，史学对于人生的关系，可以从知识方面和情感方面两部分去说。历史知识丰富的情感因素，为实施情感教育提供了大量素材。历史真相扑朔迷离，历史事件有美有丑，历史人物有善有恶，历史评价褒贬不一。作为教师，主要通过语言与学生交流，因此要重视讲话的语音、语调、动作、表情的感染作用。教学语言抑扬顿挫，配以相应的动作来渲染气氛，增强号召力和感染力，以提高学生的学习兴趣，达到良好的效果。

（二）"启情"还要经常改变教法，以教育情

情感教学的意义绝不仅仅是要让学生记住历史上那些残垣断壁、

残尸僵骸和枯燥乏味的年代数字，而是要以史为鉴，告诉他们怎样为人处世，注重培养情操。所以在情感教学中不为渲染而教，而为教所渲染，做到事有所思。"思"是情感教学内容的灵魂，缺少思索、回味的内容是空洞的、虚无的。如教学"黄海海战"，先着重渲染清军爱国将领不畏强敌、英勇抗敌、以身殉国的故事，可这样描述："致远舰在激烈的海战中勇往直前，多次中弹，船身严重倾斜，最后不幸中鱼雷，全舰250多人壮烈牺牲。就在即将沉没的时候，随从扔给邓世昌一个救生圈，可是他因全舰俱没，义不独生，摇手拒绝，这时他的爱犬叼住他的肩膀，不使其下沉，邓世昌毅然揽住爱犬，一同沉没在黄海的波涛之中。"学生听后，如临其境，受到了一次生动的爱国教育。此时，我话锋一转设问道："爱国官兵殚精竭虑，拼死血战，甲午战争中国为什么还失败呢？"学生讨论回答后，我总结为"当时中国政治腐败，统治阶级妥协投降，社会制度和武器装备落后……"等，最后升华提问：今天，我们该怎样报效祖国呢？完成了"思"的最终目标。

（三）"启情"更要注重评价，以评启情

使学生自主地获取学问、开展才能，加深学生历史学习的情感程度，尽最大限度地达成高中历史新课程的三维教学目标。

教师情感的表达要平和、适当，既不可毫无表情、冷若冰霜，也不能以情害意、热情过火。历史教师要学会把握自己的情感，依据历史知识素材，自我地调控情感，当柔则柔，应刚则刚。教师毫无情感地讲授，难以萌发学生情感的嫩芽。一堂有感染力的历史课，既要有惊涛骇浪，也应有涓涓细流；既要引领学生如临其境、如听其音，也要给学生驰骋想象的空间……教师若情感表达过分偏激，怒则咬牙切齿，悲则痛哭流涕，这种不适应的表达，会影响课堂教学气氛。当然，情感的"度"难用一种标尺去衡量，因为教师的个性特征差异，决定了有人含蓄，有人直露。所以，历史教师应大致上把握情感的分寸，师生之间春风中坐，既可交流信息，也可交流心事，所谓"适当"，即彼此间感情自然真挚地流露。

三　课后要"留情"

心理学研究认为，情感作为人的一种心理过程，是个由浅入深、由外显到内化的过程，情感教育目标应是一个按不同心理等级层次排列的连续体。心理学家克拉斯沃尔和布卢姆认为，情感目标是排列成为连续的、依次上升的五个水平层次：接受层次、反应层次、价值评价层次、组织层次、性格化层次。情感心理的这五个层次构成了层层递进、紧密衔接的情感内化和升华过程，形成了一个动态的情感水平目标系列。既然如此，对学生的情感教育就是一个长期的过程，非一朝一夕所能形成。因此，教师的情感固然应随着知识讲授而及时表达出来，但要给学生留下感悟的空间，让学生自己悟出来，再结合生活实践，学生会加深理解。情感不能包办，不可替代，教师要善于给课堂留下空白，要让学生在感悟中升华情感，就要给学生更多的体会、感悟的空间，也就是课后要留情。

2009 学年，我曾带领我校高一年级学生开展了《桐乡市历史乡土资源的开发与运用》课题研究。同学们参与的热情很高，他们利用周末、寒暑假，或亲临桐乡市名胜古迹进行实地考察、拍照，走访名胜古迹当地的人，或走访桐乡市历史名人的亲朋好友，寻访历史爱好者和地方志办公室的相关研究人员，或有计划有目的地利用互联网资源、市图书馆、市地方志办公室查阅历史书籍和档案资料，并积极关注《桐乡日报》上有关桐乡市地方史的相关报道，收集乡土资源。该课题的研究不仅增强了学生对历史的兴趣爱好，调动了历史学习的积极性，更增进了学生对家乡的了解和认识，激发了对家乡的热爱之情，受到了良好的情感教育效果。

"感人心者，莫先乎情"，情感既是影响学生的重要因素，又是教育的结果。情感教育就是促进学生身心愉快的教育。高中历史教学在对学生的情感教育方面具有得天独厚的优势，我们教师真心投入、用心实践，一定会起到"随风潜入夜，润物细无声"的奇妙功效。高中历史教学中可实施情感教育的资源很多，形式灵活，方式多样。本文所述，只是笔者的部分实践与不成熟的思考，不当之处，敬请方家斧正，不胜感激。

参考文献

［1］卢家楣：《情感教学心理学》，上海教育出版社 2000 年第 2 版。

［2］李娟、郭锐：《拉近学生与历史之间的距离——从美国的一节历史课谈起》，载《历史教学》（中学版）2009 年第 3 期。

［3］聂幼犁：《大胆推介，小心求证》，载《历史教学》（中学版）2008 年第 17 期。

［4］潘维、玛雅主编：《聚焦当代中国价值观》，三联书店 2007 年版。

［5］周凌：《令人深思的"赞同暴力解决观"》，载《历史教学》（中学版）2010 年第 3 期。

（作者包训国，桐乡市茅盾中学教师，浙江桐乡）

追寻伟人足迹，培养弘毅品格

——基于《中外历史人物评说》教学培养学生弘毅品格的研究

邓淑珍

普通高中新课程培养目标的定位是社会化、素质化、个性化。普通高中毕业生应成为具备一定的弘毅品质的人。唯有如此，才能培养出能适应社会发展之人。然而，由于受应试教育的影响，在中学历史教学中，存在着对学生个性和道德品质的教育被长期漠视的现象。我们经常可以看到这样一些现象：在初中阶段，历史被当成可有可无的学科，学生没兴趣学，老师没信心教；在高中阶段，历史学科又成了高考指挥棒下学生叩响大学校门的一块敲门砖。为此笔者开展基于《中外历史人物评说》教学培养学生弘毅品格的研究，以期通过历史学科的教学，帮助学生树立良好的弘毅品格。

一　概念界定

"弘毅"一词出自《论语》。在《论语·学而》中，曾子曰："士不可以不弘毅，任重而道远。非弘不能胜其重，非毅无以致其远。"在《论语·泰伯》中，程子曰："弘而不毅，则无规矩而难立；毅而不弘，则隘陋而无以居之。弘大刚毅，然后能胜重任而远道。"其中"弘"：就是有理想，待人处事心地宽，能悦纳他人，即志存高远，胸襟豁达；"毅"：就是学习做事有毅力，能够为达成愿景目标坚韧不拔。弘毅品格概括起来就是12个字：志存高远、胸襟豁达、意志坚韧，分别指向对人、对己、做事三个维度，共同构成完整的弘毅品格。

二　开展弘毅教育、培养弘毅品格的迫切性

"弘毅教育"是指以塑造校园弘毅文化，以培育弘毅品格为旨归所实施的一种办学策略和教育模式。其中开展弘毅精神扎根课堂是我校实施弘毅教育的一个层面，发挥学科优势，开展弘毅教育，促进学生弘毅品格的养成，有着切实的可行性和必要性。

（一）培养弘毅品格是当代培养有高尚情操、远大理想新时代人才的客观要求

随着当今知识经济时代不断的发展，知识成为一个时代经济发展的时尚，世界各国对于人才的需求越来越迫切。时代对于人才的要求首先必须有高尚的情操、远大的理想。表现为热爱我们的党、我们的民族、我们的祖国；具有与时俱进的思想政治觉悟、坚定的信念、健全的人格，富有团队精神和全心全意为人民服务的思想。其次具有极强的责任感和竞争意识。表现为要有时代观念，整体意识和创新精神，要学会学习，学会做事，学会合作，学会生活。而弘毅品格正是体现了当前社会对新时代人才的标准之一。

（二）培养弘毅品格能更好地落实《普通高中历史课程标准》中的情感价值观教育

新课程改革之后，历史课程的目标不仅在于培养学生掌握一定的历史知识和学会一定的历史方法，而且更注重情感、态度和价值观教育，把传统的思想情感教育目标拓宽为情感、态度和价值观目标，其内容涵盖了思想、观念、情感、兴趣、态度等多个方面的教育。可以看出，新的课程标准更注重人文素养和科学精神的培养，把历史教育的社会教育功能与人的发展教育功能相结合，基于这样的目标要求下，高中历史教学担负着培养学生塑造良好的道德品质和情感价值的重任，使学生通过学习，感受到爱国主义、人文主义、团结

合作、崇尚科学等优秀的品质教育，从而使学生在学习中树立起弘毅品格。

（三）培养弘毅品格有助于探索农村普通高中提高德育水平的新载体

随着改革的进一步深化和市场经济的不断发展，不良的社会思潮影响侵蚀了可塑性极强的中学生，现在的高中生都是"90后"，"90后"学生生长环境优越，普遍的优点是聪慧、乖巧、多才多艺，普遍的缺点是比较迷惘、脆弱、心眼小、颓废，学习主动性和毅力不够好等令人担忧的倾向，容易出现悲观消极、妄自菲薄，对自己的前途失去信心，对自己对社会毫无责任感，学习动机不明确，厌学逃学严重的现象；甚至有部分学生道德败坏，不懂礼貌，心胸狭隘，自私成性，遇事推卸责任，甚至用非正常的途径来解决遇到的问题与挫折。因此要强化对学生进行弘毅品格的教育，从而"扬其所长，避其所短"，帮助学生克服存在的思想缺陷与道德问题，提高学生的思想道德水平，使新时代的中学生能以强大的心理、良好的道德、文明的举止成为新时期的主人。

三 《中外历史人物评说》教材教学与培养学生弘毅品格的契合点分析

（一）从课程目标看，《中外历史人物评说》教学的情感态度与价值观目标与培养学生弘毅品格是相契合的。

历史选修4《中外历史人物评说》介绍的是人类文明发展进程中一些具有代表性的重要历史人物及其主要活动。这些具有时代象征意义的历史人物，在漫漫的历史长河中，他们鲜明的个性和富有创造性的行动，有力地影响着人类历史的发展进程。《中外历史人物评说》教学的情感态度与价值观目标："要求用心体会这些重要历史人物的奋斗历程和探索精神，感受他们的独特个性和魅力，确立求真务实、勇于创新的人生态度，增强为中国社会主义现代化建设和人类和平与进步事业而努力奋斗的使命感、责任感。"教材以中外伟人的成功人生与传奇坎坷的经历为基点，通过对他们独特的人生历程的展现和梳理，从不同的角度对各种成功作出注解，从中提炼出富有启发意义的人生经验，从而引导中学生进行合理的人生规划，以培养他们面对成长、面对困难所必需的积极态度和坚强心灵。这正符合弘毅品格的要求。

（二）从教学内容看，《中外历史人物评说》教学内容与培养学生弘毅品格相一致。

《中外历史人物评说》教材选取了具有时代象征意义的各个领域的中外伟人，通过对这些中外历史人物的学习，可以充分使学生感受到伟人身上的伟大品格，深入对学生弘毅品格的教育与培养，培养学生抱负远大，志向高远，为实现理想而坚持不懈的奋斗精神。以博大的胸怀，从大局出发来处理个人与党、国家和人民的利益，不计个人恩怨、不计个人荣辱进退。客观公正地评价毛泽东和毛泽东思想，从分析邓小平的人格魅力引导和培养学生宽宏对人，悦纳他人，豁达开阔的博大胸怀。通过对为实现印度独立自治三次领导非暴力不合作运动的圣雄甘地，四次遭受政府驱逐、生活极度困难、为无产阶级革命创造科学理论的马克思；为实现中华民族真正独立富强而领导中国人民坚持新民主主义革命的新中国的缔造者毛泽东等伟人的学习，塑造学生面对困难时，有不屈不挠、坚韧不拔、奋发向上的顽强意志。

（三）从教材对比看，《中外历史人物评说》教材比高中阶段其他教材更有利于培养学生弘毅品格。

笔者对本校高一、高二各 200 名学生作了抽样调查，以下是调查结果。

你认为历史课堂跟培养你的弘毅品格有关系吗？	A. 有很大关系	285	71.25%
	B. 有一点关系	104	26%
	C. 一点关系都没有	11	2.75%

续表

（前一题中选择 AB 的同学选择）假如你认为历史课堂跟培养弘毅品格有关，你觉得应该是哪一本教材的内容与此联系最密切？	A. 必修一《政治史》	105	26.25%
	B. 必修二《经济史》	42	10.5%
	C. 必修三《思想文化史》	63	15.75%
	D. 选修三《20 世纪战争与和平》	21	5.25%
	E. 选修四《中外历史人物评价》	186	46.5%

从表格的数据中分析得出，学生普遍认为历史课堂教学对培养自身的弘毅品格有着极为重要的作用。且从高一与高二的学生对教材选择中得出，高二学生普遍认为选修 4《中外历史人物评价》对弘毅品格的培养联系最为密切。

你心目中最崇拜的是哪类人？	A. 中外伟人	237	59.25%
	B. 中外明星	103	25.75%
	C. 当今中外政治家	60	15%
（第 6 题中选择 A 的同学选择）你选择此类人物的理由？	A. 培养自身品德，提升自我弘毅品质	126	53.16%
	B. 提高学习历史的兴趣	35	14.77%
	C. 以他们为榜样，成为人生奋斗的目标	58	24.47%
	D. 为完成高考学习的任务	12	5.06%
	E. 其他（理由）	6	2.53%

数据的显示表明当前高中生对中外伟人的崇拜占据了相当大的比例，且在这类同学中，认为中外伟人对提高自我道德品质、培养弘毅品格是有很大作用的。同时，从高一、高二学生的比较来看，选修 4《中外历史人物评价》在培养学生的弘毅品质、在教学中渗透弘毅教育的作用更明显。

四　在《中外历史人物评说》教学中培养学生弘毅品格的实践策略

伟人的崇高精神和伟大人格是极为珍贵的教育资源。用伟人精神育人，是造就有用之才的良方，而课堂教学是学生接受各科教育的直接渠道。在我校开展弘毅课题研究的大氛围下，高中历史人教版选修4《中外历史人物评说》恰好给我们历史学科提供了进行弘毅品质教育的良好舞台与契机。笔者依据本学科的教学任务、学科特点、学生实际，充分挖掘教材中中外伟人的道德因素，立足教学内容，采取多种教学方式，有机渗透弘毅教育，熏陶学生人格，培养学生弘毅品格。

（一）立足教学内容，突出课堂教学，以中外伟人为楷模，培养弘毅品格。

费尼克斯说过："不经学问的陶冶是不可能形成稳定健康的人格的"。借助于知识的点滴积累，才能培养出稳定持续的品格。离开具体的知识和环境，弘毅教育只能变成空洞的说教，而无法收到应有的效果。因此，我们要充分发挥课堂教学的主渠道作用，在教学过程中充分利用教材中伟人丰富的弘毅品质，不断对学生进行榜样熏陶和激励，传播弘毅精神，潜移默化地施加影响，达到"润物细无声"的目的，推动学生建塑和完善弘毅品格。

1. 汇集名人名言，感悟弘毅品格

古今中外的伟大人物，他们把对世界、对人生的感悟和真知灼见凝聚成发人深思的锦言妙语，其深刻的哲理、丰富的内涵为人们所广泛传播。在教学过程中，通过展示名人名言或发动学生汇集名人名言，运用于课堂中，使学生通过对名人名言的认识与理解，体会伟人的优秀道德品格，感悟伟人的弘毅品质。

2. 叙述名人故事，传播弘毅精神

孟子曰："故天将降大任于是人也，必先苦其心志，劳其筋骨，饿其体肤，空乏其身，行拂乱其所为，所以动心忍性，曾益其所不能。"也有人说"苦难与痛苦造就了伟人"。每一位伟人的成长，都经历过不平凡的磨难，都具备顽强与命运抗争的精神、坚忍不拔的毅力、乐观宽宏等一系列的优秀品质。而名人的这些优秀品质，都能从名人的人生故事中得到充分的体现。

3. 确立教学主题，建塑弘毅品格

优良的品格，需要反复地磨炼、修正和健全。在历史教学中，我们应该立足课程目标，根据学生的认知结构、年龄层次、心理特点，改革教学方法，努力探索适合历史教学和品格教育和谐统一的教学方法，引导学生塑造优良的品格。笔者在教学过程中，曾尝试通过确立一个教学主题，落实教学目标，强化情感教育，促使学生弘毅品格的形成。

4. 展示伟人评论，内化弘毅品格

按照心理学理论，连"认知"都被视为一个"构建"的过程，那么情感和观念的形成就更要依靠学习主体，也即学生自己去"体验"和"生成"了，在《中外历史人物评说》的教学过程中也当如此。因而要真正地把伟人身上的优秀品格内化于学生的心里，需要教师提供适当评论材料，让学生真正"动"起来，"说"出来，在一个民主、活跃的课堂教学氛围中达到教学要求。笔者认为，能真正突显伟人优秀品质的评论材料，一定要选取名人对伟人的评论，这样更具有典型性和说服力。

（二）立足教学活动，结合教学内容，拓宽课外教育，内化弘毅精神。

进行人物教学仅仅依靠历史课堂是不够的，还必须设计和开展课外活动，以丰富学生的历史人物知识，拓宽学生视野，补充课堂教学不足。

1. 编写重要人物小传

在学习过程中，教师选择重点人物，让学生搜集相关人物的历史故事和撰写人物小传，不仅可以培养和提高学生搜集、处理相关信息和史料的能力，还可以进一步使学生了解历史人物，帮助学生树立人物形象，学习伟人的优良品格。人物小传的撰写要求有鲜明和正确的观点，史论结合，可以结合课外阅读补充一些有关内容。这样，学生既可进一步掌握教材内容，又培养了学生写作历史小论文的能力，为将来进行历史科学的理论研究奠定基础。同时通过深入对伟人的了解与掌握，感受伟人的优良品格，可以帮助自己树立良好的弘毅品格。

2. 观看与伟人相关的影视作品

尹鸿先生在《中国教育报》撰文论述，"随着影视的普及，青少年接触影视媒介的时间越来越多，在一些西方国家，青少年每天观看电视的时间平均已达 5 小时，远远超过了他们阅读的时间。因而，青少年的知识结构、行为方式、价值观念、人格修养、审美情趣和世界观、人生观都受到影视媒介的巨大影响，有时甚至是决定性的影响。"因此历史教育者潜心发掘历史影视文化中蕴涵的教育资源，积极探索利用影视文化培养中学生弘毅品质，发展学生美的品德内质，提升学生健康的道德素养是非常有必要的。

3. 阅读伟人传记和书写读后感

浙江师范大学人文学院陈兰村教授在《略论名人传记的阅读功效》中评论述到，"阅读中外名人传记，既是向书本学习，又可以了解某些成功人的人生经历……尤其是青少年阅读名人传记，不仅可以丰富历史知识、文学知识，而且对激发人的志气，培养健康的人格，增强克服困难与挫折的勇气，增长接待事物的智慧，都具有一定的启迪作用。"由此我们在学习了《中外人物评说》中的每一位伟人后，老师可以相应地推荐相关的人物传记，学生可以根据自己的兴趣与能力挑选进行阅读，并适当地要求学生撰写读后感。通过对人物传记的阅读与读后感的书写，推动学生更深地领悟与了解伟人不平凡的人生经历，提升学生弘毅品格。

4. 举办历史人物图片展览

根据教材中人物的安排，分政治家、思想家、革命家、科学家等版块，组织学生搜集有关历史人物图片，根据图片学生编写好人物活动的文字说明，借助于学校弘毅教育的大平台，以墙报、橱窗、板报等形式面向全班或全校展出。这样不但密切地联系了课堂教学，加深了学生对课内所学人物知识的认识和了解，而且提高了学生在历史人物学习中的兴趣。更主要是通过宣传与展览，弘扬伟人的精神，强化弘毅品质的宣传，促成学生弘毅品格的养成。

五　反思与总结

笔者通过一年的实践，立足课堂教学，借助课外活动，结合学科特点培养学生的弘毅品格，既顺应了当前学校弘毅教育的大氛围，更对学生综合素质的提高，对学生的可持续发展起到一定的作用。但是一个人的思想养成、精神培养是需要经过长期的积累与沉淀的，笔者做的还仅仅是冰山一角，需要在日常的教育教学生涯中不断地去实践，以真正提升学生的弘毅品质，提高学生的整体素质。

参考文献

［1］毕义星：《影视文化与人格教育》，《当代教育科学》2003年第5期。

［2］陈兰村：《略论名人传记的阅读功效》，《荆门职业技术学院学报》2008年第8期。

［3］傅漳来：《弘扬伟人业绩，促进历史教学》，《中学历史教学参考》1997年第12期。

［4］辜良超：《人文主义的失落和历史教学的尴尬》，《中学历史教学参考》2002年第8期。

［5］湖北第二师范学院：《班主任之友》2010年1期—2012年3期。

［6］赵亚夫：《追寻历史教育的本义》，《课程·教材·教法》2004年第3期。

（作者邓淑珍，建德市新安江中学教师，浙江建德）

史观教学篇

新史观在高考命题中的体现及启示
——以中国近代史部分为例

胡悦晗　袁志海

改革开放 30 年来，我国史学研究领域呈现出一片欣欣向荣、成果纷呈的景象，然而中学历史教育却在应试教育的束缚下裹足不前。中学历史教育的严重滞后体现在史学观念的陈旧上，因此更新史学观念对高中历史教学意义重大。正如黄牧航教授所说："如果不转变史学观念，所谓转变课程观充其量是使教师成为一个更优秀的资料收集者，而所谓转变教学观也很有可能就是运用更有效的方式把原来的一些陈旧错误的观念加以强化。"因此高中历史新课程教学更新史学观念刻不容缓。作为新课程改革背景下的高中历史教师，必须适当地关注学术研究动态，吸纳新的研究成果，不断更新知识，这是一名高中历史教师必备的素质。

一　新史观下中国近代史的发展趋势及特征

什么是"史观"？李大钊说，史观就是关于历史的法则性解释或概念。中学历史教师须具备一定的历史观首先是教学的需要，也是历史教学的重要使命之一。"历史学科与其他科目最大不同的地方，是有史观上的差异。特别是中国近现代史方面，因为政治立场不同，大家对史事的取舍及看法差异很大。"如何充分汲取史学研究的新成果，使之在新时代的中学历史教学中体现出来，成为了历史新课程的难题。

中国近代史的研究，长期以来形成了以"八大事件""三次革命高潮"为基本内容的结构体系，这一体系突出了中国近代历史发展的主要脉络，突出了阶级斗争和进步势力的作用，但缺陷也是显而易见的，它充分体现了以阶级斗争为纲的革命史观，忽视了历史的多样性。改革开放以来，运用现代化的视角、理论和方法作为历史研究的范式或主题，正在被越来越多的史学工作者所接受。

现代化史观认为，人类社会发展的历史就是由农业文明向工业文明演进的历史，其内容包括政治上的法制化、民主化，经济上的工业化、智能化，思想文化上的科学化、大众化等。而近代中国的现代化是由众多内外因素交织而成而极其复杂的大过渡过程，有其独特的运动形式，贯穿在这个大过程的是四大趋势：自身衰败的过程；半边缘化即半殖民地化的过程；革命化过程；现代化进程。在以上四种趋势中，各种内外因素对近代中国大变革发生作用的过程，是一个主客体相互作用的互动运动，而走向现代化的过程是与中国走向衰败、沦为半殖民地以及各种革命运动连绵不断的过程重叠在一起的。

二　新史观在高考命题中的若干体现

现阶段的高考命题成员基本由高校教师组成，他们必然会把历史学术领域内的某些新观点及新理论在高考命题中体现出来。纵观近几年的全国高考题，我们不难发现一些新史观的体现。本文仅以中国近代史为例，试举几例。

（一）现代化史观与传统革命史观相结合

近代中国半殖民地半封建社会的特殊历史国情和近代中国的历史实际进程以及复杂的阶级斗争形式决定了近代中国的时代基调是革命。高中学生复习中国近代史时，只要抓住了这个基本线索，就能理清近代中国社会历史的各个方面。高考命题适当运用了革命史观与现代化史观的结合。请看下面例题：

例1：（2009年高考广东卷B）阅读材料，结合所学知识回答问题。

材料　中国的革命正是由这样两种梦想推动着：一是爱国主义者想看到一个新中国傲立于世界民族之林；二是提高处于社会底层的农民的地位，消除古代旧有的阶级的社会差别。——据（美）费正清《观察中国》

问题：

为实现"傲立于世界民族之林"这一梦想，中国近代各阶级做出了哪些努力？

这道高考题，成功结合了革命史观与现代化史观两种视角。中国的现代化始终是围绕着争取民族独立和实现国家富强这两大历史任务的实现而不断前进的，实现国家独立和现代化是相辅相成的。因此，国家独立、民族独立、人民解放、繁荣富强、工业化、民主化就是高考命题专家运用以上两种史观共同研究的主题。

（二）关于革命与改良

面对近代中国内部衰败化和半边缘化，中国社会发展的客观要求是要改变这种趋向，遏制这种趋向的方法有两种：激进的革命和温和的改良。然而，在传统的革命史观下，类似"革命"与"改良""激进"与"保守"等词语都分别打上了进步与落后的烙印。这就预先设定了一个标准：革命成了衡量历史进步与否的标准。事实上，革命与改良不存在孰优孰劣的问题。"历史上的现代化运动和社会政治变迁，通常具有革命性变迁与非革命性变迁两种形式。"这里所说革命性和非革命性变迁，其实也指革命和改良。放眼整个人类历史进程，我们会发现各国历史既出现过革命，也发生过改良，两种方式都推动了历史的进步。一个国家究竟走革命道路还是走改良道路，是由各国的历史条件所决定的。

在近代中国，所谓改良，是指在保留君主的前提下进行渐进的改革，最终实现君主立宪；所谓革命，是推翻君主统治，确立民主共和制度。二者差别只是实现民主的方式和道路不同。一个希望通过和平方式，在保留清政府的条件下实现对君主专制制度的改造；另一种是要通过暴力推翻清政府，建立新的政权。从本质上看，君主立宪和民主共和都是资产阶级民主政治的形式，二者的目的都是救国、独立、富强。革命与改良既有对立性，也有同一性。在近代中国之所以会出现这革命与改良两种方式和道路，是因为这些倡导者对中国国情的思考和认识不同。革命派强调的是清政府已经腐败，已经成为"洋人的朝廷"；改良派则强调中国的历史传统，认为中国国民程度不足，难以一下子实现民主共和。他们的认识都有合理的成分，分别道出了中国在现代化道路上的障碍和困扰。从结果看，改良派最终失败，革命派发动武装起义，推翻了清王朝，但移植的西方民主制度却受到现实的拖累，这也证明了在中国政治民主化的道路是一个长期、艰难的过程。

（三）对于辛亥革命的反思

对辛亥革命的评价，传统革命史观强调辛亥革命是在条件并不充分具备的情况下发生的，虽然推翻了清王朝，但没有完成反帝反封建的任务，也没有改变中国半殖民地半封建社会的性质。近些年来，对辛亥革命的评价基本能在现代化史观的指导下进行，即辛亥革命促进了中国现代化的进程：政治上，彻底终结了君主专制，建立了共和制；经济上，民族资本主义得到发展；思想文化上，民主共和观念深入人心，各种报刊纷纷出现，新式教育进一步发展，社会言论相对自由。然而，近年高考命题也对辛亥革命进行了一些全新的反思，请看下面例题：

例1：（2011年高考安徽文综15题）辛亥革命"不过是宗法式的统一国家及奴才制的满清宫廷瓦解之表征。至于一切教会式的儒士阶级思想，经院派的诵咒书符教育，几乎丝毫没有受伤"。这一评价

A. 代表了新文化运动时期的认知水平

B. 对思想启蒙方面的局限性认识不足

C. 肯定了反对专制、追求民主的愿望

D. 基本上不符合辛亥革命的历史事实

以上例题可以得出一个结论：辛亥革命后民主共和观念并未深入人心，专制思想仍然在中国社会各方面根深蒂固。无论是达官显赫，还是一般民众，帝制的声歌、故事根植在他们的文化中，辛亥革命并没有革去数千年的历史积淀而成的皇权心态，正如康有为所说："以共和虽美，民治虽正，而中国数千年未之行之，四万万人士未之知之，众警论日，列强群迫之时，而骤行人人所未经之涂，人人所未闻之事，此再所深忧却顾，俯仰彷徨而不自已也。"

已故学者陈旭麓先生认为，中国近代是一个动态的、新陈代谢迅速的社会，它在很大程度上来自接踵而至的外力冲击、又通过独特的机制变外来为内在，推动民族冲突和阶级对抗。所以，中国近代社会的演变有很大的特殊性，具体表现在两个方面：一是新陈代谢的急剧性。从辛亥革命看，要让一个拥有数千年专制传统的国度过渡到民主阶段，不是一夜之间就能到位的，而是需要几十年甚至上百年方能完成。将外国的民主模式强加给中国，而缺乏对政治民主化阶段性的深刻认识，这是资产阶级革命派所犯的错误，而这种不成熟性也给后来的革命和建设带来了极大的困扰，也从根本上制约了近代国家体制的确立。

二是近代社会上层体制、政治思想的演变是迅速的，而社会生产、经济结构尤其是乡村社会的变迁则是缓慢的。广大的处于底层社会的芸芸众生从意识到生活都没有越过小生产的轨道，实现向近代的根本转变。这就意味着经济基础与上层体制、国家与社会的严重脱节和不对应性，这种脱节和不对应性导致了上层体制始终处于游移无根的摇摆状态，无法正常地走上宪政的轨道，这也是辛亥革命后很长时间民主共和仍未深入人心的社会根源。

三　新史观对高中历史教学的启示

（一）教师应学习与领会几种主要史观的核心观点并在教学中灵活运用

《历史课程标准》以文明史观（政治文明、经济文明和文化文明）来构建必修模块的体系，但也综合运用了现代化史观、全球史观和革命史观等，那么，弄清这些史观的主要内容，把握它们在分析具体历史问题时的不同视角和方法，学会运用这些史观去分析具体历史问题，对于高中历史教学而言尤为必要。因此，这就要求我们在教学实践中能具体问题具体分析，不能教条，更不能把对历史的认识当作是一成不变的。

（二）教师要学会灵活运用教材、选择教学素材

教材是学生学习、掌握历史知识最主要的途径，但它不是唯一途径。同样，教材是教师进行课堂教学的依据，但也不是唯一的依据。由于受篇幅的限制以及传统思想观念的束缚，现行新课程高中历史教材，在许多历史问题上依然停留在陈旧、过时或片面的观点上。因此高中历史教学不能仅仅局限于历史教科书，在教学过程中，应适当运用学术研究的"新"替代教材的"旧"，结合教材相关内容，及时、恰当地介绍史学研究新成果，纠正一味教教材、抠教材的陋习，真正把教材当成一种学习资源在利用，创造性地使用教材，灵活地利用教材，使教材成为一种动态的、生成性的学习资源。

教师应该好好把握新课标的要求和方向，本着"求真求实"的态度去选择教学素材、设计教学问题。这就要求教师要善于通过多种途径，关注史学研究动态，自己在对现行教材的解读、分析中能科学、合理地利用史学研究成果，合理利用现实生活中物质方面和人力方面的课程资源，并使其在历史教学过程中发挥应有的作用。以教材为主，辅以其他素材，让学生通过分析、思考，加以理解认识，以使学

生掌握更加符合历史原貌的史实，从而真正落实课标提出的相关
要求。

（三）教师应转变学生学习方式，引导学生适当涉足史学争鸣

新课程实施以来，传统的以教师为中心的教学模式正逐渐向以学
生为中心的教学模式转变，教师只是学生学习的引领者和合作者。在
课堂教学过程中，教师要促使学生从习惯于接受式学习向探究式学习
方式转变。在教学过程中，教师应适当引导学生结合所学内容，适当
涉足史学争鸣，引导学生质疑、辩驳、争论和提出与众不同的看法，
这既有利于学生灵活运用所学知识，更有利于学生思维能力的提高，
尤其是独创性和批判性的思维品质的养成。

（四）教师要更新知识结构，努力成为"学者型"教师

新课标在内容的选择上，要求坚持时代性，密切与现实生活和社
会发展的联系。依据新课标编写的教材虽引用了部分学术界最新的研
究成果，但受种种原因的限制，相对于学术而言的还是整体滞后。因
此教师要及时地关注和了解学术动态，吸取学术研究的成果，丰富和
更新自己的专业知识，促使自身原有的知识结构发生深刻的变化，使
自己的知识结构与时俱进，使自身的专业素养进一步提高。作为一名
高中历史教师，虽然不一定能成为"学者"，但一定要争取成为"学
者型"的教师。

参考文献

［1］陈旭麓：《近代中国社会的新陈代谢》，上海社会科学院出
版社 2006 年版。

［2］黄牧航：《史学观念的转变与高考历史试题的命制》，《中学
历史教学参考》2008 年第 3—4 期。

［3］刘伟：《中国近代史学术研究的新观点》，《历史教学》2004
年第 5 期。

［4］楼卫琴：《立足于批判性思维——反思抗战史教学》，《历史

教学》2010 年第 21 期。

[5] 罗荣渠：《跨世纪的沉思——对近代中国巨变的再思考》，《天津社会科学》1994 年第 1 期。

[6] 苏全有：《对清末民初我国政治民主化进程的冷思考》，《河南师范大学学报》2000 年第 6 期。

[7] 宋启广：《新课程下历史教学应关注新史观》，《新课程研究》2009 年第 8 期。

[8] 郑润培：《澳门中学历史课程的现况和发展》，《中学历史教学》2006 年第 8 期。

[9] 朱汉国：《浅谈普通高中历史新课程体系的变化》，《历史教学》2003 年第 10 期。

[10] 中华人民共和国教育部：《普通高中历史课程标准（实验稿）》，人民教育出版社 2003 年版。

（作者胡悦晗，杭州师范大学人文学院历史系讲师，浙江杭州；作者袁志海，中山市华侨中学高中历史教师，广东中山）

全球史观与课堂教学之初探

——以《中国古代的科学技术》一课为例

汤丽芳

前　言

高中历史课程改革以来，新的教育理念正逐步落实到课堂教学之中，高中历史教学出现了许多新气象。但我们也发现许多教师不关心史学研究动态，史学观念严重滞后于学术研究成果，高中历史教学表现出极大的封闭性，教学内容与学术研究成果严重脱节，以致对新教科书的体系难以准确把握，对教科书的许多内容解读产生偏差，这一现象不符合新课程的时代性要求，已成为制约历史新课程发展的瓶颈。史学观念的更新与运用在高中历史新课程教学中已刻不容缓。

作为一名新教师，我非常注重备课，在备课时利用了现有各方面的跟教学内容有关的资料，但是当我准备公开课《中国古代的科学技术》一课时，在指导老师的启发下，我开始认识到了在自己的课堂中还缺少的一部分内容就是史学观念的渗透，没有史学观点的渗透就如同没有了学科体系，学生接受的知识就是一盘平淡无奇的散沙。并且我开始认识到要上好一门课除了要体现课堂艺术，更需要这门课的课程理论的融入，使我的课不再是追求花架，而是尽力去追求课堂的完整性。这种完整性不仅体现在课堂教学过程的完整，而且体现在课程思想、体系和课程结构的完整。本文将以《中国古代的科学技术》一课的实践为例作为教学思考，浅谈史学观念在教学中的运用。

一　备课：重形式—重内容

"以知识为载体，以形式为表现"这是我一贯备课的观念，我认为一堂好的课不仅要呈现给学生课标中的知识要点，还有重要的一个环节就是要浅入深出，将学生乐于接受的教学形式置于教学过程中。

【导入新课】（播放一段2008年北京奥运会有关四大发明的视频）

（师）这次开幕式既调动了现代科技元素，也融合了我们古典的文化精华。

由此导入中国古代的四大发明。

【教授新课】

一、（师）就比如说我们现在学习的教科书就融合了中国古代的两大发明，分别是什么呢？——以贴近学生的学习和生活为中心来引起学生的兴趣，并且由此导入了造纸术。

二、以"古代造纸术发明了之后，如果需要记载古代的书籍用手抄很不方便，古人又想了什么办法呢？"为问题，很自然的就引入到了第二项发明——印刷术。

三、以"除了上述两项大发明外，还有一项被阿拉伯人称为是'海上眼睛'的是什么呢？"为问题导入指南针一目内容。

四、在讲授火药一目的内容中，我以"火药是不是药呢？"为题让同学们展开讨论，从而让学生自己得出火药的整个发展历程。

【内容提升】我为了对这一课内容进行升华，设置了如下材料来让同学们讨论为什么中国古代的四大发明最后没有促进中国生产力的发展，最后在中国夭折了。

材料一：像印刷术、大炮、气球和麻醉术这些发明，中国人都比我们早。……中国真是一个保存胎儿的酒精瓶。

——雨果（法国）

材料二：在公元 3 世纪到 13 世纪之间，中国曾保持令西方望尘莫及的科学技术水平，……中国的文明却没有能够产生与欧洲相似的近代科学。

——李约瑟（英国）

材料三："科学的发生和发展一开始就是由生产决定的，经济上的需要曾经是，而且愈来愈是对自然界的认识的主要动力"。……对科学技术没有迫切的要求，也使科学技术的进步失去了原动力。

材料四：众所周知，中国人在世界上以保守、含蓄而著称。这归结于几千年传统文化具有保守、从众、迷信等特点。……不善于归根结底的研究，不兴搞标新立异的行为……

从这四则材料中得出的结论是：

原因包括：封建专制制度；自然经济占统治地位；传统儒家思想；重农抑商政策；科举制度；实行闭关锁国等等。

指导老师指出我的教案和课件还有缺点：一方面有点头重脚轻，另一方面在知识点讲解时缺乏全球史观的渗透。我的课堂内容丰富，但是缺乏了一个重要的内容就是全球史观的融入，在我写成教案之初没有很好地处理中国与世界的关系。因此，本堂课没有完成使学生认识中国科技发明对世界文明发展的贡献的任务。

备课第二步，在全球史观的指导下，紧扣本课的教学目标，我对本课的教学设计进行了修改，增添了如下内容。

西方人眼中的四大发明

欧洲文艺复兴初期四种伟大发明的传入，对现代世界的形成，曾起重要的作用。……指南针的发明导致发现美洲，因而使全世界，而不再是欧洲成为历史的舞台。

——卡特《中国印刷术的发明和它的西传》

火药、指南针、印刷术——这是预告资产阶级社会到来的三大发明……变成对精神发展创造必要前提的最强大的杠杆。

  ——马克思

  在本堂课的教学设计修改好之后，全球史观密切融入到了教学内容中，使教学设计更加合理，教学环节更加紧凑，教学内容更加符合教学目标。该教学设计付诸教学实践时也体现出了教学效果，比起初次的教案更能体现出这节课的主要线索和课堂知识的重难点。教学实践之后，我对于史学观点应用于课堂教学有了更深刻的理解，史学观点使用得当能够带动学生去思考，能够使学生思考历史学科当中更加深刻的思想。布罗代尔说：一切历史都是当代史。的确，历史学科的发展并不仅仅是枯燥的文字与符号，它更是一种思想、一种文化的传承。而这一切的一切要让我们的学生全面深刻地体会必须借助于史学观念的渗透。

二　课后：由点到面

  教学实践之后，我真正体会到了史学观念在新课改下高中历史教学中的重要性。教学过程中不仅仅要渗透全球史观，而且我们需要把和它相联系的文明史观、现代化史观、革命史观等一系列史学观点融入到我们的教学过程中去。如果这样的话，学生的思维将会趋于多样化、思考问题更加全面、判断问题更加客观，也有利于培养我们学生正确的世界观、人生观和价值观。

  这些史学观点不仅适用于我们的新课教授过程中，同时在复习教学过程中同样起着重要的作用。在高考题以及平时的教学过程中，由此可见史观的运用非常频繁，在复习过程中没有使用史学观点就会导致很多问题。比如说在复习必修 1 专题二的内容时如果没有渗透史学观点，就会割裂历史事件之间的联系，学生看问题时容易导致一刀切的状况，评价问题时的标准比较统一。但是，在新课改的背景下，教育的目的应该是培养学生创新思维能力，因此学生需要接受前沿的史学观点，用不同的观点来评价问题，这样学生的思维才能得到开发，这也是现在高中历史教学的根本，也能够真正达到历史教学目的。

三 "思"而复得

温故而知新，作为一名第一次认真解读该套教材的新老师，我认为自己在教学生涯中还有很多值得学习和改进的地方，只有认真研究教材和改进自己在教学生涯中的不足之处才能取得一定的教学效果。

（一）认真研读教材。仅从这一次公开课中，我就认识到了自己的一个薄弱之处就是没有很好地吃透教材。在新的史学观点中，对现在的高中历史课程体系影响最大的是文明史观，必修课历史（Ⅰ）（Ⅱ）（Ⅲ），实际是分别讲述政治文明史、物质文明史和精神文明史。而选修课的六个模块主要是文明史某些内容的深化和展开。这样就决定了文明史必然成为高考历史的首选内容。在对历年高考的历史试题做了深入的分析后，得出如下结论：走进文明史已成为历史试题的新走向。而在教学之初，我只了解到了教材是按照专题来编写的，并没有把这种文明史观渗透到我的教学过程中去，导致在我的教学过程中有了一个空缺，也是对教材的解读的一种缺失。

（二）以史观渗透教学。史学观点是历史课堂教学的一个灵魂，但是在我之前的教学过程中，或多或少都是有所缺失的。特别是在现在的第一轮复习过程中，对于高考试题有所研究后，历史教师更应该认识到新史观（文明史观、全球史观、近代化史观等）对于课堂教学的重要性。比如说，在高三历史复习课中要指导学生运用全球史观把握历史发展的两条主线：首先人类历史发展过程是从分散向整体发展转变的过程。这一转变开始于 15 世纪末 16 世纪初的新航路的开辟，到 19 世纪末 20 世纪初资本主义世界体系的形成标志其基本完成。其次，生产力的发展和世界各地区交往的发展是人类历史发展的两条主线，建立在生产力发展基础上的世界各地区交往的发展是推动人类社会从分散走向整体发展的决定因素。通过史学观点的渗透，学生更能了解历史的整体性，更能把握整个历史的发展趋向。

（三）用多元化的视角来看待史学问题。史学观点的多样性就决定了我们不能用单一的眼光来评价历史事实和人物，同学们也就掌握了多元化的评价方式。就比如说，在教师教授"中国近代史"一块内容中，最初在史学界基本上是从革命史的角度来看待问题，但是随着史学观点增加，我们可以从全球史、文明史和近代化或者是社会史观来让学生多角度看待问题。在培养学生思维多样化的同时也能够培养学生的学习兴趣。

小　结

培根说过，读史使人明智。历史曾经是一门我不想把它当作专业来学的学科，却深深地吸引了我，同时，我在历史教学过程中，与学生一起成长，真正感受到了教学相长的魅力。

现在，我和学生已经进入到了必修 3 的一轮复习，在这个复习过程当中，通过对教材的不断解读和对高考试题模拟试题的不断练习与分析，我们的学生也慢慢地学会去总结历史的一个完整体系，不断渗透这些史观。不过，通过考试和练习以及上课的反应，我们的学生虽然有这种多元史观的意识，但是真正在使用的过程中，看待历史问题时却不能很好地应用。比如说，他们知道文明史观，但是假如问他们"新航路开辟后人类文明发展有什么新的变化？"，他们无法从问题中找到回答问题的角度是文明史观中由农业文明向工业文明转变。面对现在历史题目更趋于新颖和贴近现实，我们的学生存在获取材料信息和语言组织能力不好的问题，我想我们应该更加注重平时的基础教学，不断地给学生渗透这种史学意识。特别是高一的新生，我们应该从第一学期做起，并能够达到善始善终，力求为高三打下坚实的基础。而我们的高三学生只有通过我们平时教学观念的渗透以及做练习时不断去总结，才能锻炼我们的史学意识。

我想在以后的历史教学中，老师要不断提高自己的阅读量，了解前沿的史学信息，因为学习历史并不是封闭的，学习历史的人也不应该是古板的。采用不同的史学观点进行教学，使用不同的史学观点来评价问题，是我们的必然选择。这不仅使学生能够更加深刻地看到历史问题，同时也培养了学生的很多兴趣，也许这才是学习历史的真正目的。

参考文献

［1］蒋廷黻：《中国近代史》，上海古籍出版社 2004 年版。

［2］刘文涛：《中学世界史教材改革应从史学现象的更新入手——谈"全球史观"及其运用问题》，《历史教学》2003 年第 8 期。

［3］［美］斯塔夫里阿诺斯：《全球通史》，上海社会科学院出版社 1988 年版。

［4］许纪霖、陈达凯主编：《中国现代化史》，上海三联书店 1996 年版。

［5］姚岚：《三维设计》，光明日报出版社 2014 年版。

［6］浙江省教育厅：《浙江省普通高中新课程实验历史学科教学指导意见》，浙江教育出版社 2012 年版。

（作者汤丽芳，兰溪市上华中学教师，浙江兰溪）

培养学生篇

学生介入历史教学内容能力的养成与探究

余献军

一 引言

（一）概念的界定

学生介入历史教学内容是指，在历史课堂教学中，教师通过各种手段引导学生思维进入历史虚拟状态，使学生身临其境，更充分了解历史事件和历史人物，并在介入历史教学内容的过程中形成更深刻的规律性认识。学生介入历史教学内容是以学生的发展为本，改革了传统课堂教学中的师生间"你讲我听"或"你问我答"的被动局面。它是以知识教学为载体，把关注人的发展作为首要目标，通过创设一个有利于学生生动活泼、主动发展的学习软环境，给学生提供发散思维的空间，从而使学生积极主动地成为课堂教学中最具有活力的因子，促进学生各方面素质得到全面发展。

（二）问题提出的背景

1. 当前历史课堂教学形式呈现单调性。教师的教学就是向学生讲述历史事件发生的背景，分析事件的原因，讲解事件的过程、造成的结果，向学生条陈失败的原因教训或胜利的原因经验，学生看不到活生生的历史，历史事件和历史都是单薄的，而不是丰满的。在这种教学下，课堂就成了教师唱独角戏的舞台，学生成了抄笔记的工具。

2. 学生介入历史教学内容的能力体现在高考对学生能力的要求。高考的考纲对文科综合能力测试的考核目标与要求分为四个方面三个层次。四个方面"获取和解读信息，调动和运用知识，描述和阐释事物，论证和探讨问题"展示了对学生的能力要求，三个层次层层递进，对学生综合性能力有很高的要求，"组织和应用相关学科的信息，形成综合性的信息解读。……体现创新性思维"。

从上述内容可以看出，学生掌握书本上的基本概念、基本规律是不够的，其要求学生不仅熟记课本知识，更重要的是对知识进行提炼、组织、应用，体现创新性思维。

3. 学生介入历史内容的能力是历史新课程改革的要求。《浙江省普通高中新课程实验学科实施意见》认为高中历史教学是一个完整的学习过程，其中提到了两个内容：一是通过各种教学活动，让学生体验和感知历史，使其初步掌握某个历史领域的发展过程、基本特点和基本规律；二是在体验、学习、理解和认识人类历史发展的过程中，形成对民族、国家和人类历史发展的认同感，确立正确的情感、态度和价值观。

根据上述的观点，教师应担当起设计教学活动，引导学生介入历史内容，达到教学目标使学生主动参与，学会学习。

二　引导学生介入历史内容的方法

《浙江省普通高中新课程实验学科实施意见》中要求学生掌握的历史学习基本方法是非常全面细致而具有指导性的。主要有：材料学习法；观察学习法；思辨学习法；实践学习法。在引导学生介入历史内容的方式中，通过教师的精心设计，都是能够让学生介入历史内容的，从而了解并理解历史知识，并形成历史认识。在教学实践中，我采用的引导学生介入历史内容的基本方法有：

（一）使用材料、图片引导学生介入历史。例如讲解科举制的发展与评价时，利用古代考场的图片及中、西方学者对科举制的看法的资料进行展示，学生能迅速介入当时的历史情景，对课文内容有了更直观和深入的看法。

（二）巧引妙问引导学生回望历史。例如在讲到《开辟文明交往的航线》时，可以利用茨威格的《麦哲伦航海记》中的史料，其中讲到欧洲人在买卖胡椒时，非常小心翼翼，甚至要关上门窗，以防在称量时被风吹到影响重量。这大大引起学生的兴趣，此时设问：在当今如此普遍的餐桌调味品为何在当时如此珍贵？这种状况到何时有了转变呢？为什么有这个转变？以此去引导学生思考新航路开辟的原因、新航路开辟的过程，巧引使学生进入虚拟历史状态，有意识地回望历史，妙问激发学生热情，帮助学生形成自己的认识。

（三）运用电影、歌曲等多媒体资料，感染学生介入历史内容。例如在学习社会主义现代化建设时运用《春天的故事》的视频，看到邓小平受到人民群众的热烈欢迎的场面，很多学生深受感染，从而回顾起书本中对改革开放以来社会主义现代化建设成就的表述。

（四）学生自编历史。采用小组合作，根据自己的兴趣针对某历史人物或某历史事件，通过搜集资料，用第一人称编写人物小传、小说或历史事件的简史，开阔了学生的眼界，拓宽了知识面，使学生的心境完全介入该段历史。例如在学习《中外历史人物评说》中《统一中国的第一个皇帝秦始皇》时，学生仅仅抓住"第一"这一特点，对人物的一生进行了总结和重组。这样学习有助于学生充分领会这节内容，激发学生主动介入历史的欲望。

（五）历史角色扮演的方式介入历史内容。在上课过程中针对某些内容设计小品由学生表演来增强学生的感性认识，或者把历史当作新闻由学生进行采写、播报等形式。例如在学习抗日战争的内容时，学生扮演战地记者的角色整理抗日战争的战事情况，并向全国人民播报。

（六）社会实践调查。由于现实原因采用实践学习法的不普遍，"实践学习法是指通过社会调查、参观访问、情境模仿和解释现实问题等途径来学习历史的方法"，那么这种方法的确是需要有充分的准备和计划的。

三　总结与反思

引导学生介入历史内容的方式打破了传统教学中学生喜欢看历史却怕上历史课的现象，改变了教师把历史内容整理成背景、原因、意义等八股的形式，学生喜欢通过多种方式介入历史，教师也体会到了课堂的生动活泼。它是众多教学方式方法的一种，一定存在着弊端，只能在教学中不断实践，不断修正。为了更好地培养学生介入历史内容的能力，在不断实践中我总结了以下几条原则。

（一）目标原则。无论运用什么方式引导学生介入，教学目标是不变的。我们的目标始终是培养学生学会学习、主动学习、独立学习，能自己介入历史内容的能力；在活动中张扬学生的个性，培养学生健康的心理和健全的人格；在各种介入方式的学习中与同学体验和分享成功的喜悦，促进学生的全面成长，培养学生自主学习、大胆归纳、勇于创新的精神。而不是单纯追求课堂热闹，一味迎合学生心理。

（二）简洁原则。在一堂课中通过精心设计，采用一两种方式能够达到预定的培养目标。如果一节课中使用小品、新闻播报等多种方式会导致一堂课被割裂，学生兴奋点过多，会分散学生对教学内容本身的注意力。

（三）创新原则。只有教师的思维不断地开拓创新，才能对学生起到潜移默化的作用，在教学中有利于学生的，都应该大胆尝试，不断改进，丰富介入历史的方法手段。

（四）学生主体原则。学生是学习和实践的主体，在教学中，教师要充分考虑学情，持续关注学生的学习状况，作为调整教学方式的依据。

（五）持之以恒原则。培养学生介入历史内容的能力，不是一蹴而就，也不是立竿见影的，要持之以恒。

介入历史内容的方式是很多的，而且随着多媒体的运用、教师自身能力的发展、交流的加强，其方式也会有更多的创新。但在运用这些方式的过程中，仍然在操作上、效果上出现了一定的问题，这些问题给本人教学带来一定的困扰。

（一）如何将培养学生介入历史内容的能力与完成教学任务完美结合。在一堂课要选择某种方式培养学生介入历史内容的能力势必会消耗教师和学生较长的时间。比如选择再现历史的小品表演来介入历史内容，教师在课前要指导，学生在课前要写剧本排练，课上表演后还要花时间讨论。那么教学进度就得不到保证，学生熟练掌握了一小块内容而还有更多内容浅尝辄止甚至来不及学习，显然是"小学而大遗"。如何提高效率就成了一个亟待解决的问题。

（二）如何选择适当的方式介入。方式的多样性，让教师有一种"乱花渐欲迷人眼"的感觉。同时，一个班级中学生的知识面、认知水平、学习能力也有差别，无论选择什么方式都不可能达到人人参与，人人满意。比如设置精巧问题引导学生时就要考虑学情，问题设置的广度和深度就要费心思量，否则容易造成能力强的同学不愿答、能力欠缺的同学又答不出的现象。有些学生上课时专注于学习的时间是很短的，在课堂中觉得有趣就认真听，没什么趣味了学习兴致又低落了。用何种方式能够最大程度的紧紧抓住学生的"眼球"，延长关注度呢？

（三）如何疏导学生的"功利观，唯成绩观"。培养学生介入历史内容的能力是一个长时间的过程，而这种方式能否在短时间内提升学生的能力和提升学生的学业成绩都是需要长期的实践来证明的。在学生中存在这样的现象，觉得上课就只要针对书本就可以了，什么小品、视频资料看看又没有用，浪费时间，不如自己看书。这些学生面对教师提供的新颖问题只问一句，这个要考吗？对于培养介入历史内容的种种方式，他们问，这样下去能不能考出好成绩啊？其实这个问题也是教师的隐忧，因为学生最关注的是分数，一定程度上是他们的目标与前途。

（四）如何使学生主动，不成为另一形式的"一言堂"。学生主动介入历史内容不仅是需要教师通过各种手段培养的，更需要学生发挥主体作用，积极持续地参与。但是现在的学生课业繁重，知识储量不足，自由支配的时间少，缺乏主动学习的习惯。因此在学习历史的过程中很难做到事事介入，时时介入。基本上都是由教师引导，比如，运用采写新闻的形式重新安排历史内容，就要教师事先布置，指定学生，进行指导。学生做完之后，就是这一方式的完全结束，没有举一反三的效果，他们的学习又是老样子。所以无论采取什么方式，如果学生不参与，还是教师的一言堂，只不过不仅在课堂上，而且还在课后操纵学生。

（五）如何使课堂既活跃又有序。介入历史内容的学习方式容易调动学生的积极性，活跃课堂，但是如何实现有序管理就是一个具有挑战性的难题。在学生回答问题中，经常发现学生对知识误解或者歪解，甚至是胡思乱想，扰乱了课堂。学生欠缺独立思考，习惯与同学讨论，而且没完没了，不懂自制。这样课堂秩序紊乱，有效学习程度降低。

四　结束语

由于各种主观、客观条件的限制，引导学生介入历史内容的实践是不够完美的，探索也是无止境的，在探索的过程中需要广大教师的交流，希望能够乘着课改的新风与大家一起"疑义相与析"，提升自己的业务能力，更好地服务学生。

参考文献

［1］赵士祥：《神入历史与时序思维能力培养的教学探讨》，《历史教学》（中学版）2013 年第 5 期。

［2］浙江省基础教育课程改革工作领导小组办公室编：《浙江省普通高中新课程实验学科教学指导意见》，浙江教育出版社 2009 年版。

（作者余献军，建德市新安江中学教师，浙江建德）

探析 2013 届高一新生
历史教学的困惑和对策

夏云云

一 高一新生历史教学的尴尬及学生困惑调查

本学期，我负责高一其中四个班的历史课，一个多月下来，遇到一些令人困惑的事情，举几个例子如下：

1. 课上学生无精打采，下课后，学生和我说"老师我什么也不懂。"

2. 单元检测前学生问："老师，历史考试是开卷考的吗？"

3. 自主招生班班长课堂不认真听课参与思考和交流，上课回答问题总是一脸茫然，课后作业态度不端正。

通过一段时间的课堂内外的交流和问卷调查，以下是学生的困惑和对课堂教学的期待：

（一）学生在历史学习中的困惑

1. 没有时间顺序的概念，越学越模糊；

2. 知识较零碎，记忆起来比较困难；

3. 初中历史知识储备不足，学过的知识不能马上联系起来；

4. 喜欢老师讲解的故事，但对于历史的分析不感兴趣；

5. 做材料题时，不知如何解答；

6. 初中历史考试靠突击，现在内容多，难度大，难以应对；

7. 在初中阶段历史科目完全是副科,但在高中强调的比以往要重要些;

8. 高中学习的知识内容多,古今中外,时间跨度大,感觉有些应接不暇;

9. 高中老师不再像初中那样盯着学生去学,更多的要求学生自主学习;

10. 缺乏通史的系统知识,专题史和通史难以结合。

(二) 学生对课堂教学的期望

1. 希望老师能按照教材讲课,把教材上的重点划清楚;

2. 希望老师能够讲解一些故事趣味性的东西,少讲些理论分析性的知识;

3. 希望老师在每次考试的时候能够大体划下考试的范围;

4. 希望老师不要做听记之类的练习;

5. 习题多做反馈。备课组同仁总感觉高一教学任务重,时间紧,新课来不及上,习题反馈的时间没有;

6. 希望课堂上还是老师多讲。

二　高一新生历史教学尴尬及学生困惑的原因分析

上面的这些情况是有一定的依据的,源于平时的课堂教学,以及一定的教学调查。总的来讲,它反映了一个不太乐观的高中历史新课改现实,即高一大多数文化课基础不是很好的新生希望学好历史,结果自我评价并不满意,对教师的期望很高,面临抓不住头绪的现实,出现了迷茫的情绪。这种状况可以归结为高一新生对历史学习的适应问题。为此,笔者从学生的角度对高一历史学习的问题、特点以及形成原因进行分析和探讨,从师生的角度提出对策,希望有所帮助。根据同学们的困惑和对课堂的期望,笔者进一步总结出学生历史学习的主要问题和特点有以下几个方面。

(一) 时间投入问题。在初中阶段,历史科目就是以副科的形式存在,在高中阶段由于高考因素,决定了语数外特殊的地位。历史科目在学生心目中总是处于一种不太重要的位置，因此他们花在历史科目上的时间远不如语数外科目所用的时间。

（二）学习方法问题。初中生依赖性较强，在课堂上习惯于老师的讲解，普遍养成了"教师讲什么，学生学什么，考试考什么"的学习模式。学生学习方法单一，主要靠记忆。这样做不仅不利于学生对知识的记忆，更谈不上学生对历史知识的建构以及历史思维能力的提高。另一个方面，初中历史科目考试采用开卷考查的形式似乎减轻了学生的学习负担，实质上造成了对知识把握的不牢固，思想上的轻视，从而增加了他们进入高中以后学习的难度。

（三）高效课堂的接受问题。我校提倡课堂教学轻负高效，但学生学情差异大，对轻负高效课堂的适应性不一。

结合学生提出问题的特点，笔者翻阅资料、与学生沟通以及和同事之间相互交流，进一步探析出现的困惑和问题，主要从以下几个方面探讨：

（一）初高中的课程标准不同。初高中的课程标准的依据分别为《全日制义务教育历史课程标准（实验稿）》和《普通高中历史课程标准（实验稿）》，比较两者可以分析得出，两者在目标的"方向性"上基本没有差异，只是在要求的层次上体现出了高低的不同。前者主要是列举史实和了解史实，仅停留在识记的层面上，而后者除了前者提到的列举、了解浅层次以外，还要说明其特点、认识其影响，侧重理解和运用的层次。例如初中和高中都讲到"罗斯福新政"，初中仅仅将此知识点作为"经济危机"的一个子目来讲，侧重于事件的叙述，新政的内容也较简单。而在高中教材中，将其作为一节课来讲解，内容较详细，侧重于对事件的分析和评价。在新课改的形势下，《普通高中历史课程标准（实验稿）》中首次提出了培养学生的"历史意识"。培养学生的这种"历史意识"是高中历史课程的一大亮点，是《全日制义务教育历史课程标准（实验稿）》所没有的。因此，若将历史知识分为两个层次的话，一个层次指的是历史的史实，另外一个层次则是指对历史史实的理解。对于第一层次只属于记忆，适合于初中阶段的历史学习，第二个层次则属于理解的范畴，具有深层的含义，适合于高中阶段的历史学习。

（二）学生的学习态度不同。其一，学生在历史科目学习中主体意识不清，学习主动性往往不够，只是强调记忆而忽视学习过程本身，就高一学生而言和他们在初中形成的惰性不无关系。历史学习的过程是学生依据已有的历史知识结构和直接或间接的经验，对教师的讲解或其他观点，主动地进行选择、加工、处理，从而进一步建构自己的历史学习意义，提高自己的认知水平。但从同学们对历史学习的困惑和对课堂的要求来看，对历史老师过度依赖，似乎仍然希望能够回到传统的"填鸭式"教学，不仅表现了学生没有养成爱思考的习惯，还表明了高一学生在历史学习中自我主体的缺失，以及偏重历史知识的记忆而忽视历史学习的认知与理解。

其二，功利主义思想泛滥。功利主义体现在历史科目的学习上，主要在文理科学生学习上表现得最为明显，虽然高一学生还没有进行文理分科，但是他们却过早地给自己定位是学文还是学理。有些同学认为自己将来准备学习理科便会自觉地放松对于历史的学习，从而引起他们对于历史科目只是停留在浅层次上的学习，即只是了解与记忆。在高考应试教育环境下，作为教育者我们不能埋怨学生，但这种现象却真实反映了与新课改背道而驰的一种学习态度。同时，我们还会发现最能引起学生注意的方法是告诉学生某知识点是考试经常考的地方。究其原因，在于当前高中历史教学评价和学生学习方式转变不到位。然而，在高考指挥棒没有根本改变的情况下，期望高中历史教学和评价有根本性的改变也是相当困难。

三　面对高一学生历史学习尴尬和困惑的对策

高一学生所遇到的尴尬和困惑实质上是如何处理初中历史教学过渡到高中历史教学的问题。下面从师生两个方面探讨解决问题的方法和策略。

（一）教师方面

（1）抓好课程标准衔接。《全日制义务教育历史课程标准（实验稿）》和《普通高中历史课程标准（实验稿）》分别是进行初、高中历史教育的国家标准，分别对课程性质、课程标准、内容标准和实施建议作了阐述和规定。两个课程标准之间既有联系也有区别。要搞好初高中课程标准的衔接就需要历史教师认真地对照两个标准进行仔细、认真的研究。从课程标准的角度对于初高中历史的要求有了全局把握，初高中历史教学的顺利衔接也就会水到渠成。

（2）抓好教材衔接。高初中历史教材是依据课程标准编制的历史教学用书，是高初中历史课程进行的载体和重要组成部分。依据课程标准编制的初高中新教材，不仅体例不同，而且在内容上也有很大的区别。高中值得注意的是初中历史教科书和高中历史教科书是否出自于同一出版社，考虑到出版社的风格和体例，一般一个地区的初高中教材会出自于同一出版社。初中教材的编排基本是按照从古到今的时间顺序，中国历史和世界史分开。高中教材则是按照专题性质，古今中外的历史排在一起，共三册书为必修教材，即政治史、经济史和思想史，另外六册为选修内容。在教学中的学情调查中，为摸清高一学生原有的知识储备，熟悉初中的历史教材是必须要做的一项工作，使知识的重难点在课堂上进一步得到落实和解决，使课堂真正做到高效。

（3）抓好教学方法衔接。与初中生相比，高中生的自我意识、自我评价意识以及独立和思考的意识都较强，并已具有相对独立的价值判断能力，抽象思维能力和思维能力的全面性和批判性也显著增强。针对高中生这些特点，高中历史教学设计也要随之发生变化。为此我校积极提倡倡导轻负高质课堂，提倡学生自我教育、自主学习，从而有效改变了传统历史的教学方法。更加关注学生的学习兴趣、学习方式和学习效果，教师积极引导学生参与教学过程，通过创设情境、收集资料、课堂模拟等活动，让学生能够做到主动参与，积极探求，体验历史过程。

（二）学生方面

重点要抓好学生学习方法的衔接。积极引导学生及时调试自己的学习心理，"从经验记忆型"的被动学习向"探索理解型"的主动学习转变，养成良好的学习习惯。在此介绍一些适合高一学生的学习方法。

（1）做好课前预习笔记。在此笔者重点强调的是课前预习笔记，虽然课前有导学案进行预习，但是笔者认为应当培养学生自觉预习的好习惯，对于教材的每个章节可以用语文分析的方式来完成。主要有三个步骤：快读以列出提纲、精读以解析历史信息、深思以联系贯通。按照这种步骤循序渐进，由初步感知到深入理解，避免了学生课前预习的盲目性，从而容易取得良好的预习效果。

第三步，精思以联系贯通。熟读精思，融会贯通。思考汉、唐、宋、元君主专制政体强化的表现有哪些？君主专制政体为什么会不断强化？如何正确认识科举制的作用？这一步骤相对而言具有深层次的探究，学生带着疑惑可以在课上发问、质疑，合作共同探究找到答案。

（2）记忆方法的提高。尝试引入"友善用脑"的记忆方法，友善用脑的课堂教学所使用的个性化教学策略和手段，有音乐、运动、思维导图、冥想、多种感官参与活动、以自己的方式记忆等。"友善用脑"中的冥想、听音乐、画思维导图等动用多种感官来学习，不仅改变了传统中仅用眼、口、脑略显单调的学习方式，在信息技术突飞猛进的今天，添加多媒体的因素，静静地默想、轻松的音乐、结构严密的思维导图无不促进了学生的无意记忆和有意记忆。学生在轻松的环境里对知识点的掌握不再是碎化的，而是一个整体的知识树。

总之，在新课改下历史教师应本着"以生为本"的原则，引导高一学生做好初中历史学习到高中学习的衔接，从而让他们顺利适应高中的学习生活。在衔接的教学过程和学生学习过程中仍然有些问题值得我们不断进行探索，从而有利于师生教学相长和课堂高效。

参考文献

［1］洪玉荣：《基于初中高中历史教学衔接的探索和思考》，《中学历史教学参考》2010 年第 12 期。

［2］李炳亭：《高效课堂 22 条》，山东文艺出版社 2009 年版。

［3］张树晨：《新课程理解下的初高中历史衔接研究》，《新课程研究》2010 年 5 月。

［4］赵亚夫：《历史课堂的高效教学》，北京师范大学出版社 2007 年版。

（作者夏云云，杭州市余杭第二高级中学教师，浙江杭州）

同课异构：实习生教学实习
指导的一种有效策略

谢余泉

教学实习作为师范院校一门重要课程，是联系教学理论和实践的纽带，是促进师范生专业化的关键环节。"教师的身份是由社会预先规定的，但教师作为学生社会化承担者的素质却不是与生俱来的。因此通过教学实习，能使师范生认同教师职业规范、内化教师职业价值、获取教师职业手段以及初步形成教师职业性格。"[1]师范生缺少对教育现实的感受，缺乏社会实践，很难完成教师职业预期社会化的任务。因此对师范生教学实习的指导更多的是实践性强、可模仿性强的教学技能、习惯、方法等方面的指导。同课异构策略因其符合教师专业发展的特点又具有实践性和可模仿性，故对师范生教学实习指导有一定现实意义。笔者就此略论，以求教于方家。

一 同课异构策略对教学实习指导的理论依据

同课异构作为一种教研模式，是指"不同教师面对同一教材课题，构建差异性教学策略，同伴参与课题观察，比较反思、共同提高的一种教研模式"①。华师大的陈瑞生把同课异构看成一种教育比较模式，认为"同课异构是指不同的教师在相同的年级不同的班级上同样教材、同等进度的同名课，并比较他们在教材分析、教学设计和教学风格方面的异同，从而实现相互学习的目的，并在此基础上，谋求改

---

① 郭宏才：《同课异构的几点反思》，《中小学教学研究》2009 年第 7 期。

善学生课堂学习、教师专业发展的一种教育比较研究方式。"①

实习生作为准教师，其专业发展处于"虚拟关注阶段"（职前师范学习）和"生存关注阶段"（初任教师）之间，② 其专业发展特点与同课异构教研形式密切相关。

（一）实习教师专业发展具有自主性。自主性是指："教师发展需求和愿望的自主性；发展内容的个体性；教师发展个体的自觉主动性。"③ 同课异构教研形式提倡教师对课程作出自己的富有个性的构思设计，有利于激发教师自主探究从而有利于教师专业发展。

（二）实习教师专业发展具有持续性。持续性是指"教师专业发展是一个贯穿教师职业生涯始终的持续的发展过程"，④ 需要终身学习。实习阶段是从师范纯知识理论学习向真实的中学教学实践学习的过渡，同课异构教研是教师在职学习的一个重要形式和机会。

（三）实习教师专业发展具有阶段性。阶段性是指教师在终身学习过程中不同时期会呈现不同特点，面临不同的发展任务。实习阶段学习任务是"认同教师职业规范、内化教师职业价值、获取教师职业手段以及初步形成教师职业性格"。同课异构教研可以包容不同年龄段不同层次的教师同时开展同课异构，展示各自风采，也有利于不同年龄段不同层次的教师观摩学习和反思。

（四）实习教师专业发展具有实践性。实践性是指教师专业发展源于实践并最终服务于教学实践。教师专业发展就是教师"在解决一系列教学问题的过程中逐渐积累实践经验、增长实践智慧的过程"。⑤ 同课异构教研通过"比较实践研究"的形式有利于促进教师理解和把握教学内容，构思简洁有效的教学设计，进行及时的反思与修正。

---

① 陈瑞生：《同课异构：一种有效的教育比较研究方式》，《教育理论研究》2010 年第 1 期。

② 叶澜：《教师角色与教师发展新探》，人民教育出版社 2001 年版。

③ 金美福：《教师自主发展论——教学研同期互动的教职生涯研究》，教育科学出版社 2005 年版。

④ 廖青：《基于教师专业发展的"师徒结对"研究》，西南大学，2010 年。

⑤ 同上。

（五）实习教师专业发展具有差异性。实习教师来自五湖四海，他们的个性、成长环境、知识结构等的差异决定了教师专业发展具有差异性，而且他们实习的对象来自于同一年级不同班级，因此对实习生的教学指导依据因材施教的原则，但鉴于中学教师与实习老师不可能很快相互熟悉，更兼还有其他杂务缠身，故因材施教只能是美好想法。而同课异构教研形式鼓励教师自主探究、自主设计，构出"异彩"，因而具有使用价值。

（六）实习教师专业发展具有多样性。从教师专业发展内容来看，教师从事"树人"工作，至少需要学科专业知识（能教）、教育专业技能（会教）和教育专业精神（愿教）三方面专业技能。因此一个教师的专业结构应包括"教育信念、知识、能力、专业态度和动机以及自我专业发展需求和意识等"。① 同课异构教研形式通过"异构"呈现不同教师的个性风采，通过"比较研究"展示或感受不同风格的教学技能、设计、理念和方法，因而符合教师专业发展具有多样性的要求。

二　同课异构策略对教学实习指导中的实践操作

笔者根据杭师大历史系实习计划和要求，对实习生利用同课异构策略进行教学指导做以下流程安排，见下表：

同课异构对师范生教学实习指导流程表

阶段	时间分配	主要内容
认识阶段	一周半，约10天	和指导老师相互熟悉；即对将要教学实习的必修一课标、教材、教参、教学指导意见的初步熟悉；通过听不同教师的课初步体会每个教师不同风格；比较听课前自我预设与听课老师设计的异同。
体验阶段	2周，约14天	通过实习生之间说课、评课、集体备课、试讲等形式初步体验同课异构。观摩本校老师和杭州市学科带头人的同课异构，并进行总结、反思。

---

① 叶澜：《教师角色与教师发展新探》，人民教育出版社2001年版。

续表

阶段	时间分配	主要内容
操作阶段	6 周，约 40 天	通过听课、集体备课、上课等形式，实习生之间进行同课异构的实践操作。

（一）架设虚拟的同课异构。在"认识阶段"笔者要求实习生课前初步熟悉指导老师将要上的课题的课标、教材、教参、教学指导意见，写出听课计划，课后写出听课心得，包括听课前自我预设："这节课我怎么上"，听课时注意比较自己的设计与指导老师设计的异同，体会不同之处的优劣。而且要求听所有指导老师的所有的新课，并进行比较，体会不同老师的上课风格。这样做的目的是架设虚拟的同课异构，听完每个老师 3 节课后让实习生总结，要求他们谈谈 3 个老师的风格。很多实习生得出"夏老师的课平实而深刻，精细而严谨""陈老师智慧幽默，视野开阔""谢老师大气幽默，思维活跃而严谨"的结论。在实习生与指导老师之间虚拟的同课异构方面，某实习生在《列强入侵与民族危机》一课写道："听课前，我是这样设计《南京条约》这一板块的内容的：①强调《南京条约》签订的原因和时间；②在地图上标志出香港岛和五个通商口岸的位置让学生加深印象，同时提问学生这两条内容的危害；③赔款这一条着重强调是'银元'；④'协定关税'提问危害；⑤解释'领事裁判权''片面最惠国待遇'；⑥《南京条约》对中国整体的危害。但我觉得这样的设计与学生的互动不足，相对枯燥，而且自己不太会解释'领事裁判权'之类的专业性名词。我在听课时，主要听夏老师对重难点的突破、对概念的解释及与学生之间的互动。"

（二）体验正规的同课异构。在"体验阶段"组织实习生参加本组的集体备课，每周一次，由一个老师主讲一个单元，其他老师补充、修改。让实习生认识到，"同课"主要同在课标、教材、年级和重难点，"异构"重在重难点的突破、教材处理、教学流程设计和教学资源的利用等。参加我校高二年级谢老师和陶老师《走向世界大战》的同课异构教研活动和杭州市学科带头人周老师和胡老师开展的《新中国初期外交》同课异构活动，特别是杭州市学科带头人周老师和胡老师的同课异构活动中，两位老师的精彩构建，以及其他中学教师的点评和探讨争论给高中历史老师和实习生以很大启发，收获颇丰。现录某实习生对谢老师和陶老师《走向世界大战》的同课异构的评价如下：

两位老师的教学风格而言，相同点是语言都比较幽默风趣。不同点在于：谢老师的课较为大气理智，颇有一种高屋建瓴的感觉，在讲解的过程中深入浅出，环环相扣，论证严密，结构严谨，较有渲染力；而陶老师的教学风格较为清新自然，讲课娓娓而谈，师生在轻快、和谐的氛围中默默地进行着知识和情感和传递，给人润物细无声的恬静安宁之感。

从教学设计而言，两位老师的相同点在于整个课堂的设计思路比较一致，既与课本上的教材安排相一致，也与我们分析一般历史事件的逻辑思维相一致。而两位老师在教学设计中最大的不同就是关于教材的处理，谢老师从"人类主观反战，但举措失当"这一别致的角度入手，展开了"不必要的战争"这一主题教学，用简单的语言理清30年代错综复杂的大国关系，表述前因后果到位；而陶老师整个教学设计比较强调学生课本知识的落实，从教材内容着手落实每一个知识点，同时也比较注重学生主观能动性的发挥，比如让学生在草稿纸上和黑板上自主设计"慕尼黑阴谋关系图"。

在教学重难点"慕尼黑阴谋"和"《苏德互不侵犯条约》"的突破上，两位老师的相同点是都用了图示、材料、漫画等多维分析方式，在设计上这两块的时间较长，注重学生高考能力意识的培养。不同点在于，谢老师在突破重难点时比较注重问题导学，较为关注材料的运用，并且在问题的设计上更加自然，有自己的逻辑思维贯穿其中；而陶老师在突破重难点的时候比较注重概念教学。

在教学问题的设计上，两个老师的相同点是都注重学生发散性思维的培养以及概括能力的培养，注重历史认识从了解到理解再到见解的过程的培养。不同点在于，谢老师的问题设计更自然，更具有内在隐性的逻辑性。而陶老师的问题引导更加直接，给出学生几个认识历史事物的角度，让学生从课本上落实，这样对于学生来说更加直观清晰。

在教学理念上，相同点在于两位老师都比较注重学生在课堂上的主体地位，比如谢老师的整个课堂氛围很好，与学生的互动较多，也把整堂课带向了高潮，陶老师的课巧用视频，比较符合高一学生的口味，而且让学生自主设计"慕尼黑阴谋关系图"，也充分发挥了学生的主观能动性，调动了学生多样化学习历史的兴趣。不同点在于，谢老师的课比较注重学生情感态度价值观的培养，在课堂教学中贯穿了作为一个合格的现代公民应有的素质的培养；而陶老师的课，侧重于学生知识点的落实，比较注重概念教学和学生学科素质的培养。

在教学资源的运用上，两位老师的相同点是都运用了大量的文字史料，还引用了漫画、图示等，从多维角度分析历史事件，可谓精心准备。不同点在于，谢老师的课引入了"没你黑""阴谋阳谋"等富有网络时代气息的词汇去强化学生的记忆，而且引用十分恰当，陶老师在课堂上插入了慕尼黑阴谋的一段影片，激发了学生的兴趣，增强了整个课堂的趣味性和多样性。

由此可见，所谓同课异构，即同中有异，异中有同，重在构出异彩。

（三）践行自己的同课异构。在"操作阶段"通过实习生相互听课、集体备课、上课等形式同课异构的实践操作。在实践中遵循循序渐进的原则，开始要求每个实习生在比较容易操作的课堂导入、重难点突破、教学资源利用等方面有"异构"。两周后要求每个实习生在教材处理、流程设计、主题构建等方面也要有"异构"。再两周后初步形成自己的特色，能独立地设计一堂富有新意的课，作为实习生的汇报评比课。在汇报课上也让我们指导老师领略了他们的异彩纷呈。

通过实习，实习生都有明显的进步，如有实习生就"课堂如何体现学生为主体"总结到："在实习前大学老师一直强调在教学中要以学生为主体，强调各种互动合作、探究、角色扮演的方式等等。但是现在更加明白，一旦运用这种互动合作的方式，就应该让它真正有实际的作用而不是让它们流于形式。而且学生为主体还应体现在问题设计、教材处理、流程设计等方面符合贴近学生实际，让学生隐性思维

'动'起来。"

又如有实习生就"课堂如何体现自己的特色"写道："实习前听大学老师说上课当中要有自己的亮点，实习期间指导老师一直强调'同课异构'，要有自己特色，实习同学之间不要相互'借鉴'太多，其实是一个道理。所以每次备课我都千方百计地想至少在某一点上追求新颖，通过实习，我认识到上课不仅要有亮点，而且还要把这个亮点和知识点的落实相互结合。亮点要符合学生实际，教材实际，否则会变成'忙点'和'盲点'的。"

三　对同课异构的几点认识

（一）同课异构作为一种比较研究式的教研模式，它可以在相同水平和不同水平的老师之间广泛开展。课前要集体备课，认真准备；课后要及时评析，善于总结。

（二）同课异构作为一种比较研究式的教研模式，它强调的是老师的主动参与和主动建构，因此它对主动参与的老师专业水平的发展肯定有促进作用。

（三）同课异构作为一种比较研究式的教研模式，它体现"同中求异，异中求同"，但注重的是"异构"，要构出异彩，构出特色。

（四）"异构"重在"构"，不能为盲目追求"异"而脱离课标要求、脱离学生实际、违背教学规律地"构"。

（作者谢余泉，浙江省严州中学（新校区）教师，浙江建德）

后　　记

　　杭州师范大学人文学院历史系，设历史学、人文教育两个全日制本科师范专业，有中国近现代史、古代史、专门史、学科教学（历史）4个硕士点（方向），中国史为一级学科硕士点。拥有浙江省"十二五""十三五"优势专业（历史学）、浙江省一流学科（中国史）、浙江省重点学科（中国近现代史）、浙江省哲学社会科学重点研究基地（浙江省民国浙江史研究中心）、浙江省高校创新团队（历史学）等省级教学与科研平台。

　　为提高师范生培养质量，加强与中学历史学科教学的联系，进而形成大学与中学的良性互动，从2006年起杭州师范大学历史学系开始主办以教学研讨为目的的"钱江论坛"，至今年已走过了13个年头。其中，2013年11月第七届"钱江论坛"系由杭州师范大学历史学系与杭州市建德新安江中学联合主办，感谢新安江中学为本次会议顺利召开所付出的辛劳。

　　本书是第七届"钱江论坛"暨历史学科教学研讨会的成果。全书共分教学设计、高效课堂、教学方法、复习备考、情感教育、史观教学和培养学生等七个篇章，契合当下培养学生核心素养的育人观念，对初中、高中和大学历史学科教学应有一定帮助。

　　在本书的出版过程中，首先要感谢各位作者贡献的智慧，本书是众位作者智慧的最后结晶。其次，该书的数稿编辑和校对，从最开始众多作者的格式各异到最后的整齐划一，除了我们两位编者的编辑校对外，还要特别感谢中国社会科学出版社宫京蕾老师的鼎力支持，同时感谢杭州师范大学人文学院学科教学（历史）方向硕士班2016级和 2017 级同学所付出的辛苦努力；再次，感谢杭州师范大学人文学院领导洪治纲、吴兴农、陈兆肆、刘正平和管庆江的支持，中国近现代史学科、浙江省民国浙江史研究中心的诸位同仁陶士和、袁成毅、陶水木、薛玉琴、潘国旗、夏卫东、周东华、刘俊峰、陈明华和徐杨等都先后以不同的方式对本书出版给予了鼓励和帮助，在此一并致以诚挚谢意。

青山常在，绿水长流。我们期待，在未来数年内，随着"钱江论坛"的继续召开，历史学科教学将有更多相关讨论成果的出现。

编　者

2018 年 12 月 6 日